ビジュアル版

専門家が教える

今さら聞けない 結婚の超基本

朝日新聞出版 編著

朝日新聞出版

はじめに

「愛とは、互いに見つめ合うことではなく
一緒に同じ方向を見つめることである」（サン＝テグジュペリ）

これは、『星の王子さま』の作者として知られるフランスの作家、サン＝テグジュペリが残した、愛についての名言です。

恋人同士のときは、お互いに見つめ合い、ふたりだけの世界に没頭する時間もありますよね。けれど、結婚をして夫婦になってからは、それだけではうまくいきません。

それは、生活のこと、お金のこと、お互いの家族のこと、妊娠や出産のこと、将来のことなど、考え、向き合わなくてはならない項目が次々に増えてくるから。そのとき、ふたりの歩幅が合わないと、少しずつ亀裂が生じてきてしまいます。かつては優しいまなざしで見つめ合っていたふたりの姿が、いつの間にか、険しい表情でのファイティングポーズに変化……なんてことも少なくありません。

そうならないために大切なのは、お互いに見つめ合うのではなく、ふたりで同じ方向を見ながら、人生を歩んでいくこと。対等な立場で支え合い、補い合いながら前進していくことで、かけがえのないパートナーとなっていくのです。

今、この本を読んでいる人の中には、これから結婚する人、最近結婚をした人、結婚をしたい人、家族の結婚を望む人、はたまた、結婚生活に悩んでいる人や、結婚の価値を見出せない人など、さまざまな人がいると思います。

「結婚しなくても幸せになれる」。そういわれるこの時代に、人はなぜ結婚するのか。結婚には、どんなメリットがあるのか。そして、結婚したふたりがやるべきこと、知らなくてはならないことは、どんなことなのか。

この本には、よりよいパートナーとの出会い方から、結婚に伴うさまざまな手続き、住まい選びや家事分担のポイント、価値観のすり合わせ方、家計の管理方法など、円満な結婚生活を送るうえで役立つであろう多岐にわたる情報を、各分野の専門家に取材して集めました。そこには、これまでの伝統や風習に根付いているものから、令和の結婚観や多種多様な結婚のかたちに寄り添ったものまで、さまざまな考え方が含まれています。

結婚している、またはこれからするふたりなら、まずは、あなたとパートナーが日々笑顔でいられるように、ふたりのルールや約束事を考えてみてください。結婚生活に正解はありません。本書を参考にしながら、ふたりが思う、幸せのかたちを探してみてください。

この本が、心豊かで健やかな結婚生活を送るための一助になれば幸いです。

『専門家が教える 今さら聞けない 結婚の超基本』編集部

Index

Chapter

2 婚約から結婚の届出まで

Chapter

3 結婚後のお金の管理

Index

Chapter 4 生活の基盤をつくる 引越し

Chapter 5 よりよい共同生活のために

Chapter 6

これからのふたりの人生

＊掲載されているデータなどは2025年2月時点の情報です。

人はなぜ結婚するのだろう

結婚に求めるもの、結婚する意味、メリット。
その考え方は、人それぞれです。
結婚が必ずするものではなく、人生の選択肢のひとつとなった今、
人はなぜ、結婚をするのでしょう。
その理由を、いま一度考えてみませんか。

支え合い、補い合える

ひとりでは困難なことも、ふたりでなら、乗り越えられるかもしれません。

心の安定に繋がる

つらいとき、悲しいとき、疲れたとき。あなたのとなりには、寄り添ってくれる人がいます。

大切な人と家族になれる

「愛するパートナーと一緒にいられる」。多くの人が、結婚を決めた一番の理由にこれを挙げています。

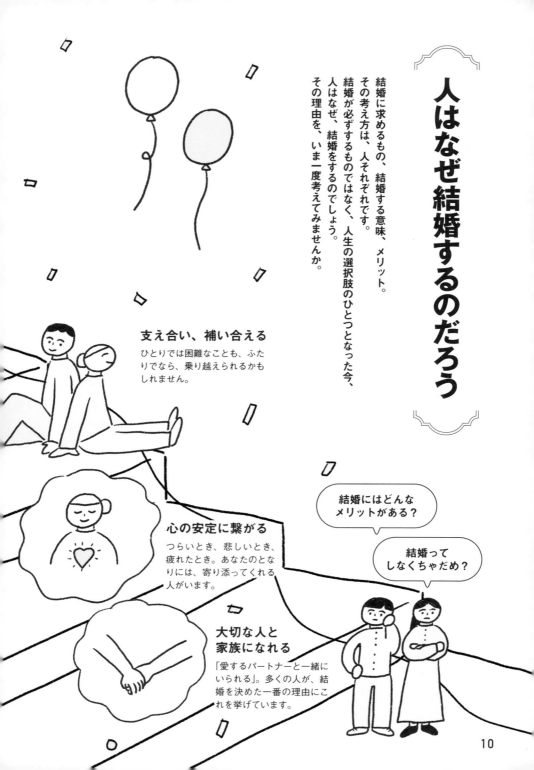

妊娠や出産の基盤ができる

将来的に子どもが欲しいと考えている人は、妊娠・出産に向けた準備を進めやすくなります。

収入が安定する

ふたりの収入が合わさることで経済的な負担が減り、支出がまとまって節約にもなります。

税金の恩恵を受けられる

法律上の夫婦になることで、税金や社会保険などの優遇制度、自治体が行う支援事業なども活用できます。

責任が生まれ、成長に繋がる

結婚をするということは、誰かと人生を共にするということ。人間としての成長にも繋がります。

結婚で生まれる義務

婚姻関係（事実婚を含む）が成立したふたりには、民法で下記のような義務が定められています。

同居・相互扶助義務

夫婦は同居し、お互いに助け合って協力しなければならない。

婚姻費用分担義務

夫婦は、その資産、収入その他一切の事情を考慮して、婚姻から生ずる費用を分担する。

貞操義務

夫婦は、配偶者以外と性的関係をもってはならない。

"結婚のかたち"はさまざま

婚姻届の提出によって夫婦になる「法律婚」のほか、婚姻届は提出せずに夫婦として暮らす「事実婚」など、結婚のかたちは時代とともに多種多様に。ふたりらしいスタイルを見つけてみてください。

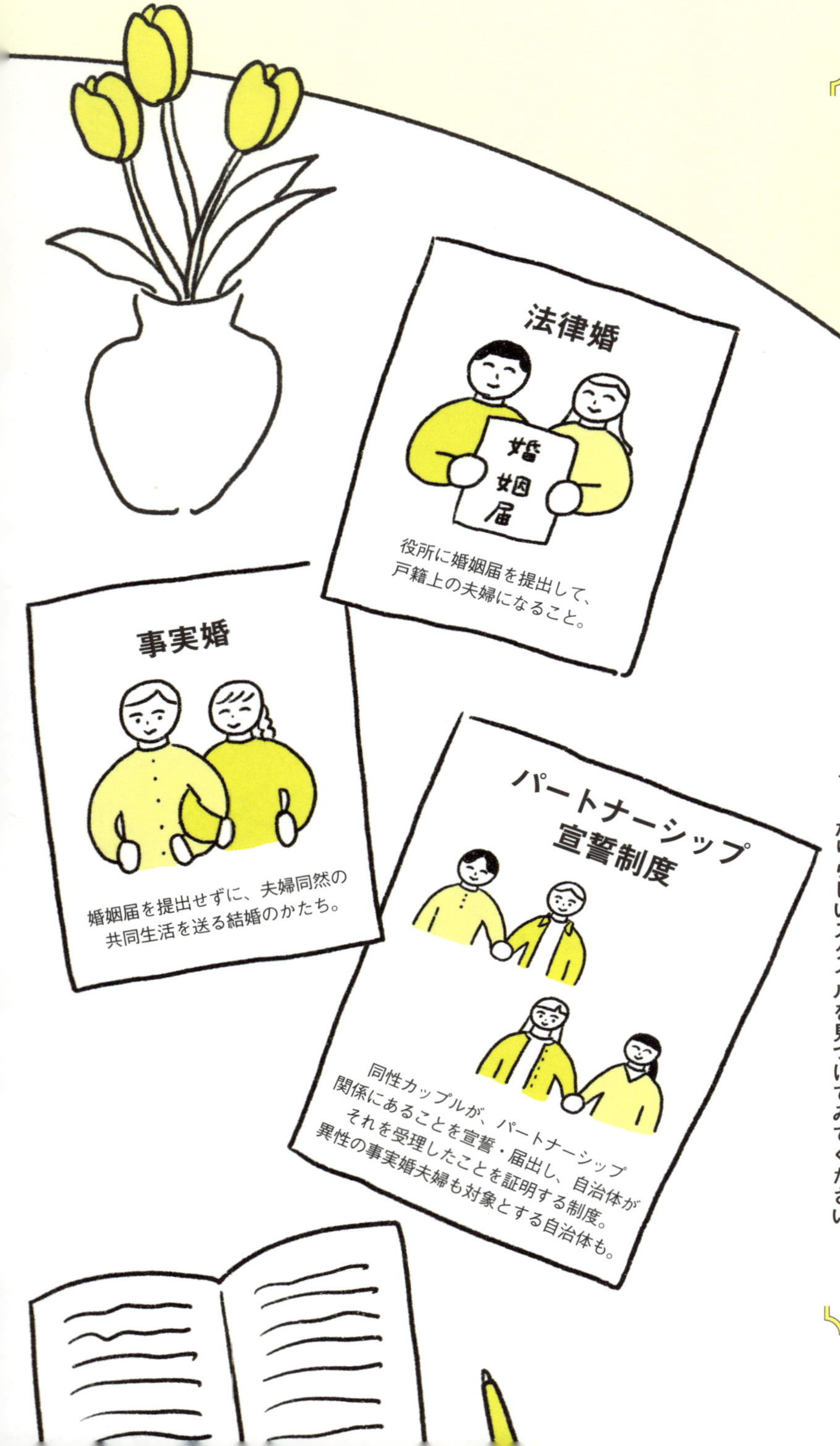

法律婚
婚姻届
役所に婚姻届を提出して、戸籍上の夫婦になること。
事実婚
婚姻届を提出せずに、夫婦同然の共同生活を送る結婚のかたち。
パートナーシップ宣誓制度
同性カップルが、パートナーシップ関係にあることを宣誓・届出し、自治体がそれを受理したことを証明する制度。異性の事実婚夫婦も対象とする自治体も。

別居婚

戸籍上の婚姻関係がありながら、
同居せず別々に暮らす夫婦のあり方。

週末婚

夫婦が同居せず、
週末や特定の時間にだけ
一緒に過ごす結婚スタイル。

共生婚

結婚はしているけれど
お互いの生活には干渉せず、
それぞれ自由に暮らす結婚。

友だち婚

友人関係にあるふたりが、
恋愛感情よりも
友情を優先して結婚すること。

令和の結婚トレンド

時代とともに結婚や結婚式への価値観は変化していますが、変わらないものもあります。「ゼクシィ結婚トレンド調査」２０２４年版と、10年前の２０１４年版を比較してみました。

01

2024年に
結婚（法律婚）をした
カップルは？

推計47万5000組程度

10年前は？

64万3740組

約17万組の差が！

02

結婚したときの
平均年齢は？

男性 **30.1歳**
女性 **29.0歳**

10年前は？

男性 **30.3歳**
女性 **28.8歳**

平均年齢は
あまり変わって
いないんだね

03

結婚費用のための
平均貯金額は？

325.8万円

10年前は？

289.2万円

04

結婚時の
平均年収は？

男性 **499.5万円**
女性 **370.2万円**

10年前は？

男性 **419.6万円**
女性 **299.7万円**

05

交際期間は？

平均3.4年

10年前は？

平均3.5年

10年前よりも
約70～80万円
アップ！

＊出典：「ゼクシィ結婚トレンド調査 2024」「ゼクシィ結婚トレンド調査 2014」「結婚総合意識調査2024」（いずれもリクルートブライダル総研）、「人口動態統計速報（令和6年11月分）」「平成26年人口動態統計月報年計（概数）の概況」（ともに厚生労働省）、日本総研ホームページ「経済・制作レポート」（日本総合研究所）などをもとに作成

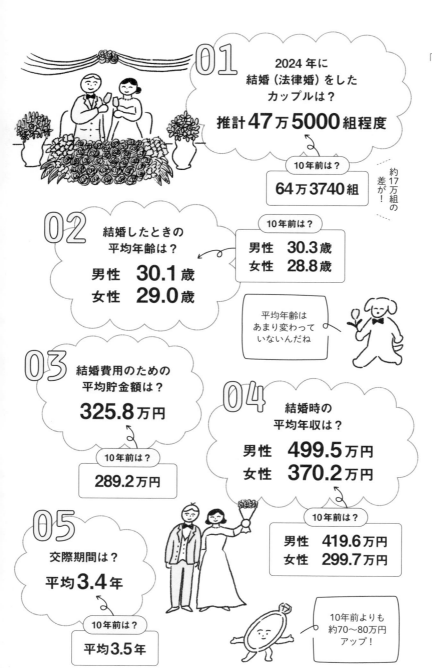

06 出会いのきっかけは？

1位 **恋活サイトやアプリ**（29.1％）
2位 **職場や仕事関係で**（17.6％）
3位 **学校で**（12.1％）

10年前は？

1位 **友人や兄弟姉妹を通じて**（31.3％）
2位 **職場や仕事関係で**（25.1％）
3位 **学校で**（12.2％）

2014年のアンケートには恋活サイトやアプリの選択肢自体がなかった！

08 婚約から新婚旅行までにかかった平均費用は？

454.3万円

10年前は？

436.2万円

07 実施した挙式形式は？

1位 **教会式**（46.9％）
2位 **人前式**（36.7％）
3位 **神前式**（15.2％）

10年前は？

1位 **教会式**（55.5％）
2位 **人前式**（24.2％）
3位 **神前式**（17.1％）

09 新婚旅行には行った（行く）？

行った（行く）
81.3％

10年前は？

行った（行く）
86.8％

10 新婚旅行の行先は？

1位 **沖縄**（20.0％）
2位 **ヨーロッパ**（15.9％）
3位 **北海道**（12.3％）

10年前は？

1位 **ハワイ**（27.9％）
2位 **ヨーロッパ**（25.1％）
3位 **沖縄**（6.7％）

10年前はハワイが人気！

東京都のパートナーシップ宣誓制度申請組数は？

1585組
（2025年2月28日時点）

東京都では2022年11月より「東京都パートナーシップ宣誓制度」の運用を開始。性的マイノリティのカップルなどがお互いに人生のパートナーであると宣誓し、受理されると、証明書や受領証などの公的な書類が交付されます。運用開始以来、多くのLGBTQカップルが制度を利用しています。

結婚生活は選択の連続!!

結婚生活は選択と決断の連続です。その都度ふたりで話し合い、お互いの意見を尊重しながら、次のステージへと進んでいきましょう。

いざ、新たなステージへ！

P.58

結婚の形は？

- 法律婚
- 事実婚
- パートナーシップ

P.48

婚約のスタイルは？

- 顔合わせ食事会
- 結納のみ
- どちらも

P.46

指輪や記念品は買う？

- 買う
- 買わない

買う

- 予算は？
- デザインは？

P.198

結婚式はする？

- する
- しない
- ほかのウエディングイベント

する

- 結婚式のスタイルは？
- 会場は？
- ゲストは？
- 衣装は？
- 演出は？

P.106

住居は？

- 賃貸
- 思い切ってマイホーム！
- 別居婚
- 実家

マイホーム

- 予算は？
- マンション or 戸建て
- ローンは？

賃貸

- 物件は？
- 場所は？
- 家賃は？

P.82

仕事は？

- そのまま続ける
- 転職する
- 辞める

P.80

家計の管理は？

- ふたりで
- あなた
- パートナー

P.168

子どもは欲しい？

- 欲しい
- 欲しくない
- 今はわからない

欲しい

- いつまでに何人？
- 不妊治療は？
- 育休は？

P.132

共同生活のトラブルは？

- 歩み寄る
- 我慢する
- 相手にぶつける

こじれると…
離婚

P.194

結婚記念日は？

- 贈り物を用意
- いつも通りに過ごす

どんな困難があっても？

- 支え合う

ふたりの冒険の旅は
まだまだこれから！

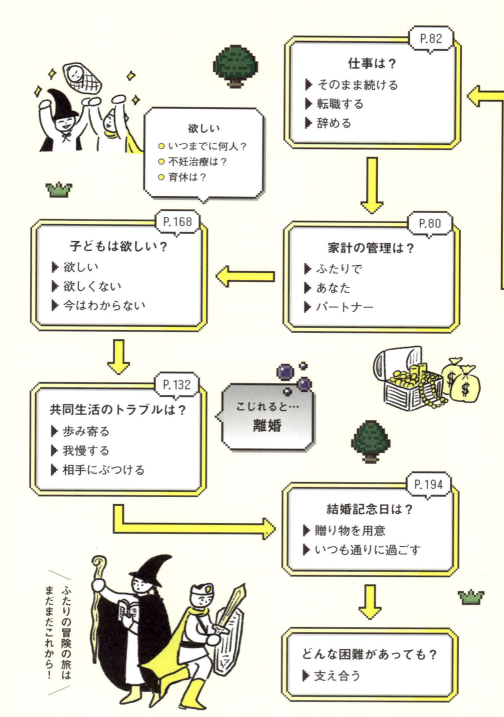

書き出してみよう

どうして結婚したいの？

結婚が決まった人、結婚したい人、さまざまな人がいると思いますが、
そもそも、あなたはなぜ結婚がしたいのでしょうか？
冷静に書き出してみると、自分の結婚への価値観や考え方が見えてくるかもしれません。

● 結婚したいと思ったきっかけ

● 結婚に求めるもの

● 結婚に対する不安

● 結婚に焦っている？（はい・いいえ）

「はい」と答えた方へ、それはなぜ？

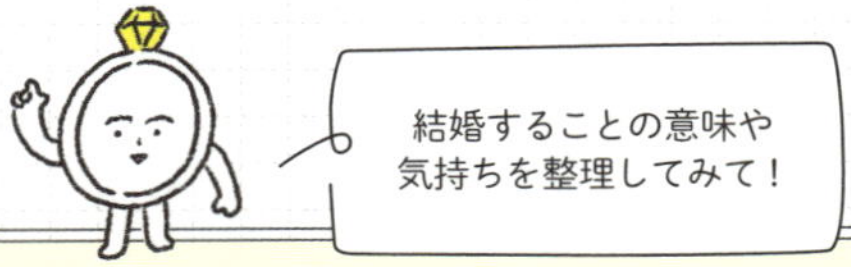
結婚することの意味や
気持ちを整理してみて！

Chapter

1

婚活のススメ

出会いから成婚まで。
よいパートナーと巡り会うための
婚活のポイントや注意点をチェックしていきましょう。

【監修】岡村奈奈（ウエディングプランナー）

01

婚活を始める前に①

自分に合うパートナーはどんな人？

まずは自分自身の「結婚観」を理解する

婚活の第一歩として最も重要なのが自己分析です。婚活を始めたばかりの人に多い悩みが「私が結婚したい理由は何？」「理想の相手がわからない」などの**自分の価値基準**。婚活から結婚までの道のりがつらくならないよう、相手を求める前に、まずは**自分自身を見つめて「結婚観」を固めておきましょう**。

結婚観を決める要素は、なぜ結婚したいのか、結婚生活を通じて自分がどうなりたいのか、パートナーに求める条件は何か、の３つです。これらを明確にしておくことで、迷ったときに立ち戻れる自分の価値基準をつくることができ、理想のパートナー像も見えてくるはずです。

過去・現在・未来から結婚を考える

なぜ結婚したいのか、どんな結婚生活が送りたいのかを整理するため、複数の視点から自己分析してみましょう。結婚相談所がネットで公開している無料の診断テストを受けてみるのもひとつの手です。

過去
- □ これまでの恋愛でどんな人に魅力を感じたか
- □ 結婚を考えたきっかけやタイミングはいつか

↓

現在
- □ 仕事への取り組み方
- □ 休日はどう過ごすのが好きか
- □ 今の婚活の状況

↓

未来
- □ 結婚したい時期はいつか
- □ 理想のライフスタイルは

相性の判断軸になる「絶対条件」

婚活中は、同時期に数人の相手から連絡がきたり、実際に会ったりすることがあります。そんなときのために、年齢の差、仕事と家事のバランスといった、自分なりの条件と譲歩できる項目を１～３つずつ挙げてみましょう。自分なりの判断軸を用意しておくことで、相手を見極める際に役立ちます。

こだわりたい条件は？

金銭感覚の一致
年齢
人柄
共通の趣味
学歴
職業
容姿
家事力

思い浮かぶパートナー像を基準に婚活スタート

自己分析の結果から、今の自分が必要としているパートナー像を思い浮かべましょう。そのとき、絶対に譲れない条件はあるか、妥協できる条件の程度も、明確にしておくとよいです。

POINT

条件にこだわりすぎない！
価値観はすり合わせるもの

理想に頑なになりすぎると、婚活がなかなか前に進まないことも。条件ばかり見ず、相手と過ごす時間のなかで何を感じるか、未来が想像できるかを考えて。

➡ P.32

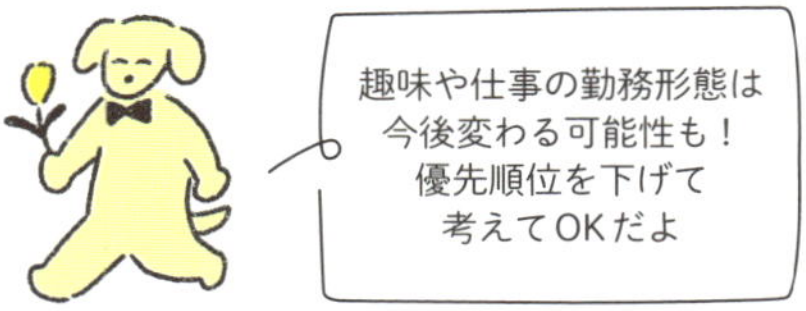
趣味や仕事の勤務形態は
今後変わる可能性も！
優先順位を下げて
考えてOKだよ

02

婚活を始める前に②

パートナーの見つけ方

自分に合った婚活スタイルで出会いを引き寄せよう

ひとえに婚活といっても、パートナーとの出会い方はさまざま。「婚活を始めたいけど、どのスタイルで始めるべきかがわからない」という人も少なくありません。ここでは、**結婚相談所やマッチングアプリ、婚活パーティー、知人からの紹介**という代表的な4つの婚活スタイルと、その特徴を紹介します。それぞれのメリット・デメリットを知り、**自分がもつ結婚観や、理想の結婚時期などから、自分に適した婚活スタイルを見つけること**で、成功率も上がるはず。初めに選んだ婚活スタイルを試してみて、なかなかうまくいかないときは、ほかの手段に切り替えてみるのもいいでしょう。

おもな婚活スタイル

結婚相談所やマッチングアプリなどの婚活サービスも、パートナーと出会う方法のひとつ。友人や知人からの紹介よりも、成婚率が高い傾向があります。

結婚相談所

結婚を前提とした出会いの場を提供しています。入会金や会費を支払い、コーディネーターと一緒に活動します。都道府県や市区町村が運営する結婚相談所もあります。

マッチングアプリ

独自の性格診断やAIによるマッチングなど、多種多様な機能を使って出会いに繋げるサービス。スポーツが好きな人や医療従事者向けなど、特化型のアプリもあります。

婚活パーティー

結婚相手を探すために集まった人々が交流するイベント。ホテルや船などの宴会場、レストランなどで行われます。婚活パーティーよりも規模が大きな「街コン」もあります。

知人の紹介

共通の友人や職場の同僚など、自分を知っている人に、相性のよさそうな人を紹介してもらいます。共通の友人を介するため、人見知りでも安心して会うことができます。

それぞれの婚活スタイルの特徴

4つの婚活スタイルのメリット・デメリットを知り、選ぶ基準にしましょう。活動の手軽さや、かかる費用、成婚までの期間など、特徴はさまざまです。

	メリット	デメリット
結婚相談所	○ 結婚前提の交際ができる ○ コーディネーターに相談できる	● 入会金や月々の会費がかかる ● 相談所のルールが合わないことも
マッチングアプリ	○ 気軽に始められて、多くの人と出会える ○ 会費のコストを抑えられる	● 仲介者がいないので自分次第 ● プロフィールの信憑性が低い
婚活パーティー	○ たくさんの人と一度に出会える ○ 参加費用が安い	● お互いのことを知る時間が短い ● 回数を重ねると費用がかさむ
知人の紹介	○ 出会う人の信頼性が高い ○ 相性のいい相手と出会いやすい	● 断りにくい ● 出会える人数が限られている

パートナーと出会ったきっかけ

結婚情報誌『ゼクシィ』で行われたアンケート調査によると、10年前は知人・友人の紹介が最も多かったところ、現在ではマッチングアプリが最も多く利用されていることがわかりました。

● 2014年

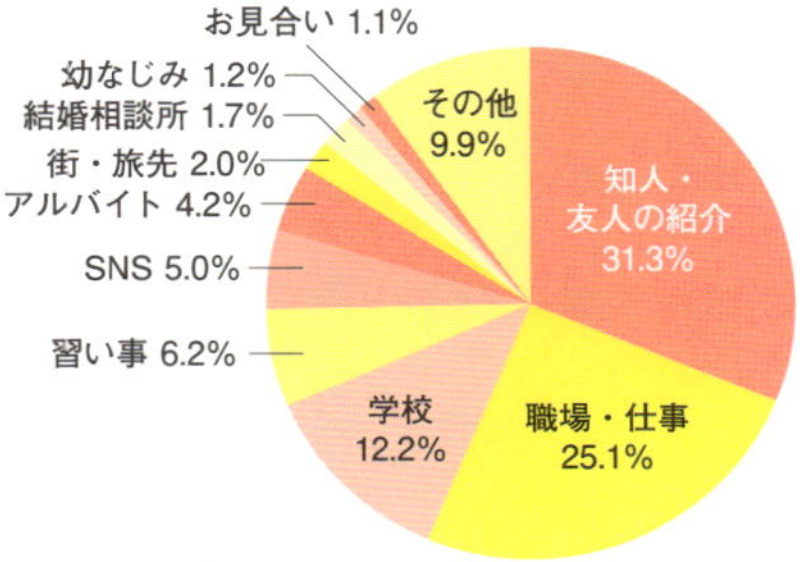

＊出典：ゼクシィ結婚トレンド調査2014（リクルートブライダル総研）をもとに作成

● 2024年

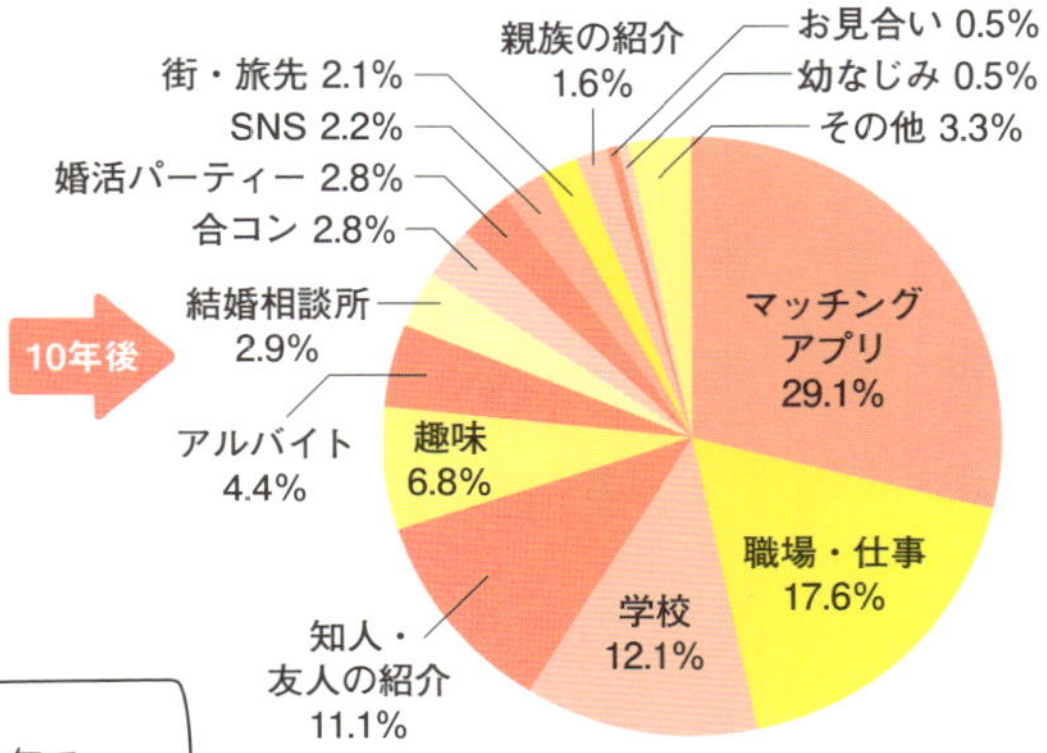

＊出典：ゼクシィ結婚トレンド調査2024（リクルートブライダル総研）をもとに作成

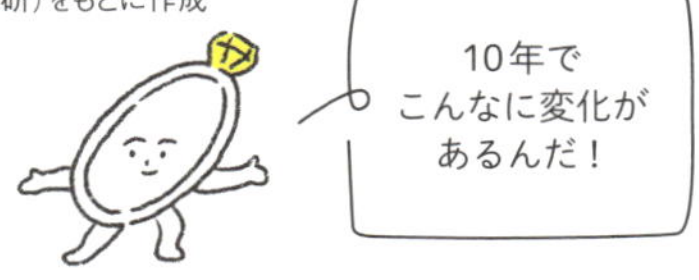

03

婚活を始める前に③

こんな相手は要注意！

違和感に気づいたら早めの行動をとる

マッチングアプリや婚活パーティーなど、**仲介者が入らない婚活スタイルの場合に気をつけたいのが、要注意人物との接触**です。特にマッチングアプリは手軽に利用しやすいため、危険も身近にあるものだと常に注意しておくことが必要。SNSと同様に、悪質な勧誘や詐欺の被害に遭わないよう、**要注意人物の特徴を把握し、自分の情報を開示しすぎないようにしましょう。**

もし、やりとりの最中で違和感を感じることがあれば**迷わず断ち切ること**。また、要注意人物に出会わないための対策として、身分証明書の提出が必要なアプリなどを利用するのもおすすめです。

要注意人物の特徴

婚活をしていると、体目当ての人や既婚者、業者のサクラなど要注意人物が出没することも。要注意人物がよくとる行動を見てみましょう。

自分の意見を押しつけてくる	夜間に会おうとする
距離をつめるペースが早い	写真が過度に加工されている
怪しいビジネスに勧誘される	お金の相談をされる

投資の話を持ちかけて
お金をだましとる
悪人もいるみたい……

婚活と見せかけて
じつは別の目的が
あるかも!?

マッチングアプリにひそむ危険性

手軽に始められるマッチングアプリには、真剣に婚活に取り組む人だけでなく、交際を通して相手をだまそうとする悪い利用者が多くひそんでいます。アプリは信頼度の高いサービスを利用するようにしましょう。

気をつけて！

- 信憑性に欠けるプロフィール欄
- マッチ後にすぐ個人連絡先を聞いてくる
- 決まった曜日、時間にしか会おうとしない
- 会う場所に強いこだわりがある
- 過激な愛情表現
- 高額な飲食代を請求してくる

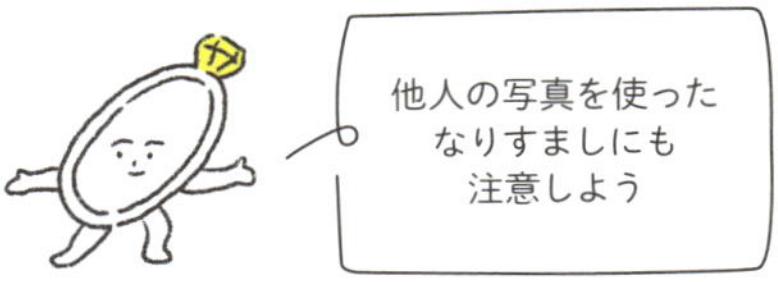
他人の写真を使った
なりすましにも
注意しよう

自分の身を守るための対策

少しでも怪しいと感じたら、その違和感を先送りすることは禁物。ためらわずに早めの対策をとりましょう。

対策1

会うのは電話やビデオ通話を重ねてからにするなど、焦らず慎重に。危険な予感がすれば躊躇せず交流を中断しましょう。

対策2

原則として添付リンクは閲覧しないこと。詐欺の可能性があるサイトに誘導される場合に備えて、常に慎重な対応を。

対策3

会う日時や場所を自分から提案しても◎。相手に配慮しつつ、指定された場所が安全かどうか事前に調べましょう。

対策4

自宅の場所や仕事先、電話番号、SNSなどの個人情報を公開しないこと。警戒心をもってやりとりしましょう。

⚠ マッチングアプリで要注意人物に接触したら

ブロックして運営会社に通報しましょう。相手を調査して、利用停止や退会といった措置をとってくれます。

04

よりよい関係性を築くために

相手に好印象を与えるふるまい

関係性を築き上げるには程よく積極的なふるまいが◎

婚活とは、初対面の人と会い、コミュニケーションを重ねていくことで将来のパートナーを見つけるもの。**その成功のカギとなるのが、交際期間の言動**です。いくら容姿に自信があっても、相手に失礼な態度をとっていては、いい関係を築くことはできません。**相手に関心のある姿勢を見せつつ、最低限のマナーには気をつけて**、ふたりの間に信頼関係を生み出していきましょう。

よりよい関係性を築き上げるためには、**ありのままでぶつかるのも、相手に合わせすぎるのもよくありません**。程よく積極的な姿勢で、好印象を与える会話をすることを意識してみましょう。

「自分ばかり・相手ばかり」に気をつける

ありのままの自分を見せることも大切ですが、度が過ぎると、かえって相手を困惑させてしまうことがあります。初めのうちは、お互いを知るための期間として、歩み寄る姿勢を意識しましょう。

好印象を与えるコミュニケーションって？

OK

- □ 明るい世間話や共通の話題から始める
- □ 相手の目を見て話す・聞く
- □ 相づちやリアクションをしっかりする
- □ 連絡のペースを合わせる
- □ 笑顔を心がける

NG

- □ 自分の話ばかりする
- □ デリカシーのない発言や行動をとる
- □ 親しくなる前に過去の恋愛について聞く
- □ 話を広げず、相づちを打ってばかりいる
- □ 不機嫌な様子を態度に出す
- □ 連絡がきても返事に時間をかける

個人情報を教えるのは
NGだけど
関係性を深めるための
自己開示ならOK！

シチュエーションで見る、基本の婚活マナー

婚活をするうえで、知っておきたいマナーや気をつけたいことなどをシチュエーションごとに見てみましょう。程よい距離感で、相手を思いやる言動が大切です。

初対面の日は
清潔感のある
服装を意識しよう

会う前のやりとり

- □ 返事を待たせすぎない
- □ 敬語でやりとりする
- □ 会う日時はふたりで相談する

初対面

- □ 約束の５分前には到着する
- □ 丁寧な挨拶をする
- □ アイコンタクトを忘れずに話す

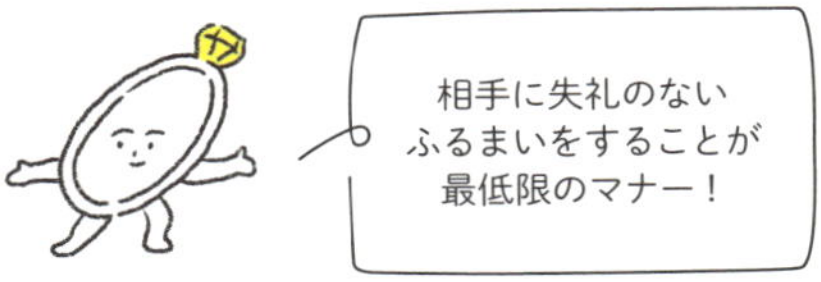
相手に失礼のない
ふるまいをすることが
最低限のマナー！

食事

- □ 大声で話さない
- □ ゆっくりと食事を楽しむ
- □ よい姿勢で食べる

対面後のやりとり ➡ P.31

- □ 当日中にお礼の言葉を伝える
- □ よくなかった点は言わない

05

人の印象は3〜5秒で決まる！

初対面での身だしなみ

親しみやすく清潔感のある第一印象を目指して

実際に相手と対面することになったら、まず気をつけたいのが「清潔感」です。**人間は、初対面のときに得る印象形成の約5割が視覚からの情報といわれています。身だしなみは第一印象を左右するのです。**

たとえば、服装であればシワや毛玉がついていないか、季節外れな洋服を着ていないかなどをチェック。**デート当日のプランに合わせた、親しみやすいスタイルを組み合わせることで、ぐっと清潔感が高まります。**

また、ヘアスタイルやメイク、靴などのひと目でわかる点だけでなく、自分では意外と気づきにくい臭いについても対面前に確認。姿勢や仕草なども意識するようにします。

何よりも大切なのは「清潔感」

対面したときの第一印象は服装・身だしなみで決まります。相手に不快感を与えないよう、清潔感のあるスタイルを心がけましょう。

● デートの定番スタイル

男性の定番スタイル

テーラードジャケット × スラックス × 革靴

ポロシャツ × チノパン × スニーカー

女性の定番スタイル

カーディガン × ワンピース × 革靴

ブラウス × ワイドパンツ × パンプス

洋服選びに悩んだら

鉄板の
シンプルコーデ

落ち着いた色味の洋服や、柄や絵がついていない無地の洋服ならシンプルコーデが組みやすくて◎。着ていく場所も選びません。

プチプラで
揃えてもOK

予算を抑えてコーデを組みたいときは、プチプラブランドを利用するのもおすすめ。上品に着こなすことを意識しましょう。

プチプラブランドなら
全身総額が1万円台で
揃えられるかも！

見落としがちな5つの身だしなみチェック

身だしなみを整えることは、婚活の第一歩ともいえます。自分では気づきにくいところも、相手にはチェックされているかもしれません。友人や家族から、客観的な意見をもらうのもおすすめです。

① ヘアスタイル・ひげ

髪やひげが無造作に伸びていたら、きれいに整えましょう。髪はスタイリングして整えたり、結んだりして清潔感をアップ。ひげは剃り残しがないか、きちんとチェックします。

② メイク・アクセサリー

初対面のときは特に、気合の入った濃すぎるメイクは逆効果。アクセサリーのつけすぎは、派手な印象を与えるため、身につける数やデザインは控えめにすると印象がよいです。

③ 服や靴のお手入れ

目立った穴や傷、シミなどがある服は、清潔感のない印象を与えるかもしれません。きれいな服選びを心がけ、履き慣れた靴にも傷や汚れがないか、改めて確認しましょう。

④ 臭いのケア

自分では気づきにくい、汗や口臭、足などの体臭は、市販のケアグッズを活用して防ぐのもおすすめ。香りの強い香水や柔軟剤も相手を不快にする恐れがあるので気をつけましょう。

⑤ 姿勢や癖

普段から猫背になりがちな人は、胸を張って、視線を上げましょう。貧乏ゆすりをしてしまう、気づくと腕や足を組んでいるという人も、癖が出ないように注意することが大切です。

Q&A

Q 避けたほうがいい服装は？

A ビッグシルエットやダメージ加工の衣類、露出度の高い服装はだらしなく見えてしまうのでNG。また、デートの行き先や目的など、TPOをわきまえることも大切です。

服以外にも、
カバンやハンカチに
汚れがついていないか
チェックしてね

06

ふたりの関係性を深める

おすすめの婚活デートプラン

デートは回数を重ねて距離をつめるべし

初デートは、相手の考え方やふるまいなどを知ることができる、貴重な時間です。ただし、デートの約束ができたからといって油断は禁物。「やっぱり合わない」とお断りされることも多く、**実際初デートを終えて、次に繋がらないカップルは全体の約7割といわれています**。ふたりで楽しい時間を過ごせるよう、デートプランをしっかり立てましょう。

　初デートは、日中の2〜3時間を目安に、落ち着いて話ができるカフェやレストランで過ごすのがおすすめです。お互いが行きやすい場所や食事の好みを事前に話しておき、趣味に合いそうなお店をセレクトするのがポイントです。

初デートは2〜3時間がベスト

慣れない人と長時間を共にすると、やはり気疲れしてしまうもの。初デートなら長くて3時間を目安にセッティングしましょう。

● おすすめの時間帯

1回目　昼食〜カフェタイムにしぼろう

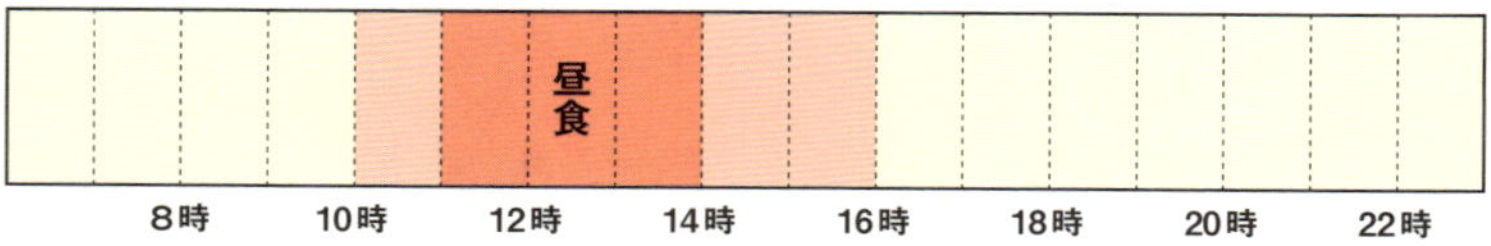

2回目〜　日中はおでかけ。ディナーを入れても◎

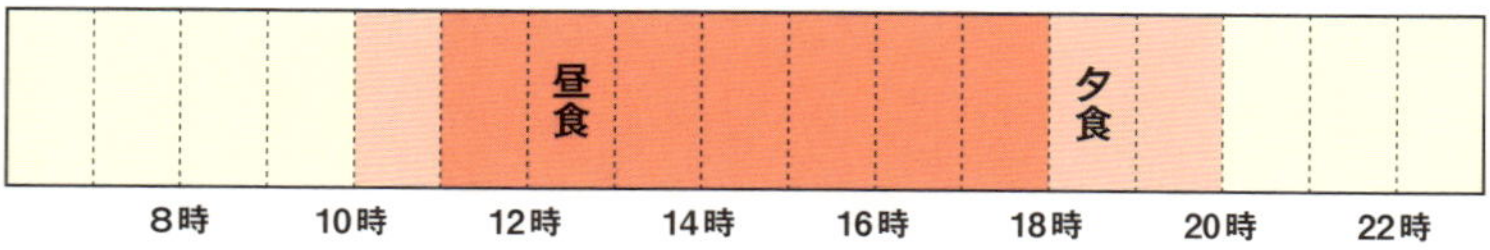

POINT

1回目のデートはとにかく好印象を心がけて、次に繋げる気持ちで

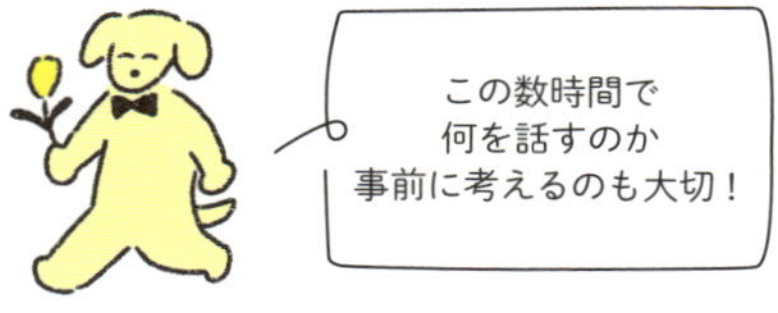

目的に合わせたデートプラン３選

おすすめのデートプランを３つ紹介します。映画館や動物園、博物館などのおでかけは２回目以降のデートにうってつけです。

1回目
お互いをもっと
よく知りたい！

ゆっくりランチコース

11：30　待ち合わせ
12：00　レストラン入店
～lunch～
13：30　カフェへ移動
～café time～
14：00　解散

CHECK!
食後もゆっくりできる
店を選ぼう

2回目～
趣味について
語り合いたい！

のんびり映画コース

13：00　待ち合わせ
13：30　映画館入館
～watch movies～
15：30　物販コーナーなどを
見て過ごす
16：00　カフェへ移動
～café time～
17：00　解散

CHECK!
好みのジャンルを
事前に共有しよう

2回目～
楽しくアクティブに
過ごしたい！

にぎやか動物園コース

13：00　待ち合わせ
13：30　動物園入場
～watch animals～
16：30　お土産を見たり
園内のカフェで休憩
17：30　レストランへ移動
～dinner～
19：00　解散

CHECK!
歩調や休憩のタイミングを
合わせよう

1日を気持ちよく終わるために

デートが終わったら、当日中にお礼のメッセージを送るのがマナーの基本です。結婚相談所からの紹介であれば、コーディネーターに「交際希望」かどうかを伝えます。

Q&A

Q 次のデートを断りたいときのメッセージは？

A なるべく早めに、誠意をもって、ご縁がなかったことを連絡します。想像と違ったとしても、相手を傷つけるような表現はトラブルにも繋がりかねないため、絶対に避けましょう。

例「本日は楽しい時間をありがとうございました。ただ、お話をさせていただくなかで、結婚観に違いを感じました。申し訳ありませんが、今回はご縁がなかったということをお伝えしたくご連絡させていただきました。」

07

パートナーにふさわしい？

価値観を理解し合うことが居心地をよくする

価値観は変化していくもの 認め合う姿勢が重要

相手をパートナーとして見極めるには、**価値観が合うか合わないかがひとつの判断基準になります**。しかし実際には、価値観が完全一致する相手を見つけることは難しいもの。**大切なのは、価値観が合わない部分をふたりでどう乗り越えるかです**。

まずは、相手と過ごすなかで、目立った価値観の違いがあるかどうかを考えてみましょう。このとき、**婚活を成功させたい一心で見て見ぬふりをすると、結婚後のトラブルに繋がりかねません**。自分にどうしても譲れない部分があるかどうか、それは時間がたっても変わることがないのかを見極め、ふたりで話し合うことを習慣化させましょう。

価値観の相違から考える結婚後のリスク

早く結婚したいという焦りから、婚約前には目をつぶっていた価値観の違いが、結婚生活のなかで想定外のトラブルに発展することも。よく耳にするケースと、その後の発展例を見てみましょう。

● 起こりがちな価値観の違い

仕事と生活のバランス → 放っておくと → **暮らしにすれ違いが発生**

例 掃除や洗濯は休みの日にする？
家に仕事を持ち帰る？

例 「相手は休日にも自宅で仕事をすることが多く、その間にひとりで家事や外出するのが寂しい」

お金の使い道 → 放っておくと → **生活が安定しない**

例 ふたりの財布は分ける？
お互いの貯金額を知っている？

例 「趣味に使うお金の差があり、なかなかふたりの貯金が貯まらない。今後が不安になる……」

友人との関わり方 → 放っておくと → **友人がきっかけでけんかに**

例 飲み会の頻度は？
異性の友人と仲良し？

例 「自分と比べて、相手は友人と食事に行くことが少なく、時間やお金の使い方に文句を言われた」

実家との付き合い方 → 放っておくと → **家族観にズレが生じる**

例 実家に顔を出す頻度は？
自宅は実家と近いほうがいい？

例 「相手は自宅から実家が近いので週に何度も帰っている。ふたりの新生活のことも考えてほしい」

POINT

トラブルをイメージしたときに、リスクが高いと感じたらきちんと話しましょう。考え方の相違について、話し合える関係性を構築することが大切です。

パートナーになれるか見極めるには

自分がどうしても譲れない部分以外に、どのように見極めればよいのか、ポイントを3つ紹介します。

価値観が違うことが
自分にとって
どのくらい重要かな？

その人と結婚する理由を考える

金銭感覚や食の好みなどが合わなくても、性格の相性や信頼性といった、その人と結婚する意味を考えてみると、価値観にこだわるべきかどうかの判断基準がわかってきます。

その人といる
自分が好きか、
居心地なんかも
大切だよね

相手の意見をきちんと聞く

お互いにどう感じているかを伝えて、話し合うことを習慣化させましょう。月に一度や、気になったときなど日ごろから相談できる時間をつくることで、お互いに歩み寄りやすくなります。

困難を一緒に乗り切れるかを判断する

価値観の違いがきっかけでトラブルが起きてしまったときに、話し合って、乗り越えられるかをイメージします。衝突が大きくなる、解決しないなど不安があるかどうかを見極めましょう。

価値観の違いとの上手な付き合い方

価値観は時間とともに変わっていくもの。それは相手だけでなく、自分自身もそうなる可能性があります。その変化を楽しむ気持ちでいれば、不安も解消されるでしょう。

行動を少しずつ変えてみる

自分の考え方にこだわり、相手の意見を否定的に捉えてしまうと、ふたりの価値観の差は広がるばかり。自分の価値観が絶対に正しいと思い込まず、相手の意見も尊重できるよう、行動を変えてみましょう。

価値観の違いを楽しむ

どちらが正しいかで考えず、いろいろな考え方があることを楽しむのもひとつの手。相手の価値観を一度受け入れ、新たな発見として捉えることができれば、自身の考え方や視野も広がります。

ストレスがたまる前に見直す

価値観の違いによるトラブルが何度も起きる場合は、なるべく早くふたりで話し合いを。具体的な改善点を挙げて、意見を出し合えればさらに◎。お互いに努力する姿勢をもつことが大切です。

08

モチベーションを維持するために

婚活に疲れたら？

婚活は無理せず マイペースに進めよう

婚活にはたくさんの出会いがある一方で、もちろん気疲れも多いもの。**人見知りの人や、慣れないことに挑戦するのが苦手な人は、特に婚活疲れを感じやすい傾向にあります**。また、なかなか結果が出ない、想像以上に時間とお金がかかるという現実から、婚活に後ろ向きになってしまう人も少なくありません。

もし婚活に疲弊してしまったときは、一度立ち止まり、その優先順位を下げてみましょう。**費やしていた時間を自分の心の安定のために使い、魅力を磨きながら時機を待つのも良縁を引き寄せるひとつの方法**。焦らず無理せず、マイペースに向き合うことが、よい婚活への近道です。

活動をルール化してメリハリをつける

婚活疲れを予防するためには、マイルールをつくるのがおすすめ。マッチングアプリであれば1日の活動時間や、一度にやりとりする人数などを工夫して、自分なりのペースを見つけていきましょう。

マッチングアプリの場合

婚活をルール化しない

- 新しい出会いを求めて常にチェックする
- 探り探りの会話を毎日複数人と続ける
- デートに向けて日々準備する
- 毎週末、マッチした人とデートする

予定が詰まる、気疲れするなどモチベーションが低下する

↓

婚活をルール化する

- 週３日はOFFデーにする
- メッセージは20～22時に限定
- 候補の相手は一度にふたりまで
- 対面するのは土日のどちらかだけ

メリハリがついて前向きに取り組める！

疲れていると、相性のいい人を見逃してしまうなど結果にも影響が出るかも？

沈んだ気持ちは悪化させずに切り替える！

なかなか思うようにいかず、婚活に疲れてしまったときの切り替え術を紹介します。自分の結婚観に立ち戻ってみたり、第三者の意見を聞いてみたりするのがおすすめです。

● 気持ちの切り替え術

1 自分の理想や結婚観を振り返る

基準にしていたパートナー像（→P.21）を思い返して、相手に求める条件の優先順位を整理してみましょう。

2 ほかの婚活スタイルを検討

自分の性格や現在の状況に、婚活スタイルが合っていない可能性も。ほかの婚活スタイルを一度試してみるのもおすすめ。

3 第三者に話を聞いてもらう

誰にも相談できずにひとりで悩みを抱えている人は、家族や友人、コーディネーターなどに話すと、新たな気づきが得られるかも。

4 成功するイメージをもつ

自己肯定感の低下は婚活疲れに発展しかねません。結婚している未来の自分を想像し、気持ちの立て直しを図りましょう。

婚活に疲れてしまったときのおすすめリフレッシュ

素敵なパートナーを見つけるための婚活ですが、まずは自分が元気でいることが何より大切。負担を感じたら、1週間や1カ月など、まとまった休息を取り、明るい気持ちで再スタートを切れるようにしましょう。

活動を休止して体を動かす

散歩やヨガなど、適度な運動をすることは幸せホルモンの分泌を促し、脳の活性化に繋がります。運動後はゆっくり深呼吸をして、気分を切り替えると◎。

自分の趣味に没頭する

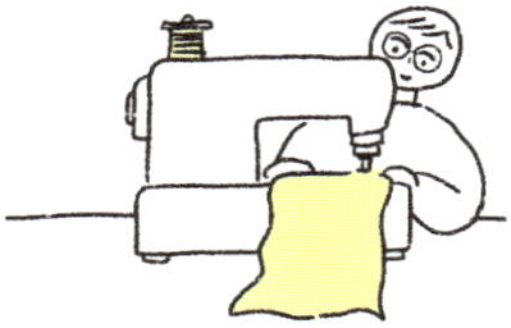

音楽を聴いたり、手芸をしたり、好きな映画を観たり……。今の自分が一番楽しいと思えるものを、時間を気にせずに、じっくり楽しみましょう。

友人と一緒に楽しく過ごす

親しい人との会話や食事も、ストレス解消のひとつの方法です。友人と過ごす日は婚活のことを忘れて、穏やかな時間を過ごすようにしましょう。

09

みんなどうしてる？

令和のプロポーズ事情

形にこだわりすぎず思いが伝わるプラン立てを

交際期間のなかでお互いの価値観を理解でき、結婚への気持ちが固まったら、いよいよプロポーズです。まず、**プロポーズにおいて一番大切なことは、きちんと思いが伝わるプランを立てること**。どんなプロポーズがしたいのか、ふたりに合うシチュエーションは何かなど、イメージすることから始めましょう。

プロポーズ当日までのおおまかな流れとしては、**①タイミングを決める、②当日のプランを立てる、③プロポーズの伝え方を考える、の3ステップがあります**。相手に喜んでもらえるプロポーズを目指して、思いを込めて準備をすることを大切にしてください。

プロポーズは「彼から」「何でもない日に」が多数

ゼクシィのアンケート調査によると、プロポーズはほとんどが男性側からという結果に。近年では「自分たちらしく」「何でもない日に」するのが人気の傾向です。

● プロポーズしたのはどちらから？

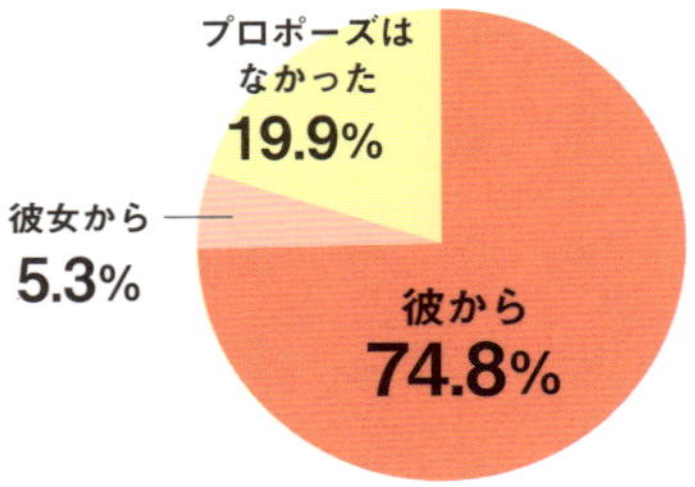

Q&A

Q プロポーズに指輪は絶対条件？

A 必ず指輪を用意する必要はありません。自分で選びたい女性も多いため、当日は花束やプロポーズ専用の指輪を利用しても◎。

● プロポーズは何の日だった？

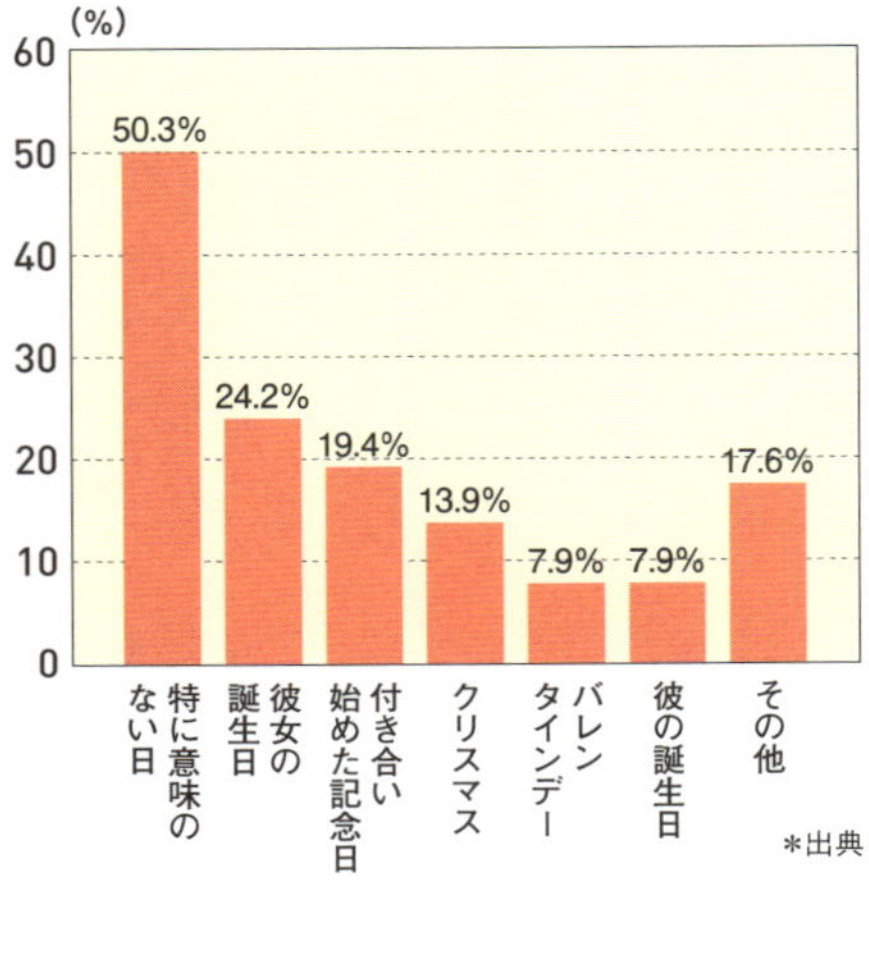

＊出典：ゼクシィホームページより

プロポーズに向けた3ステップ

ここではプロポーズの日取りから言葉まで、3つのステップに分けて紹介します。憧れのシチュエーションを叶えることも大切ですが、ふたりに合った最良のプランを考えることを大事にしましょう。

STEP1 タイミングを決める

ふたりにとって、ベストな時期から考えてみましょう。婚約記念日として、将来も覚えておきやすい日付にしておくと安心です。

- ふたりの記念日
- 誕生日
- イベント日
- 縁起や語呂のよい日　など

↓

STEP2 プランを立てる

どんなプロポーズがしたいのか、軸となる部分を考えてから、それに合う場所や時間、贈る物の準備といった、プランを立てていくのがおすすめ。

- プロポーズで一番大切にしたい軸を決める
- 場所とシチュエーションを考える
- 指輪や花束など贈る物を用意する

↓

STEP3 プロポーズの伝え方を考える

どんな言葉で伝えるかはとても重要です。緊張したり照れたりして言いたいことが言えなくならないよう、手紙やメモを用意するのもおすすめ。

シチュエーションは多種多様

実際にプロポーズを受けた人に話を聞くと、そのシチュエーションはさまざまです。実例を参考に、自分と相手に合いそうなプロポーズは何か考えてみましょう。

夜景の見えるレストランで……

私の誕生日に、彼があるレストランのディナーを予約。食後に彼はそっと指輪を取り出して「結婚してください」と、嬉しい言葉をくれました。憧れのシチュエーションそのもので、一生の思い出になりました。

外出から帰ると花束を持った彼が……

何でもない日の夜、私が帰宅すると、バラの花束を持った彼がサプライズでお出迎え。自宅ということもあって、変に身構えてしまうことなく、自分たちらしい空気感でプロポーズを受けることができました。

ふたりの記念日に彼女から……

付き合い始めた記念日、ふたりで遊園地の観覧車に乗っていたときに、彼女から「結婚しよう」とプロポーズされました。もちろん驚きましたが、以前から将来の話もしていたので、すごく嬉しかったです。

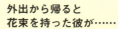

みんなの結婚

婚活・結婚相手 編

アプリ婚の わたし的メリット

婚活アプリを通して、今のパートナーと出会いました。アプリは自分のペースで婚活できるので、なかなかうまくいかない期間はお休みして、モチベーションを保っていました。婚活期間中は、たくさんの人と会話やデートをしたのでコミュニケーション力が上がった気がします。（20代・女性）

勢い任せは続かない！

婚活を始めたばかりのとき、「マッチしたらすぐにデート」を繰り返していたら、相手の顔と名前が一致しないことも出てきました。今考えると、普段から休日はひとりでゆっくり過ごすことが多かったので、体力的に続かないし、相手にも失礼なことをしていたと反省しています。（40代・女性）

婚活のための セミナー体験

婚活を始めてから１年間は、なかなかいい出会いがなかったのですが、一度だけオンラインの婚活セミナーに参加しました。プロの講師に相談できるし、ためになる会話術も紹介してくれて、いい気分転換になりました。（30代・男性）

結婚相手との衛生観念の 一致、大事です！

結婚相手に対して意外と大事だと感じるのは、衛生観念が一致していること。私は夫のことは好きなのですが、部屋が汚い、歯を磨かずに寝るなど、衛生面に対する考え方の違いが本当に嫌で、しばしば爆発しています。結婚前にそのあたりもチェックしておくことをおすすめします。（30代・女性）

プロフィールは最重要！

アプリを始めてみたもののなかなか結果が出ず、周りからのアドバイスで、プロフィール写真を友人のカメラマンに撮ってもらったものに変更。すると、「いいね」がつくようになりました。写真やプロフィールの大切さを実感しました。（30代・男性）

交際４カ月の スピード婚でした

アプリで知り合った今のパートナー。正直、可もなく不可もなくという感じでしたが、お互い早く結婚したかったので、「特別に嫌じゃないなら結婚する？」という感じで、交際４カ月で入籍しました。時間をかけて相手を知るのも大切ですが、思い切りも大事だと思います！（30代・女性）

Chapter

2

婚約から結婚の届出まで

親への挨拶や両家顔合わせ、
各種届出の手続き、周囲への報告など……
やるべきことをふたりで把握することから、結婚準備は始まります。

【監修】岡村奈奈（ウエディングプランナー）

01

結婚が決まったら①

準備の流れをふたりでチェックしよう

ミッションはたくさん！ふたりで進めよう

結婚が決まって幸せいっぱい！と気持ちが高まるとは思いますが、よく耳にする通り、結婚はゴールではありません。**他人だったふたりが家族になり、共に人生を歩んでいくためのスタートライン**です。

そして、結婚の意志が固まったあとは、お互いの親への挨拶、両家の顔合わせ、入籍や新生活の準備や手続き、結婚式の計画と、とにかくやるべきことがたくさん。そしてこれが、想像よりも手間と時間がかかるのです。まずは何をすべきか最初にきちんと整理して、必要なことを一つひとつクリアしていきましょう。**決して相手任せにはせず、ふたりで進めていくことが大切です**。

婚約から結婚までの流れ

結婚式や引越しの有無、環境やタイミングなど、人によって多少の差はありますが、結婚が決まってからの流れは、おもに以下の通りです。

プロポーズ

婚約おめでとう！新たな人生の準備スタート！

➡ P.36

両家の親へ挨拶

誠意をもって結婚の意志を親に伝えよう

➡ P.42

新生活の準備

ふたりの生活をイメージして準備しよう

➡ P.106

引越し

転出届や転入届の提出も忘れずに！

➡ P.118

引越し〜入籍が14日以内だと手続きがスムーズ！

婚姻届等の提出

記念すべき日！書類の準備は余裕をもって

➡ P.60

各種変更の手続き

氏名や住所の変更などは計画的に！

➡ P.63

結婚式はする派？　しない派？

結婚式は準備も費用もかかるので、するかしないかの検討は早めに行いましょう。近年では挙式のスタイルも多様化しており、結婚式を挙げないカップルも多くなってきています。

大切な人たちと集まり
結婚を実感できる！

ベーシック婚

ゲストを招いて挙式＋披露宴を行う最も一般的なタイプ。費用と時間はかかりますが、大切な人たちに見守ってもらうことで結婚の実感が深まります。

家族だけで
挙式・会食を行う

アットホーム婚

親族だけのアットホームな空間で、リラックスして当日を迎えることができます。家族や親しい人だけで行いたい人や、費用を抑えたい人におすすめ。

挙式＆披露宴なし！
入籍のみ

ナシ婚

結婚式は行わず、入籍だけでいいという考え方も一般化。結婚の記念にスタジオやロケーションのフォトウエディング（→P.220）を選択する人も多いです。

指輪の購入
長く身につける
ものだから、お互いの
こだわりを尊重して
→ P.46
結婚式の検討
結婚式の準備期間は平均約6カ月！
→ P.198
入籍日の検討
ふたりの記念日や語呂合わせなど覚えやすい日を！
→ P.45
両家顔合わせや結納
当日の段取りをしっかり準備して臨もう！
→ P.48
職場や周囲への報告
結婚報告はタイミングや順番も大事！
→ P.54
結婚式の準備
ふたりで協力して準備期間も楽しもう
→ P.198
挙式・披露宴
みんなに感謝を伝える素敵な演出を！
Congratulations!

02

結婚が決まったら②

親への結婚の挨拶

第一印象を大切に 誠意を伝える

親に結婚の意志を伝える挨拶は、結婚準備における最初のステップ。結婚が決まったら、できるだけ早めに段取りを組みましょう。

自分の親へは、「結婚する」と決定事項のように報告するのではなく、「結婚したい相手がいる」と、まずは結婚の意志を伝えて。このとき相手の情報を併せて伝え、親に安心してもらうことも大切です。

そして、パートナーの親は、これから家族になる大切な相手。**すでに親しい関係が築けている場合でも、けじめとして、結婚の挨拶はきちんと行いましょう。**初対面の場合は、人柄や家族構成など、最低限のプロフィールの交換も忘れずに。

結婚挨拶 当日までの流れ

まずはお互いの親に結婚の意志を伝えて、挨拶に行く日程を調整します。当日までに身なりを整えるなど、失礼がないようきちんと準備を。

日程を決める

挨拶の日程は親の予定を優先し、訪問までに2週間程度の余裕をもっておくと◎。両家の距離や都合をもとにそれぞれが親に確認し、どちらの家に先に行くかはふたりで話し合って決めていきます。食事時の訪問は避けるようにしましょう。

当日までの準備

□ お互いの親の情報交換

親の性格、家族構成、職業、趣味、避けたほうがいい話題など、基本的な情報をそれぞれ交換しておきます。

□ 結婚後のビジョンのすり合わせ

入籍日、結婚式の有無、結婚後の住まいなど、想定される質問の答えは事前に準備しておくと安心です。

□ 身だしなみを整える

清潔感や安心感のある装いで。特に男性のひげや女性のネイルは、相手の親の考え方に添うのがマナーです。

□ 手土産を用意する

相場は3000～5000円程度。相手の親の好きなものや自分の出身地の名物など、会話のきっかけになるようなものが◎。

当日！

服装は清潔感を心がける！

清潔感があり、落ち着いたコーディネートを心がけます。家にあがることを考えて、ストッキングや靴下もきれいなものを着用。派手なアクセサリーやネイルも避けたほうがいいでしょう。

清潔感ある
さっぱりとした
スタイルに
ひげはできれば剃り、
アクセサリーは
外しておくと◎
無難なのはスーツ。
ジャケット＋チノパン
などでもOK
靴も磨いて
きれいにしておく
清潔感のある
ヘアスタイルと
ナチュラルなメイクで
服装は清楚なワンピースや
優しい雰囲気の
ファッションがベスト
アクセサリーやバッグは
上品で控えめなデザインに。
派手なブランドものは避ける
靴はきれいめで
脱ぎやすいものを。
パンプスが無難

マナーを守ってしっかり結婚の意志を伝える！

相手の親と初対面の場合は、最初にきちんと自己紹介を。礼儀正しくふるまい、誠意をもってハキハキと結婚の意志を伝えてください。

訪問は2～3分前に

訪問時間に遅刻するのはもちろん厳禁ですが、早く着きすぎても迷惑になります。2～3分前にチャイムを鳴らすようにしましょう。

雑談後に結婚報告

10分程度の雑談後、場が和んできたら本題へ。とはいえ人によっては、雑談は高度な技。誠意が伝わっていると感じたら、早めに本題へ入ってもOKです。

滞在は1時間程度

親との間柄にもよりますが、結婚の挨拶での長居は禁物。夕食の支度が始まる前に、1～2時間程度でおいとまするようにしましょう。

Q&A

Q もし結婚を反対されたら？

A 必ずしも結婚を快諾してもらえるとは限りません。もし反対されてしまった場合は、少し時間をおいてから改めて挨拶へ。投げやりにならず、誠実に対応することが大事です。

帰宅後に直接
お礼の連絡も
するといいよ！

迎える親の準備と心得

結婚の挨拶は本人たちだけでなく、親も緊張するもの。特に初対面の場合、どんな人物なのか、期待と不安が入り混じると思いますが、子どもが選んだ人ですから、まずは温かく出迎えましょう。基本は子どもの意志を優先しつつ、親としてどうしても気になることは、素直に伝えたほうが◎。

● 準備しておくこと

家の掃除

リビングのほか、トイレや手洗い場など、相手を通す可能性のある場所は手を抜かずに。もし家に来てほしくない場合は、外で会う約束をしてもOKです。

お茶菓子の用意

お茶菓子はおもてなしの目的のほか、会話に困ったときの手助けにもなります。お互い緊張もあるので、アルコールは避けたほうが無難。お茶やコーヒーを用意して。

服装

スーツにネクタイなどかしこまった服装にしすぎると、結婚相手が委縮してしまう可能性も。相手の服装よりも少しカジュアルな程度がベストです。

POINT

子どもの交際相手への対応マナー

- 質問攻めをしない
- 頭ごなしに否定しない
- 政治、宗教、子どもなど、デリケートな質問は避ける
- 親として伝えるべきことは伝える

聞きたいことや
言っておきたいことを
あらかじめ
準備しておこう！

こんな場合はどうする？

多様性の時代、子どもの交際相手のことが理解できない、不安だと感じる可能性もあるでしょう。実際に口には出さなかったけれど、あまりよい印象をもたなかったという親は少なくありません。しかし、子どもが結婚を決めた相手。まずは受け入れる気持ちをもつことが大切です。

相手が再婚

センシティブな話題ではありますが、離婚の時期や理由を確認。相手の家族との関係、子どもや養育費の有無などについて、自分の子どもがしっかり理解しているか聞いておきましょう。

相手が外国人

国籍、宗教、生活環境、住む場所、価値観など、本人たちの絆だけでは乗り越えられない問題が出てくる可能性もあります。先のことについてどこまで考えているのか、確認しましょう。

年の差が大きい

経済面、出産・育児、老後のことなど、価値観の違いがあるかもしれません。ふたりの考えを聞き、先を見据えていない場合はきちんとアドバイスを。

仕事や収入が不安定

相手の収入が少ない場合、今後、家庭不和の一因になることも。何か特別な理由があるのか、将来設計を確認し、一緒に考えていきましょう。

妊娠中

本人たちに子どもを育てていく覚悟があるか、経済的に不安がないかなどを確認しつつ、無事に赤ちゃんを迎えられるよう、サポートしてあげましょう。

03

結婚が決まったら③

入籍日はどうする？

一般的な婚約期間は半年～1年

プロポーズから婚姻届を提出するまでの婚約期間は人それぞれ。**一般的に半年～1年程度が多い傾向にありますが、特に決まりはありません。**結婚記念日は毎年やってくる大切な日なので、よく話し合って日取りを決めましょう。

入籍日として多いのが、ふたりの記念日や思い入れのある日。このほか、縁起のよい日、語呂合わせなどで選ぶカップルもいます。また、**大安など、お日柄のよし悪しも気になるところ。**仏滅だから幸せになれないということはありませんが、大切な記念日ですから、縁起を担ぐのもいいでしょう。近年は、一粒万倍日《いちりゅうまんばいび》や天赦日《てんしゃにち》などの吉日も人気です。

縁起のよい日を選ぶカップルも

カレンダーでよく目にする六輝（六曜）。大安・友引・先勝・先負・赤口・仏滅の順に縁起がよいとされ、時間帯によっても運気が変わるといわれています。

［ 六輝（六曜）と縁起のよい時間帯 ］

六輝	午前	正午	午後
大安		○	
友引	○	×	○
先勝	○	○	×
先負	×	○	○
赤口	×	○	×
仏滅	×（午後からは○という説も）		

人気は大安の日

大安はすべてのお祝い事に吉とされる日で、入籍日としても人気です。仏滅は最も凶日ですが、午後からは運気が上がるという説もあります。

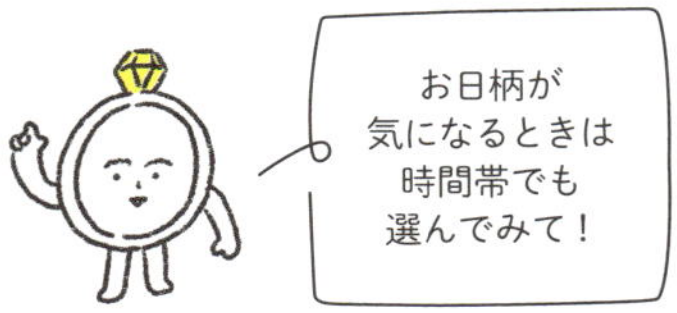
お日柄が
気になるときは
時間帯でも
選んでみて！

● そのほかの人気の吉日

一粒万倍日

「一粒の籾《もみ》が万倍にも実る稲穂になる」という意味の吉日。この日に始めたことは何倍もの成果となって返ってくるといわれています。

天赦日

「天が万物の罪をゆるす」という意味がある、非常に縁起のよい日。何を行うのにも最適とされ、最上の吉日という説もあります。

POINT

記念日の決め方は自由！

六輝やお日柄で決めることもありますが、「いい夫婦の日（11月22日）」といった語呂合わせや、「肉の日（29日）」など好きなものにちなんだ日のほか、ふたりの誕生日のちょうど中間の日や、イベントのない月をあえて選ぶというカップルもいます。

04

結婚が決まったら④

指輪や記念品の用意

婚約指輪は7～8割 結婚指輪はほぼ全員が購入

婚約指輪は高額なため、購入は慎重に。かつては「婚約指輪＝給料の3カ月分」といわれていましたが、相場は変化しています。**収入に合わせた、無理のない価格帯を選ぶのが賢明です**。サプライズで用意するのもよいですが、プロポーズ後にふたりで一緒に選ぶケースもかなり増えています。

結婚指輪はお互いのこだわりやライフスタイルも考慮しながらデザイン選びを。長年愛用するものなので、アフターサービスの充実度もポイントです。**婚約指輪、結婚指輪ともに、既製品であっても即日で持ち帰れることは稀なので、余裕をもって計画を立てましょう**。

婚約指輪の相場は30～40万円

婚約指輪は高額かつ一生ものなので、自分でデザインを選びたい人も多数。パートナーの希望は事前に確認しておきましょう。余裕をもって、3カ月前くらいには注文を。

● デザインはおもに4タイプ

ソリティア

リングの真ん中に一粒だけ石を配したデザイン。立て爪で石を支えるタイプが定番です。

メレ

メインの大粒の石のサイドに、メレ（小粒）のダイヤをあしらったデザインです。

パヴェ

「パヴェ」は石畳という意味。小粒のダイヤを敷き詰めたゴージャスなデザインです。

エタニティ

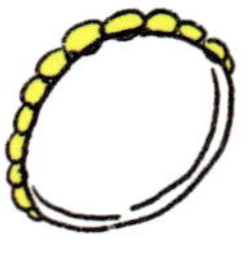

指輪の全周に小粒のダイヤを並べたデザイン。その名の通り、永遠の意味を持ちます。

● ダイヤモンドのグレードを決める「4C」

Carat
（カラット＝重量）

1カラット＝0.2グラムで、数字が上がるほど、希少価値も高くなります。

Cut
（カット＝輝き）

「EXCELLENT」「VERY GOOD」「GOOD」「FAIR」「POOR」の5段階でダイヤの輝きを評価したもの。

Color
（カラー＝色）

無色透明の「D」を最高ランクに、黄色みがかった「Z」までで評価されます。

Clarity
（クラリティ＝透明度）

内部や表面にある内包物や傷などの数や大きさ、位置などで鑑定されます。

半数以上の人が
既製品を選んでいる
みたいだよ！

結婚指輪（ふたり分）の相場は20〜25万円

［ 結婚指輪にかかったお金 ］

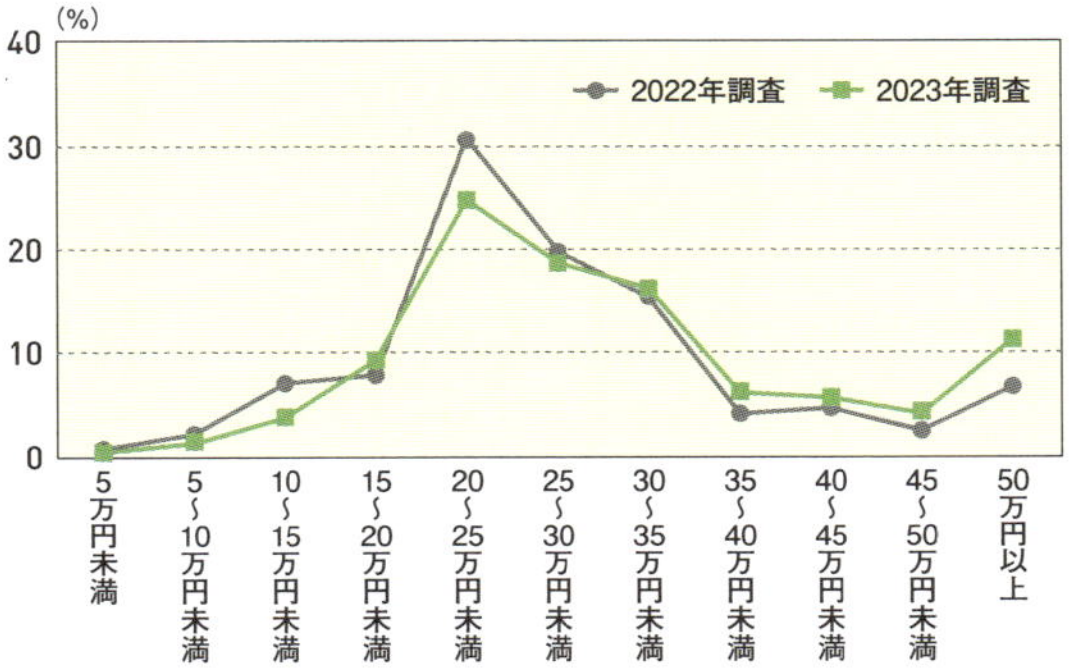

結婚指輪はほぼすべての人が購入。ふたりで20〜25万円の価格帯を選択する人が多く、素材の一番人気はプラチナです。生涯を通して身につけられる、シンプルで飽きのこないデザインを選びましょう。

＊出典：ゼクシィ結婚トレンド調査2023 首都圏（リクルートブライダル総研）

● デザインはおもに4タイプ

ストレート

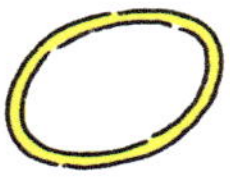

アームがまっすぐな、最もシンプルでベーシックな形のリング。幅や厚みによって印象が変化します。

V字

その名の通りV字の形をしたデザイン。シャープな印象を与え、指を細く長く見せる効果もあります。

ウェーブ

アームがゆるやかな曲線を描いているデザイン。指なじみがよく、上品で優しい雰囲気が特徴です。

クロス

２本のラインがクロスされた華やかなデザイン。アームの細さや間隔、角度などで印象が変わります。

指輪以外の婚約・結婚記念品のアイデア

指輪が不要であれば無理に購入せず、その費用を新生活や新婚旅行に充てるのも手。指輪以外のアクセサリーや腕時計など、ふたりらしい記念品をチョイスするのも素敵でしょう。

腕時計

ペアの腕時計は実用性が高く、長く愛用できる点もポイント。「ふたりで同じ時間を刻もう」というメッセージもあります。

指輪以外のアクセサリー

仕事柄、日常的に指輪をつけられない人にはネックレスなどが人気。普段使いしやすいうえ、刻印なども可能です。

家具、家電

新生活に必要な家具や家電を記念品にする人も。ベッドやソファ、テレビなど、ふたりで長く使えるアイテムがおすすめです。

新婚旅行に充てる

新婚旅行に行くなら、旅行プランをグレードアップするのも一案。旅先や宿泊先、アクティビティなどの選択肢を増やせます。

05

顔合わせ・結納①

顔合わせ食事会と結納の違いは？

両家顔合わせの食事会のみが主流

お互いの親への挨拶を済ませたら、**入籍や挙式をするまでの間に、両家の顔合わせと親睦を兼ねた婚約のセレモニーを設けましょう。**

セレモニーは「結納」または「顔合わせ食事会」の2つが主流ですが、現在では、格式ばった厳かな結納は行わず、**ルールのない和やかな顔合わせ食事会のみを行うカップルがほとんど**です。

ただし、地域や家柄によって婚約や結納に対する考え方はさまざま。結納をするか食事会のみにするかは、早めに両家の意向を確認しておきましょう。意見が合わない場合は、しきたりを重んじるほうの考えを尊重するのが得策です。

決まり事のない顔合わせ、伝統的な結納

結納と顔合わせ食事会、それぞれの目的や特徴、式の流れ、用意するものなどをまとめました。双方の違いを知っておきましょう。

	結納	顔合わせ食事会
目的	婚約の儀式	両家の顔合わせと親睦
時期	挙式の3〜6カ月前までには	挙式の3〜6カ月前までには
特徴	結納品の受け渡しを行う伝統的な婚約の儀式。仲人を立てずに両家の親と婚約者当人たちが一堂に会して行うスタイルが主流。地域のしきたりや形式があるので、事前の準備はしっかりと。	両家の紹介や親睦を目的とした食事会のこと。特定の形式はなく、婚約者当人たちが中心となって進行する。事前に話題を考えておいたり、紹介コメントを用意しておいたりと準備が重要。
式の流れ	入室の順番や席次、結納の挨拶、結納品の受け渡しまで、その地域に伝わるしきたりで進める。ふたりの出身地が関東、関西で異なる場合は、早めにすり合わせを。	特に決まった流れはなく、最初に両家の挨拶と紹介が済んだら、会食を楽しむ。場合によって、結婚式に向けての段取りなどを話し合うこともある。
用意するもの	結納金や、縁起物を集めた結納品を用意。結納品は基本的には9品目とされているが、7、5品目と簡略化させることも。内容や贈り方は地域で差があり、おもに関東式と関西式がある。	婚約指輪や腕時計などの婚約記念品があれば、それを交換する時間を設けて婚約のお披露目をすることもある。それぞれの家族紹介や写真などを組み込んだ冊子（しおり）を準備する人も。
場所	料亭やホテル、レストランの個室など。しきたりにのっとり、女性側の実家で行うこともある。	結納と同じく、料亭やホテル、レストランの個室などが一般的。
予算	6〜20万円が目安（結納品、結納金は除く）	6〜15万円が目安（1人当たり1〜2万円）

顔合わせ食事会の段取り

顔合わせ食事会は、結婚する本人たちが主催するケースが主流。日時や場所の調整、お店の予約など、早めに動き出しましょう。会場は、個室のある場所がベスト。出席者の食の好みやアレルギーなども確認を。

日付や時間

休日の昼間が一般的

両家の都合がつきやすい、休日の昼間に設定するのがベストです。お日柄を気にする親も多いので、日取りについてもきちんと相談して決定を。

場所

両家の集まりやすい場所を選ぶ

両家が集いやすく、アクセスのよい場所を選びます。両家の中間地点、女性側の実家エリア、高齢の親族が参加する場合は、その親族に合わせるケースも。

会場

料亭やホテル、レストランがベター

個室で、コース料理のあるレストランや料亭などがおすすめ。顔合わせプランがある会場は、進行や料理提供のタイミングの配慮があって安心です。

服装

両家のグレードを合わせた服装に

気軽な顔合わせとはいえ、ある程度フォーマルな装いに。一番気をつけたいのが、両家のバランスです。それぞれ実家と連絡をとって調整するとよいでしょう。

本人

- **女性** きれいめのワンピースや、清潔感のあるブラウス＋スカートなど。
- **男性** スーツが無難。カジュアルな会でもジャケットは着用を。

親

- **女性** 落ち着いた色やデザインのワンピースにボレロやジャケットを。
- **男性** スーツが一般的。カジュアルな会でもジャケットは着用を。

手土産

用意するかどうか両家で相談を

それぞれの親に確認して相談を。相場は3000～5000円程度です。赤白結び切りの水引が印刷されたのし紙で包み、表書きは「御挨拶」とします。

御挨拶

Q&A

Q 親が遠方に住んでいるときは？

A 両家の親が共に遠方の場合は、どちらかが赴くか、子どもたちの居住地で設定を。どうしても都合がつかない場合や、何らかの理由で遠出ができないときは、時期を相談したり、オンラインを検討したりして、両家でよく話し合いましょう。

両家の服装は、ふたりが仲立ちして相談しよう

会場選びはアクセスだけでなく口コミもチェックするなどして慎重に！

06 顔合わせ・結納②

今後のお付き合いを左右する顔合わせ食事会

仕事のプロジェクトに挑むつもりで準備を

両家の顔合わせはお互いの第一印象を決める大切な場。自分たちはもとより、親同士も良好なお付き合いのスタートとなるよう、**仕事の一大プロジェクトに挑むつもりで準備をしましょう**。「ただの食事会だし」「うちはそういうの気にしないから」と、軽んじるのは禁物です。

乾杯の挨拶や家族の紹介などは、アドリブではなく事前に用意しておくほうが安心。話が弾み場が盛り上がるので、自分たちや親の紹介を載せたしおりをつくるのも定番化しています。**婚姻届の証人欄のサインをお願いしたり、婚約記念品をお披露目したりする**プログラムを用意するのもおすすめです。

事前に確認しておきたいこと

結納に比べ比較的カジュアルな食事会とはいえ、やはり緊張はするもの。スムーズに進行できるよう、進行役や支払いの方法などは、当日までに決めておきましょう。

進行役は？

婚約する当人ふたりが中心となって進行するのが主流です。費用の負担などは両家が納得する形になるよう配慮を。あらかじめ大まかな進行を共有しておくと◎。

支払いは？

食事会の費用はふたりがすべて負担するケースが多いです。当日決めるのではなく事前に話し合って、お互いの親にも知らせておきましょう。

記念撮影は？

記念撮影のタイミングは、乾杯後、記念品の交換中、帰り際がおすすめ。お酒で顔が赤くなる人は、お酒を飲む前に撮影しておくとよいでしょう。

NGワードは？

政治や宗教、デリケートな話題のほか、周囲を置いてきぼりにする専門的な話も避けて。悪口など、ネガティブな話題ももちろん厳禁です。

POINT

しおりにはこんなことを！

自分や家族のプロフィールのほか、子どもの頃の写真やエピソード、ふたりのなれ初めなどを載せても会話が弾みます。結婚式を挙げるなら、その会場やイメージの写真などを盛り込んでも。

歓談では
自分のパートナーを
からかったり、
親から子どもに
対しての謙遜に
同調したり
するのもNG！

当日の流れをシミュレーションしておこう

当日の流れをイメージしておくとさらに安心。始まりや結びの挨拶もきちんと準備しておくことで、両家に誠実な印象をもってもらえるでしょう。

1 集合

まずは自分の家族と会場以外の場所で集合し、そこから現地へ。各自現地集合にすると、初対面の親同士が先に到着してしまった場合に気まずくなる可能性があります。お店の前などで落ち合い、全員が揃ってから中へ。

2 着席

着席時にもたつかないよう、席順も事前に決定を。一般的には出入口に遠い上座から父・母・本人という席順になりますが、そこまで気にしない家庭なら臨機応変に。

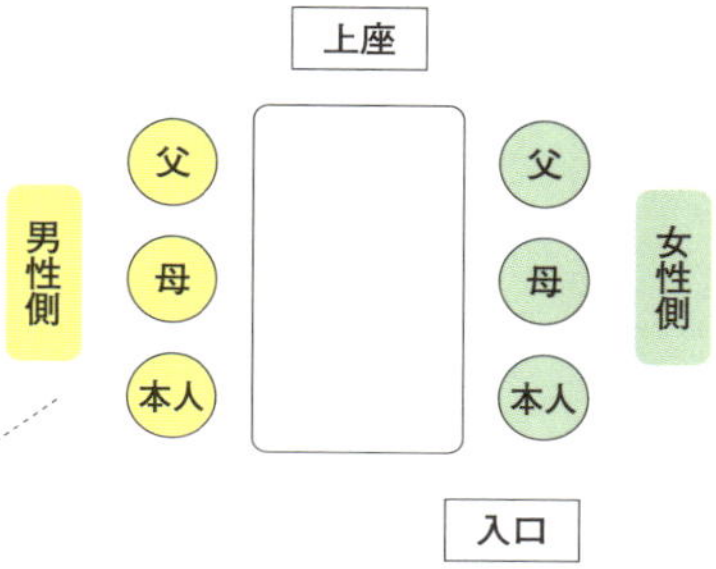

3 始めの挨拶、両家の紹介

全員が着席したところで、進行役が食事会の始まりの挨拶を行います。次に、ふたりからそれぞれの家族の紹介をしましょう。

例文

本日はお忙しいなか、ふたりの婚約にあたりお集まりいただきありがとうございます。本日はどうぞよろしくお願いいたします。さっそく食事会を始めたいと思います。

4 婚約記念品のお披露目・交換

食事を始める前に婚約記念品のお披露目や交換の時間を設けると、一気に場が和みます。婚姻届の証人欄へ署名してもらう場合もこのタイミングでお願いしましょう。

婚約記念品は白木の台に飾るととても素敵！

POINT

家族は前面に出ずサポートを

食事会の企画や進行はできるだけ当人たちに任せ、家族は温かく見守りましょう。嬉しい気持ちはわかりますが、お酒の量もほどほどに。

5 食事、歓談

乾杯の音頭を誰がとるか事前に相談しておきましょう。ふたりで「よろしくお願いします」としても、どちらかの親に依頼しても◎。その後は食事と歓談を楽しみます。

6 結びの挨拶

食事が済んで一息ついたところで、結びの挨拶を。両家の親から一言ずつ、または、ふたりでその日の感謝とともに「これからもよろしくお願いします」と伝えましょう。

例文

本日はお忙しいなかお集まりいただき、本当にありがとうございました。これから結婚に向けて、力を合わせて準備をしていきたいと思います。今後とも温かく見守ってくださいますよう、よろしくお願いいたします。

07

顔合わせ・結納③

結納は顔合わせを兼ねたスタイルが主流

結納形式は地域によっても異なる

結納とは文字通り、新たに家族となる両家が「結」びついたことを祝い、飲食を共にしながら贈り物を「納」め合う伝統的な儀式。**仲人を立てる伝統的な結納と、仲人を立てずに行う現代的な結納がありますが、現在は後者のスタイルで行われることがほとんど**です。さらには、地域によって「関東式」と「関西式」に分かれるなど、さまざまな決まりやしきたりが存在します。

婚約の儀式として結納を行うカップルは多くはありませんが、**家と家との結びつきを確認し、節目を大切にしたいふたりには貴重な経験となるはず**。家族の意向も確認し、早めに検討するようにしましょう。

「伝統的な結納」と「現代的な結納」の違い

結納には仲人が両家を行き来して結納品や結納金を受け渡す「伝統的な結納」と、仲人を立てずに両家が一堂に会して行う「現代的な結納」があります。

	伝統的な結納	現代的な結納
場所	基本的に女性側の家	女性側の家のほか、料亭やホテルなど
仲人	あり（謝礼は結納金の１割程度）	なしの場合が多い
結納品	あり	あり
結納の進行	仲人	親または本人

● 関東式と関西式の違い

	関東式	関西式
結納品の贈り方	男女で互いに結納品を取り交わす	男性から女性へ結納品を贈る
結納品	９品目、７品目、５品目など奇数で調えられる。品目は共通のものもあれば、地域独自のものもある	
結納品の飾り方	１つの台にすべての結納品をまとめて載せる	結納品を１つずつ台に載せる
結納返し	結納金の半額程度の金品を贈る	返さないか、結納金の１割程度の金品を贈る

結納品や結納金の準備

結納までには、結納品や結納金などの準備が必要。地域によっても品目が異なるので、しっかり確認しましょう。結納品は百貨店や専門店のほか、オンラインショップでも購入が可能です。

結納品

結納で交わす結納品は、寿留女（するめ）や子生婦（こんぶ）といった縁起物。基本は9品目ですが、7、5、3品目など割り切れない奇数で簡略化もOK。相場は10～15万円。

結納金

男性側から女性側へ贈られる結婚準備金のこと。婿入りの場合は、女性側から男性側に贈られます。100万円、70万円、50万円など、上一桁を奇数にすることが一般的。

POINT

ホテルや料亭に結納パックがある場合も

ホテルや式場、料亭などでは、結納のためのサービスをまとめた「結納パック」が用意されていることも。タイミングの配慮や進行をサポートしてもらえるので安心です。

婚約記念品・結納返し

関西式の結納では、婚約記念品（婚約指輪）が結納品に含まれますが、関東式には含まれません。ただし、結納の席で婚約記念品を贈る人がほとんど。女性側は、腕時計などの婚約記念品を結納返しの品とすることも多くなっています。

Q&A

Q 結納金はなくてもいい？

A 結納金を交わさないケースも珍しくはありませんが、男性側から申し出るのは避けたいところ。両家の意向をすり合わせ、無理のない形で検討をしましょう。

● 結納品の基本の9品目

関東式

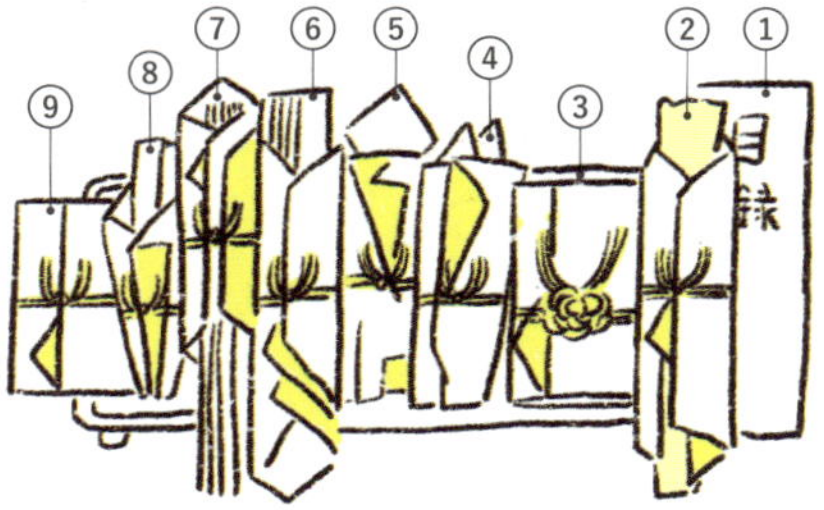

① 目録（もくろく）
② 長熨斗（ながのし）＊のしアワビ
③ 金包（きんぽう）＊結納金
④ 勝男武士（かつおぶし）
⑤ 寿留女（するめ）
⑥ 子生婦（こんぶ）
⑦ 友志良賀（ともしらが）＊麻糸
⑧ 末広（すえひろ）＊扇子
⑨ 家内喜多留（やなぎだる）＊酒料

関西式

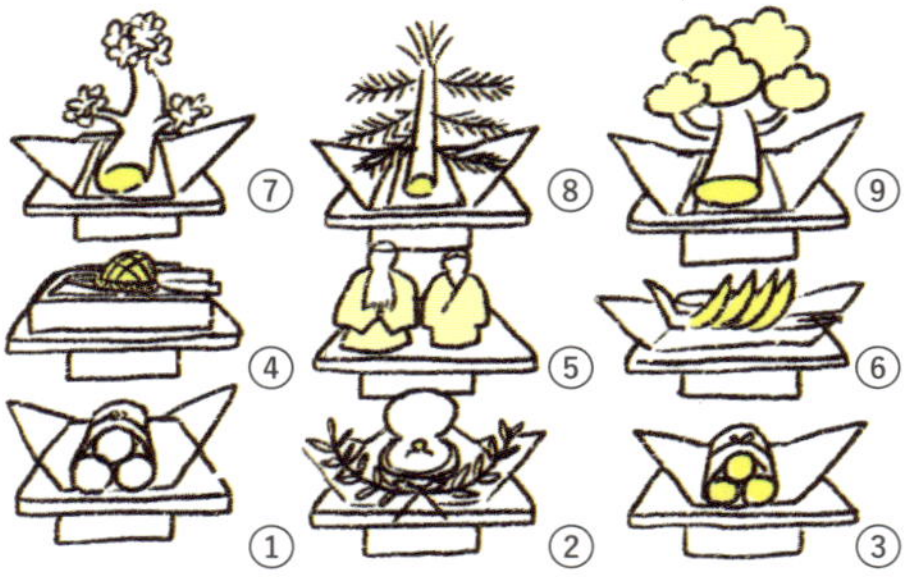

① 子生婦（こんぶ）
② 結美和（ゆびわ）
③ 寿留女（するめ）
④ 寿恵廣（すえひろ）＊扇子
⑤ 高砂（たかさご）＊高砂人形
⑥ 熨斗（のし）
⑦ 松魚料（まつうおりょう）＊食事代
⑧ 柳樽料（やなぎだるりょう）＊酒料
⑨ 小袖料（こそでりょう）＊結納金

08

結婚報告と内祝い①

職場や友人への結婚報告も配慮して

結婚に伴う影響と変化を報告する

結婚が決まったら、職場や友人への結婚報告も進めましょう。

職場への報告は、結婚式の3カ月前か入籍の1カ月前には必ず行うようにします。結婚式やハネムーンなどで仕事の調整が発生する可能性もあるので、まずは直属の上司に伝えます。**結婚報告はプライベートなことなので、就業時間は外して、お昼休みなどに時間をつくってもらう**のがマナーです。

このとき注意したいのが、自分本位にならないこと。自分は幸せの最中であっても、報告相手がどんな状況かはわからないものです。**相手の気持ちを思いやり、誠実な態度で伝えることが大切**です。

職場への報告は直属の上司から

まずは直属の上司に速やかに報告。今後の働き方なども併せて伝えましょう。その後の報告の順番は会社にもよるので、上司の判断に従って。

基本はこの流れで報告を!

①直属の上司
↓
②その上の上司
↓
③同じ部署の同僚
↓
④他部署の人

● 伝える内容

- □ 入籍の時期
- □ 結婚後の働き方
（これまで通り続ける／働き方を変える／退職する）
- □ 職場での姓の変更を希望するか
- □ 結婚式は行うか（する場合、報告相手は招待するか）
- □ 長期休暇をとるか
- □ 妊娠しているか

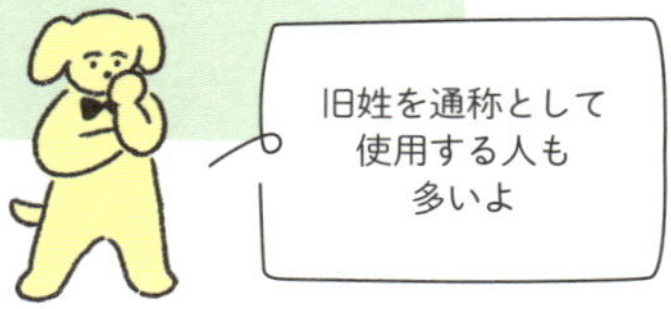

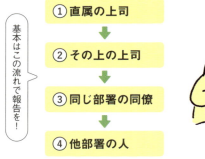

友人への結婚報告はおもに4パターン

友人への報告で気をつけたいのが、報告の順番とタイミング。報告の機会をうかがっていたら相手が人づてに聞いてしまい、友情にひびが入ったというケースも珍しくありません。SNSで報告をする人も多いですが、深い仲の人には、個別に連絡するようにしましょう。

親友には

プロポーズのあと

特に親しい友人には、プロポーズした・されたときにいち早く報告したいもの。相手が既婚者ならば、今後のアドバイスももらえるかも。

結婚式に呼びたい友人には

結婚式の日取りが決まったあと

結婚式に招待する友人には、式の日取りが決まった時点で報告を。日程や場所を伝え、早めに予定をおさえてもらいましょう。

結婚式をしないなら

婚姻届を提出したあと

結婚式をしない、または未定の場合は、婚姻届を提出したときに報告を。そのとき、結婚式についても知らせておくといいでしょう。

直接会ったときにと思わず、早めに電話などで伝えたほうが◎！

● 友人へ結婚を伝えるときのポイント

知っている友人&情報解禁日の共有

親しい友人にはいち早く報告したいけれど、うっかり情報が漏れるのは避けたい！という人は、「すでに結婚のことを知っている人」と「情報解禁日」を伝えておくと、友人間で情報が漏れることを防げます。

同じグループ内で報告の時期を合わせる

仲のよいメンバーでのグループがある場合、グループ内で報告のタイミングがずれてしまうと、「あの子は知っていたのに、私は聞いてない」と、亀裂を生んでしまう原因に。できるだけ同じタイミングで報告するのがベター。

相手の状況も気にかける

報告の際は相手の状況も気にかけることが大切。失恋後や結婚に焦りを感じている、家庭や仕事の状況が大変など、心から祝福できない場合もあります。自分の幸せだけを押しつけず、適切な報告を心がけましょう。

Q&A

Q SNSでの結婚報告のタブーは？

A SNS上での結婚報告は、誰が見ているかわからないので、親しい友人や職場の人などへの報告が済んでからにしたほうが◎。フォロワーを友人のみに限定していた場合でも、情報が漏れないとは限りません。また、幸せ自慢と思われないよう、報告内容は簡潔に済ませましょう。

SNSに投稿する場合はパートナーにもちゃんと了解をとってね！

心を込めた内祝いのセレクト

いただいたお祝いの半額から3分の1程度のお返しを

内祝いとは本来、「身内でお祝いごとがあったのでおすそ分けをさせてください」と、お世話になった人に贈り物をして、その喜びを分かち合うものでした。それが今では、**いただいたお祝いに対してのお返しというのが、スタンダードな意味**になっています。

結婚式をする場合は、披露宴でのおもてなしや引き出物でお返しができるので、招待した人たちに内祝いを贈る必要はありません。**一方、結婚式をしない場合は、お祝いをいただいたすべての人にお返しをするのがマナー**です。できるだけ早めに用意して、丁寧に感謝の気持ちを伝えるようにしましょう。

誰に、いつ、どの程度のものを渡す？

披露宴に出席してもらった人でも、いただいたお祝いが思った以上に高額で、引き出物と見合わないと感じたら内祝いを贈りましょう。

	結婚式をする	結婚式をしない
渡す相手	● 結婚式に招待できなかった、または欠席だったけれど、お祝いをもらった人 ● 結婚式に招待して、高額なお祝いをもらった人	お祝いをもらったすべての人
渡すタイミング	結婚のお祝いをいただいてから1カ月以内、もしくは結婚式から1カ月以内	お祝いをいただいてから1カ月以内
金額の相場	いただいたお祝いの半額～3分の1程度	

Q&A

Q お返しは不要と言われたら？

A お祝いをくれた相手から「内祝いはいらない」と言われることも。関係性にもよりますが、その場合は素直に甘え、代わりに新婚旅行のお土産を渡すなどして、お礼を伝えるようにしましょう。

品物をいただいた場合はおおよその金額をリサーチして、お返しの目安に！

どんなものを贈ると喜ばれる？

内祝いのギフトは好みの影響があまりなく、置き場所などにも困らないものを、という考え方が主流です。消耗品やお菓子、調味料など、自分では買わない「ちょっといいもの」が喜ばれます。

おすすめギフト

日用品や雑貨

洗剤やタオル、キッチン用品など、いくつあっても困らないものがおすすめです。食器などは好みがあるので注意。

- 高級タオルセット
- キッチン用品詰め合わせ
- 入浴剤などのバスセット
- 洗剤の詰め合わせ　など

食品

ある程度日持ちするものをセレクト。お菓子やコーヒー、紅茶の詰め合わせなどが定番ですが、お肉なども喜ばれます。

- お菓子の詰め合わせ
- 紅茶やコーヒーの詰め合わせ
- ワインや日本酒などのお酒
- ハムやお肉のセット　など

カタログギフト

CATALOG
GIFT

何を贈るか悩んだときは、カタログギフトという手も。相手に好きなものを選んでもらえるので、「趣味に合わない」という不安がありません。

お吸い物セットや、
夏場なら素麺なども
いいかもね！

Q&A

Q 内祝いにNGな品物は？

A 「縁を切る」という意味になる刃物やはさみ、「別れ」をイメージさせるハンカチなどはNG。目上の人には、「踏みつける」という意味で履物を贈るのも厳禁です。また、お菓子など数があるものは、4や9などの忌み数字、割り切れてしまう偶数の個数も避けて。

内祝いを贈るときのマナー

内祝いは手渡しが理想ですが、場合によっては郵送でもOK。事前にその旨を連絡したうえで、メッセージカードなどで一筆添えましょう。のし紙をかけることも忘れずに。

のし紙は内のしが基本

内祝いを贈るときは、10本の結び切りの水引が印刷されたのし紙をかけます。水引の色は紅白または金銀で。表書きは「内祝」や「御礼」として、名前はふたりの名前を並べるか、新姓を記します。

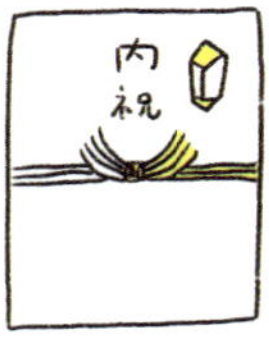
内
祝

10

結婚の届出と手続き①

ふたりらしい結婚のスタイルは？

法律婚以外に、事実婚、パートナーシップの選択も

時代とともに結婚への考え方やスタイルは多様化。婚姻届を提出して戸籍を一緒にする「法律婚」のほか、**婚姻届は提出せずに事実上の夫婦として生活を送る「事実婚」を選択する人も増えています**。事実婚の一番のメリットは、姓を変える手続きが不要な点。一方で、原則、遺産相続ができない、税金の控除が受けられないなど、法的なバックアップは少なめです。

また、**同性カップルが婚姻関係に相当するパートナーであることを証明するための制度が「パートナーシップ宣誓制度」**。2015年に東京都渋谷区で初めて制定されて以来、多くの自治体で導入が進んでいます。

それぞれの結婚スタイル

法律婚、事実婚、パートナーシップ宣誓制度の特徴は以下の通りです。

法律婚

婚姻届の提出により法律上の婚姻関係が認められ、戸籍上の夫婦となる形。どちらかの姓を名乗る必要があるが、税制や社会保障上の優遇を受けられる。

事実婚

婚姻届は提出せず、法律婚の夫婦と同等な共同生活を送る形。改姓が不要で、離婚後も戸籍に記録が残らないなどのメリットがあるが、税金の控除などは受けられない。

世帯合併の届出が公的な証明になる

自治体によって条件はさまざま！異性間の事実婚も利用ができる場合も

パートナーシップ宣誓制度

「お互いが人生のパートナー」であることを自治体に宣誓・届出をしたLGBTQカップルに対して、その関係を自治体が認め、証明書を発行する制度。さまざまな社会的配慮を受けやすくなる。

Q&A

Q 日本では認められていない「同性婚」とは？

A 同性婚とは、同性カップルが法的な婚姻関係を結ぶこと。多くの先進国で導入されおり、G7（主要7カ国）の中で認められていないのは日本だけです。同性婚は法的な婚姻となるため、家族としてさまざまな制度を利用できるのに対し、パートナーシップ宣誓制度には婚姻同等の効力はありません。

法律婚、事実婚、パートナーシップの違い

法的に認められた法律婚に対して、事実婚やパートナーシップ宣誓制度には、できることとできないことがあります。対応する機関の判断によるケースも多いので、事前にリサーチを。

	法律婚	事実婚	パートナーシップ宣誓制度
手続き	婚姻届の提出	世帯変更届の提出＆公正証書の作成	パートナーシップ宣誓制度の利用
戸籍	同じ戸籍	別の戸籍	別の戸籍
住民票の続柄	夫・妻	夫（未届）、妻（未届）	同居人 ※夫（未届）、妻（未届）に変更できる場合も
姓	どちらかの姓	変更なし	変更なし
医療行為への同意・決定	○	△（医療機関による）	△（医療機関による）
配偶者控除	○	×	×
住宅ローン	○	△（金融機関による）	△（金融機関による）
相続権	○	×（遺言書の作成や生前贈与により可能）	×（遺言書の作成や生前贈与により可能）
社会保険	○	○ ・健康保険の被扶養者 ・国民年金の第3号被保険者 ・遺族年金の受け取り	×
子どもの立場	嫡出子	非嫡出子※1（父親は認知が必要）	非嫡出子※2
親権	共同親権	原則母親（父親が親権を得るには手続きが必要）	一方のみ
不妊治療の助成金	○	△（自治体による）	△（自治体による）
配偶者ビザ	○	×	×
公営住宅への入居	○	○	○
スマホの家族割	○	おおむね可能	おおむね可能
家族カード	○	△（カード会社による）	△（カード会社による）

※1　嫡出子は婚姻関係にある男女の間に生まれた子、非嫡出子は婚姻関係にない男女の間に生まれた子（内縁関係の間に生まれた子）をいう。非嫡出子と父親が法律上の親子関係になるには、市区町村役場へ「認知届」を提出する必要がある。

※2　生物学上の父母が判っている場合、生物学上の父が認知すれば、戸籍上は親子関係に。代理出産の場合、生みの母親が最初は親権をもつことになる。

11

結婚の届出と手続き②

届出の準備と手続き方法

婚姻届の提出は24時間365日可能

婚姻届の提出は、ふたりが晴れて夫婦となる大切な手続き。**受理された日から法律上の効力が発生し、24時間365日提出することが可能**です。そのため、入籍希望日が土日・祝日であっても問題ありません。ただし、**時間外や休日の届出は窓口で記入内容の確認をしてもらえないため、不備があった場合は受理されないことも**。記入ミスがないかしっかりチェックし、提出後には役所に電話で確認しておくと安心です。

また、事実婚に必要なのは住民票を同一にする世帯合併の手続き。パートナーシップ宣誓制度は、パートナーシップの宣誓と届出を行うことで、証明書が交付されます。

法律婚の手続き

婚姻届の提出は、生涯を共にするふたりにとって大切な記念日。希望する提出日に遅れないよう、余裕をもって準備をしておくと安心です。

用意するもの

□ 婚姻届

必要事項は全国共通のため、どこの役所でもらってもOK。2～3通余分に用意を。

□ 本人確認書類

運転免許証、マイナンバーカード、パスポートなどの本人確認書類を用意します。

□ 印鑑（任意）

婚姻届への押印は届出人、証人ともに任意ですが、本人は準備しておくことをおすすめ。

□ 戸籍謄本

2024年より婚姻届提出時の戸籍謄本の提出は不要になりましたが、婚姻届には本籍の記入欄があるので、入手しておきましょう。

決めること

□ 届出日と届出先

届出人の本籍地または所在地の役所に提出。この所在地には一時滞在先も含まれるので、旅行先でも提出することが可能です。

□ どちらの姓にするか

姓の変更は人生において大きな選択。当人はもちろん家族の意向も確かめ、双方納得のいく決断を。

□ 証人2名

婚姻届の証人欄は、成人であれば誰にお願いしてもOK。本籍の記入も必要なので、早めに依頼を。

婚姻届の書き方

記入には黒のボールペンや万年筆を使用。消えるペンや鉛筆はNG！

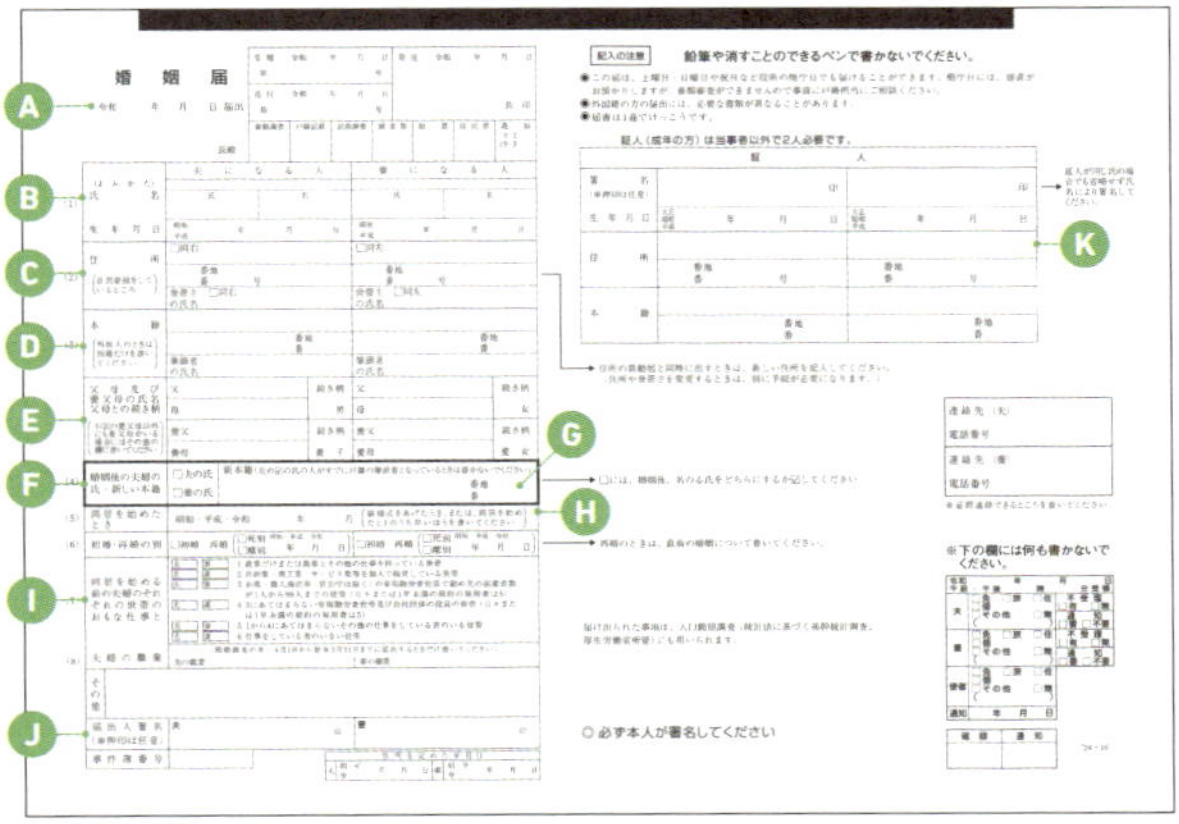

婚　姻　届

記入の注意　鉛筆や消すことのできるペンで書かないでください。

証人（成年の方）は当事者以外で2人必要です。

○必ず本人が署名してください

A
B
C
D
E
F
G
H
I
J
K

最近はキャラクターや
ご当地デザインの
婚姻届などもたくさん！
インターネットから
ダウンロードした
婚姻届もOKだよ

A 届出日

婚姻届を提出する日付を記入。不備がなければこの日付が入籍日になる。

B 氏名・生年月日

婚姻前の氏名を楷書で記入。戸籍謄本の通りに正確な漢字、ふりがなで記入する。生年月日も忘れずに。

C 住所

転入届を一緒に出す場合は新住所、新世帯主を書くケースが多いが、自治体ごとに対応が違うので念のため確認を。

D 本籍

戸籍謄本の通りに記入。筆頭者とは、戸籍の最初に書かれている人の名前。

E 父母の氏名・続柄

実父母の名前を記入。離婚している場合は離婚後の氏名を。亡くなっている場合も空欄にせず記入する。次男・次女は二男・二女と書く。

F 婚姻後の夫婦の氏

夫か妻の姓にチェックを入れる。選んだ氏が新しい戸籍の筆頭者になる。

G 新しい本籍

新本籍は新居の住所やどちらかの本籍地など、ふたりで相談して記入を。

H 同居を始めたとき

結婚式の日か同居を始めた日の早いほうを書く。どちらもしていない場合は空欄に。

I 同居を始める前の夫婦それぞれの世帯のおもな仕事と夫婦の職業

ひとり暮らしだった場合は自分の職業、親と同居していた人は世帯主の職業にチェックを入れる。

J 届出人

それぞれの戸籍謄本通りに書く。押印は任意。

K 証人

氏名、住所、生年月日、本籍の記入が必要。証人が遠方の場合、会う機会をつくって記入してもらうか、郵送でお願いを。いずれにせよ、余裕をもって依頼する。

POINT

記入ミスをしたら？

記入ミスをしてもすべてを書き直す必要はありません。自治体のウェブサイトに訂正方法の手引きが載っているので確認を。修正液、修正テープ等の使用はNG！

新本籍はどこでもOK？

日本国内であれば、どこでもOKです。とはいえ、戸籍謄本の入手がしやすいよう、新居の所在地か実家の住所にする人が大多数。

国際結婚の場合

婚姻届のほかに、婚姻要件具備証明書や国籍証明書などの提出が必要。国籍によって方法や提出書類が異なるので、まずは住民票のある役所に問い合わせを。

事実婚の手続き

同居をしていて、それぞれが世帯主となっている場合は、世帯合併の届出を。これにより住民票が同一となり、事実婚を公的に証明することが可能になります。

届出の流れ

①世帯主の決定

住民票の続柄はどちらかが「世帯主」になり、もう一方が「夫（未届）」または「妻（未届）」と記載されるため、どちらを世帯主にするか相談しておきましょう。

↓

②必要書類の用意

住民異動届（世帯変更届）のほか、本人確認書類も必要。自治体によっては戸籍謄本の提出を求められることもあるので、事前に確認を。

↓

③役所に提出

居住地の役所で事実婚の手続きをしたい旨を伝え、必要書類を提出します。

必要な要件

- お互いに婚姻の意志をもっていること
- 同居していて住民票が同一であること
- 生計が同一であること

POINT

公正証書の作成もしておこう！

公正証書とは、公証役場で作成される書類のこと。ふたりに婚姻の意志があることを明記した事実婚契約書や遺言書を作成することで、法的にも有効な証明になります。

パートナーシップ宣誓制度の手続き

パートナーシップ宣誓制度の手続きの流れは、自治体によってさまざま。オンラインのほか、プライバシーを守った形での対面手続きも用意されています。

届出の流れ

①予約、必要書類の用意

手続きは自治体によりオンライン、対面の選択が可能。対面の場合は電話やメールで宣誓先に事前予約を行い、戸籍抄本等の必要書類を用意します。

↓

②宣誓・届出

対面の場合は予約した宣誓日に必要書類を揃え、ふたりで指定場所へ。宣誓・届出書を記入し提出します。

↓

③受理証明書の交付

届出に不備がなければ、自治体から受理証明書が交付されます。即日交付のところもあれば、数週間かかるところも。

必要な要件

- 双方が成年に達していること
- 双方に配偶者（事実婚を含む）がいないこと、かつ、双方以外の者とパートナーシップ関係にないこと
- 近親者ではないこと
- 双方またはいずれかが宣誓先の自治体の管轄に在住（または在勤、在学）していること　など

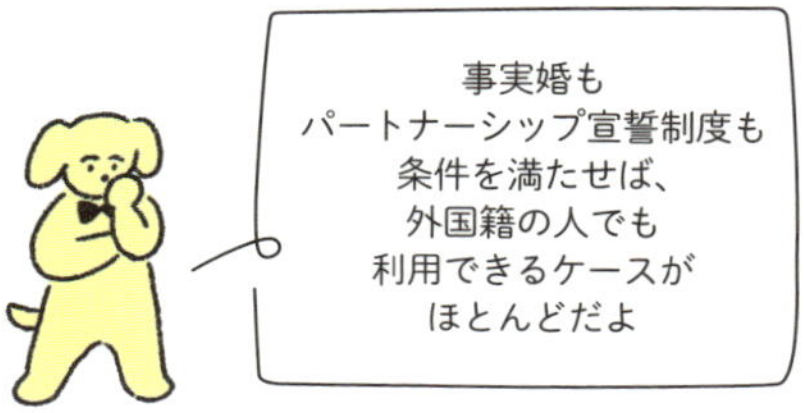
事実婚も
パートナーシップ宣誓制度も
条件を満たせば、
外国籍の人でも
利用できるケースが
ほとんどだよ

12

結婚の届出と手続き③

法律婚に伴う手続きは速やかに

窓口も複数あるため効率的に！

　婚姻届を提出して氏名が変わったら、待ち受けているのが各種名義変更の手続き。**役所に届け出るものから、運転免許証、銀行口座、パスポートなど、それぞれの窓口へ赴く必要があるものも多数**。このほか、保険やクレジットカード、携帯電話など手続きは多岐にわたります。面倒ですが、変更を後回しにしたせいであとあと困ったことにならないよう、早めにやってしまいましょう。

　また、結婚を機に引越しをする場合には、併せて住所変更の手続きも必要です。**名義の変更などに影響するため、入籍と引越しの順序やタイミングは事前に計画しておくとよいでしょう。**

婚姻届提出と引越しのタイミングは？

結婚に伴い引越しをする場合、そのタイミングも重要。おもなパターンが次の３つです。最も手続きがスムーズなのは、引越しから入籍までが２週間以内のケース。

①引越し➡２週間以内に入籍

転出届の提出 ➡ 引越し ➡ 転入届・婚姻届の提出 ➡ 氏名・住所変更

いちばんスムーズ！

②入籍➡引越し

婚姻届の提出 ➡ 氏名変更 ➡ 転出届の提出 ➡ 引越し ➡ 転入届の提出 ➡ 住所変更

③引越し➡２週間後以降に入籍

転出届の提出 ➡ 引越し ➡ 転入届の提出 ➡ 住所変更 ➡ 婚姻届の提出 ➡ 氏名変更

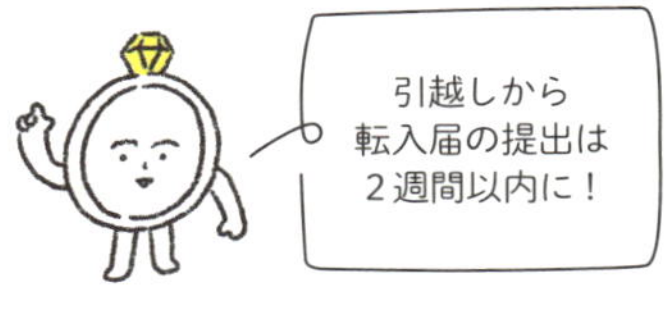

氏名や住所変更はすぐに手続きを

入籍・引越しに伴う氏名や住所の変更手続きは、自治体により異なるため必ず確認を。マイナンバーカードと運転免許証はほかの変更手続きに役立つので、早めの手続きがおすすめです。

	項目	時期	場所	必要なもの	備考
役所への届出	**転出届**	引越しの 前後14日 以内	旧住所の役所	本人確認書類、 国民健康保険証 （加入者のみ）	転出証明書は 転入届時に 必要になるので保管を
	転入届 （または転居届）	引越し後 14日以内	新住所の役所	転出証明書、 本人確認書類	同じ市区町村内で 引越す場合は 「転居届」の提出のみ
	マイナンバー カード	入籍後 ２週間以内	新住所の役所	マイナンバーカード ４桁の暗証番号、 本人確認書類	
	印鑑登録 （必要に多じて）	入籍後 ２週間以内	新住所の役所	登録する印鑑、 本人確認書類	印鑑登録は転出届と 同時に失効
	社会保険、 国民健康保険	入籍後 ２週間以内	社会保険：勤務先の担当部署に届出 国保に加入済：新住所の役所に届出 国保にこれから加入：新住所の役所に届出。退職日がわかる書類が必要		
	国民年金、 厚生年金	入籍後 ２週間以内	第１被保険者（個人事業主）：新住所の役所に届出 第２被保険者（会社員）：勤務先の担当部署に届出 第３被保険者（扶養）：パートナーが勤務先の担当部署に届出		
そのほか	**運転免許証**	入籍後 速やかに	警察署、 運転免許更新センター、 運転免許試験場	運転免許証、 住民票の写し	引越しで県が 変わる場合は 申請用写真も必要
	銀行口座	入籍後 早めに	各銀行の支店	通帳・ キャッシュカード、 新旧の届出印、 本人確認書類	
	クレジット カード	入籍後 早めに	各カード会社	各カード会社に 問い合わせを	銀行口座と 名義が異なると、 引き落としができない ことがある
	パスポート	入籍後 早めに	パスポートセンター	パスポート、 戸籍謄本、証明写真	
	各種保険	入籍後 早めに	各保険会社	各保険会社に 問い合わせを	
	携帯電話 （スマートフォン）	入籍後 早めに	各携帯電話会社	各携帯電話会社に 問い合わせを	

氏名・住所変更を1日で済ませるモデルコース

氏名や住所の変更は平日しか手続きができないものも多いので、計画的に効率よく回ることがポイント。1日で済ませるモデルコース案を紹介しますので、これを参考に計画を立ててみてください。

事前に準備

- 新姓の印鑑（実印・銀行印・認印）は作成しておく。
- 証明写真が必要な場合もあるので、準備しておく。

今の状況は？

- 婚姻届提出済み
- 旧住所に転出届を提出済み
- 引越し済み（2週間以内）

↓

9:00 新住所の役所

①転入届提出
②住民票の写し、戸籍謄本を発行
③マイナンバーカードの住所・氏名変更
④印鑑登録（必要に応じて）
⑤国民健康保険や国民年金の手続き（必要に応じて）

POINT

住民票や戸籍謄本は、今後の手続きで必要になる枚数をあらかじめ確認。住民票の写しは2通、戸籍謄本は最低1通用意しておく人が多い。

↓

10:30 警察署

- 運転免許証の住所・氏名変更

POINT

旧姓も併記したい場合は、旧姓が記載された住民票の写しまたは旧姓が記載されたマイナンバーカードのいずれかを持参。

↓

11:30 銀行or郵便局（ゆうちょの場合）

- 銀行口座の住所・氏名変更

POINT

キャッシュカードは回収され、1週間程度手元にない状態に。事前にある程度の現金を引き出しておくと安心。

↓ 13:00 Lunchtime

14:30 パスポートセンター

- パスポートの住所・氏名を変更

POINT

申請してから受け取りまでは1週間程度かかるので、余裕をもって申請を。

↓

帰宅

※銀行口座などはオンラインで変更手続きができる場合もあります。

みんなの結婚

婚約・結婚の届出 編

思い出用の婚姻届

婚姻届を、提出用と記念用の2枚つくることもおすすめです！　私たちは、役所にはシンプルなデザインのものを提出し、さらにお互いが好きなキャラクターのデザインの婚姻届にも記入して、思い出の品として手元に残しています。

（30代・女性）

結婚しても変わらないと思っていたけれど……

夫とは付き合って10年、同棲７年で結婚しました。同棲期間も長いし特に何も変わらないだろうと思っていましたが、結婚後は不思議とけんかが減り、お互いに家事も積極的にやるように。なんだかんだ、気持ちが変化したのかなと思います。　（30代・女性）

家族への配慮を軽んじたことで……

両家顔合わせの前に入籍をしようとして、相手の親から「顔合わせが先だろう」とお叱りを受けました。お互いに放任主義な家だからと、軽く考えていたことを反省。結局、顔合わせの日取りがなかなか決まらず、予定していた入籍日もずらすことに……。

（20代・女性）

苗字選びは慎重に

婚姻後にどちらの苗字を使うかは、きちんと納得したうえで決断するべきです！　今でこそ新姓に慣れたけれど、婚約当時、本当はどこかしっくりこない名前が気に入らなかったし、自分の苗字が途絶えてしまうことも少し複雑に感じていました。　（40代・女性）

結婚後の本籍を行きつけの飲み屋に

結婚後の本籍は国内であれば自由に選べると知り、ふたりが大好きな近所の飲み屋を本籍地にすることに。届出時は少しドキドキしましたが、何事もなく受理され、本当に自由なんだと思いました（笑）。　（30代・男性）

いずれ同性婚が認められたときに

２年前に同性のパートナーと結婚しましたが、やったことといえば、婚姻届を自己満足で書いたのと、ウエディング写真を撮ったことくらいです。最初は養子縁組も考えましたが、いずれ日本で同性婚が認められたときに、養子縁組が原因で結婚できない可能性があり、結局しませんでした。まずは自分たちが思う家族の形をつくれればいいのかなと思います。　（40代・女性）

Chapter

3

結婚後のお金の管理

結婚後の家計管理や貯蓄の計画はとても大切。
子ども、マイホーム、老後資金など
ライフプランを立てながら必要なお金を考えましょう。

【監修】塚越菜々子（ファイナンシャルプランナー）

01

家計の基礎知識

家庭の運営には長期の予算計画が必要

「今」だけでなく「未来」も考えてお金を管理する

結婚して大きく変化することのひとつが、お金の使い方です。これからは自分とパートナーで家庭というひとつのコミュニティを運営していくのです。**今までは自由に使うことができた収入を、今後は家庭運営のためにどう使うべきか、ふたりで考える**という意識をもちましょう。

そして50年以上という長い期間、安定した家庭を運営するには、未来を見据えた予算計画が大切です。今はやりくりができていても、長い結婚生活の間には、まとまったお金が必要になることも、収入が途絶えることもあり得ます。今だけでなく未来の自分たちのために、資産を増やし、守る方法を考えましょう。

スムーズな家計管理の流れ

安定した家庭運営の肝はお金の管理。どちらも負担や不満を感じることのないよう、ふたりで目標を定め、運用システムを構築しましょう。そして定期的に見直し、最適化することが大切です。

目標を設定

どんな生活をしていきたいか、ふたりのライフプランを話し合う。ライフプランの実現には、いつ、いくらお金が必要になるのか、具体的な目標を立てると予算計画がしやすくなる。

お金の管理、運用システムの構築

今の貯蓄額やお金の使い方を把握。ムダがないか精査し、目標に合わせてお金の使い方、貯め方、増やし方のシステムを構築する。

定期的な見直し

ライフプランに変更があったとき、またはライフステージの節目など、定期的に家計の状態を振り返る。必要があれば目標を設定し直すなどの軌道修正を。

予算計画は短期・中期・長期で考えよう

お金は使う時期に合わせ、短期、中期、長期に分けて管理するのがおすすめ。まずは毎月の生活費と生活防衛資金（万が一のときに当面の暮らしを維持するためのお金）となる短期の貯蓄を増やし、それが達成できたら中期、長期の貯蓄を考えます。お金を使う時期により、最適な管理場所も異なります。

	短期	中期	長期
用途	● 毎月の生活費 ● 生活防衛資金（生活費の３カ月～１年分）	● 教育費 ● 住居費 ● その他ライフイベント費	● 老後資金 ● 余剰資金

	＼ 預ける・貯める ／ 銀行	＼ 増やす ／ 投資	＼ 備える ／ 保険
お金の管理場所	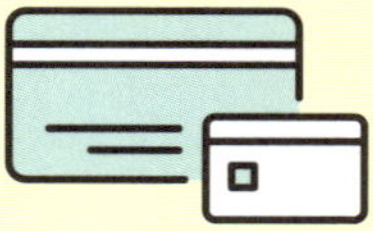 お金の出し入れを自由にしやすい形で貯蓄しておくことができるので、生活資金を含む短期の貯蓄を管理するのに向いている。	 教育費や老後資金など、すぐに使う予定のないお金は投資に回し、中長期的に増やしていくのがおすすめ。	 備えも兼ねて貯蓄型保険を利用すれば、万が一のときにまとまったお金を受け取ることができる。
メリット	● 元本保証で安心 ● 入金や出金がしやすい	● 資産が増える可能性がある ● 税金が優遇されるものもある	● 保障と貯蓄の機能がある ● 貯蓄に強制力がある ● 税金が優遇されるものもある
デメリット	● 低金利で増えない ● 貯蓄に強制力がないので使ってしまいがち	● 損をする可能性がある	● 途中解約をすると損 ● 掛金を下回ることもある

02

ライフプラン

ふたりの人生に必要なお金を把握する

未来のビジョンをすり合わせ必要なお金を把握しよう

適切な家計管理をするには、目標を定めることが大切です。ゴールが見えていれば予算計画が立てやすく、「将来、お金は足りるかな」という漠然とした不安からも解放されるでしょう。

まずは、**ふたりでどんな生活をしていきたいか、人生における目標や予定を話し合い、ライフプランを立ててみましょう**。選ぶ未来によってかかるお金も変わってきます。ライフプランを叶えていくためには、**いつまでに、どれくらいの金額が必要なのか、ざっくり把握しましょう**。

プランや必要な予算は流動的なものなので、定期的に見直すことも大切です。

おもなライフイベント

	30歳		40歳	
キャリア		転職		
子ども	出産	保育園	小学生	中学生
家族	結婚	住宅購入	車購入	

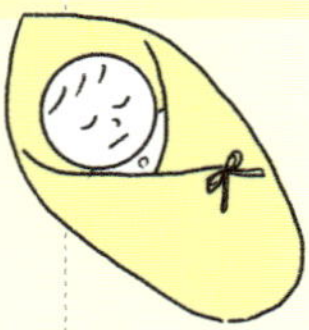

費用

出産費用
約50万円
＊正常分娩の平均値482,294円／出典：2023年出産費用の見える化等について（厚生労働省保険局保険課）

住宅購入費用
マンション
約5200万円
土地付き注文住宅
約4900万円
＊出典：2023年度フラット35利用者調査（住宅金融支援機構）

車両の購入費
約264万円
＊出典：2023年度乗用車市場動向調査（一般社団法人日本自動車工業会）

● ライフプランの記入例

年	年齢				ライフイベント	予算（円）	貯蓄（予定）（円）		
	自分	パートナー	第一子	第二子			貯金	投資	保険
2025	30	32	0		第一子出産	50万	300万		生命保険
2026	31	33	1		第一子保育園入園	10万	390万		↓
2027	32	34	2		家族旅行	30万	460万		↓
2028	33	35	3				560万		↓
2029	34	36	4	0	第二子出産	50万	610万		↓
2030	35	37	5	1	第二子保育園入園	10万	700万		↓
2031	36	38	6	2	住宅購入	500万	300万		↓

70歳　60歳　50歳

退職

管理職に昇進

大学生

高校生

住宅リフォーム

親の介護

リフォーム費

平均348万円

＊出典：2023年度住宅リフォーム消費者実態調査（住宅リフォーム推進協議会）

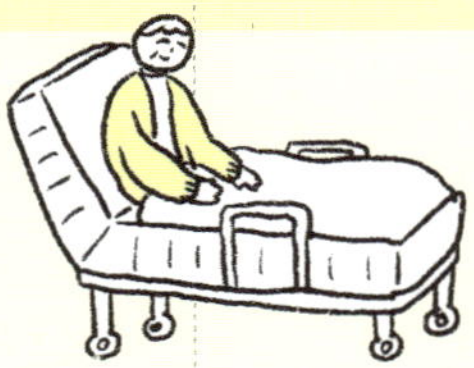

介護費

月平均 8万3000円

＊出典：生命保険に関する全国実態調査2021［令和3］年度（公益財団法人生命保険文化センター）

子どもの教育費

約840万円～

＊幼稚園・小学校・中学校・高等学校は公立に通った場合約600万円／出典：令和5年度子供の学習費調査（文部科学省）

＊国立大学に通った場合の授業料535,800円×4年＋入学金282,000円（共に令和5年度の数字）／出典：国公私立大学の授業料等の推移（文部科学省）

P.71の例を参考にしながらライフプランを書いてみよう

年	年齢				ライフイベント	予算（円）	貯蓄（予定）（円）		
	自分	パートナー					貯金		

年	年齢				ライフイベント	予算（円）	貯蓄（予定）（円）		
	自分	パートナー					貯金		

03

現状の把握と調整①

世帯収入と支出はオープンにする

ふたり暮らしのお金の流れを見える化

ライフプランを立て、ふたりの未来に必要なお金が見えてきたら、次は今の状態を正確に把握しましょう。まずは、お互いの懐事情をオープンにして、現在の世帯収入や貯蓄がどれくらいあるのかを確認します。**財布を別々にしている場合であっても、お互いに世帯収入と貯蓄の額を把握しておくことは、ふたりで家庭運営をしていく意思を固めるために重要です。**

次に、ふたりでの生活にいくらかかるのか、1カ月の世帯支出を出してみましょう。**左ページのように項目ごとに支出を出すことで改善点を見つけやすくなります。**

確認しておきたいふたりのお金の現状

収入、貯金額、資産額、借金の有無など、お互いのお金の情報を書き出してみましょう。保険は解約返戻金額、投資は評価額をチェックしましょう。

確認したい項目		自分	パートナー
月収（手取り）		円	円
ボーナス		円	円
資産	貯金	円	円
	株・投資	円	円
	保険	円	円
	不動産・車	円	円
借金	奨学金	円	円
	ローン	円	円
	その他	円	円

1カ月の世帯支出を把握し、調整しよう

項目ごとに1カ月の支出額と、それが収入のどれくらいの割合を占めているのかを書き出してみましょう。適正割合と比較し、改善すべきところはないか、パートナーと話し合ってみましょう。

項目		現在の1カ月の支出	割合	適正割合	
				共働き	共働き＋子1人
固定費	住居費	円	%	25%	25%
	毎月の保険料（死亡保険や医療保険など）	円	%	4%	5%
	水道光熱費（電気・ガス・水道）	円	%	5%	6%
	通信費	円	%	4%	4%
	こづかい	円	%	10%	10%
		円	%		
変動費	食費	円	%	12%	13%
	日用品費	円	%	3%	4%
	被服費	円	%	5%	4%
	交際費	円	%	6%	3%
	趣味・娯楽費	円	%	7%	3%
	養育費・教育費	円	%	0%	4%
	その他（交通費・医療費など）	円	%	4%	4%
		円	%		
合計		円	%	85%	85%

固定費と変動費は月収（手取り）の85%におさえて、15%は貯蓄などに回すのが理想

04

現状の把握と調整②

年間の収支バランスを整える

収支バランスは年間で調整しよう

1カ月の支出を洗い出したら、次は1年間の支出と収入のバランスを見てみましょう。

年間の支出を見ると、毎月かかるお金（固定費、変動費）以外に、特定の時期にかかるお金が出てきます。たとえば誕生日といったイベント費、帰省費、車検代など。このように不定期に支払うものを「特別支出」といいますが、**月単位の収支だけを見ていると、特別支出の存在を見落としがち。それが「なぜかお金が貯まらない」原因のひとつです。**

固定費、変動費に、特別支出、必要な貯蓄額を合わせた年間の支出額を把握し、年収内に収まるように調整していきましょう。

理想的な収支バランスとは

1年間の収入、支出（固定費、変動費、特別支出）、貯蓄のバランスを見てみましょう。貯蓄、支出（固定費、変動費、特別支出）を収入内に収まるように整えるのが家計管理のコツです。

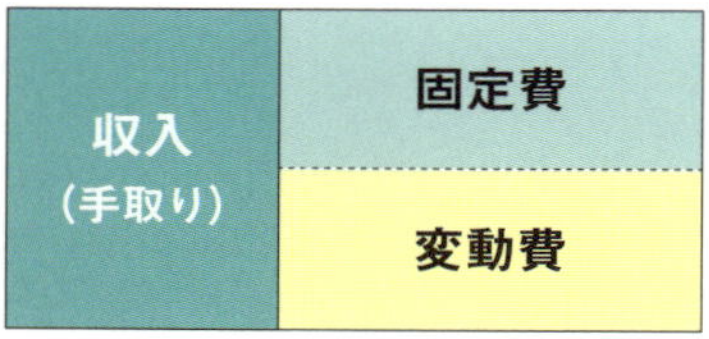

✕ 使い切りタイプ

収入と固定費、変動費がトントンの場合、やりくりできている気分になるが、新たに貯蓄ができておらず、特別支出分が赤字になっている状態。月単位で収支を考えると陥りがちなパターン。

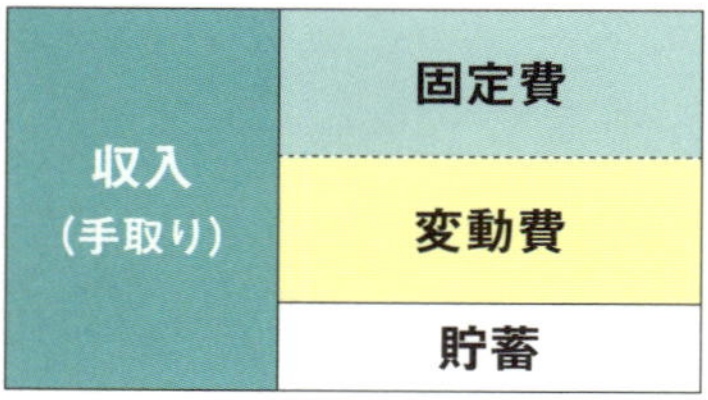

△ 残し貯めタイプ

固定費、変動費を払い、残った分を貯蓄に回している場合、貯蓄から特別支出を支払うことができれば赤字にはならないが、貯蓄額が定まらず計画的とはいえない。

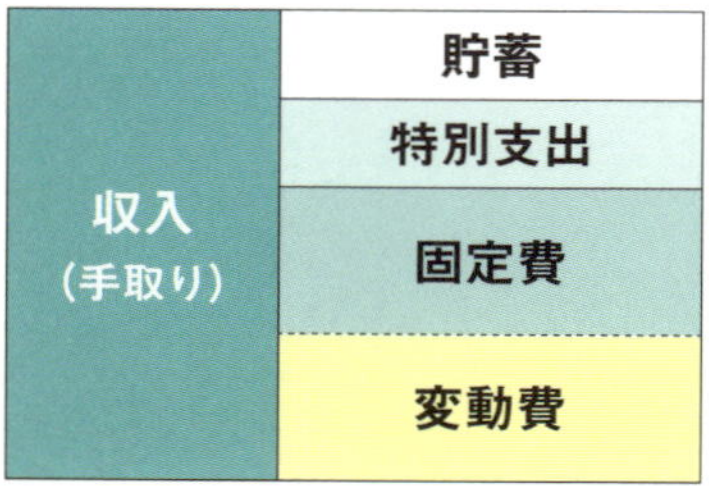

○ 貯まるタイプ

収入から貯蓄と特別支出を抜き、残ったお金で固定費、変動費が支払えていれば、貯まる家計になっているということ。理想的な収支バランス。

特別支出の予算を立てよう

火災保険料や車検代は予算を組んでいても、記念日のプレゼントや帰省費などは生活費から出してしまう人が多いのではないでしょうか。それぞれは大きな額でなくても年間だと100万円近い金額になることもあるので、必要な金額を洗い出し、しっかり予算を組んでおきましょう。

特別支出の例

- 火災保険料、地震保険料
- 固定資産税
- お年玉
- 記念日の食事、プレゼント（誕生日、クリスマス、ハロウィーン、父の日、母の日、バレンタインなど）
- 帰省費（交通費、お土産代など）
- 車検代、自動車税
- 長期休みの外出費　　など

月	内容	金額
1		円
2		円
3		円
4		円
5		円
6		円
7		円
8		円
9		円
10		円
11		円
12		円

合計　　円

自分たちの年間収支バランスをチェック！

年間の収支バランスを計算してみましょう。支出が収入を超えてしまうようなら、改善が必要です。収入を増やす、支出（固定費、変動費、特別支出）を見直す、貯蓄額を減らすなどの対策を考えましょう。

収入（手取り）

自分の収入（年間）　　円

パートナーの収入（年間）　　円

合計　　円

＝

合計金額がイコールになるよう調整しよう

支出

年間貯蓄額　　円

年間特別支出額　　円

年間固定費　　円

年間変動費　　円

合計　　円

※年間貯蓄額はP.78を参考に考えてみましょう。
※年間固定費、年間変動費はP.75で出した1カ月の金額に12をかけて出します。

05

貯蓄のシステムをつくる

いくら貯める？ どうやって貯める？

目標額を決めて先取り貯蓄

毎月の支出を把握すると、貯蓄にいくら回せるかがわかるはず。しかし、余った分を貯蓄に回す方法ではなかなかお金は貯まりません。上手にお金を貯めるコツは、**目的（何のために）とゴール（いつまでにいくら必要なのか）を明確にし、年間の目標貯蓄額を決めること**です。

常に目標額を貯蓄できるとは限りませんが、ゴールを設定していれば「今は貯蓄額を下げても3年後に増やせば大丈夫」など貯蓄額をコントロールしやすく、使うお金の優先順位もつけやすくなります。

目標の貯蓄額を決めたら、**収入から先に貯蓄分を引く「先取り貯蓄」のシステムをつくるのがおすすめ**です。

年間の貯蓄額の決め方

貯蓄の目的と必要金額を洗い出し、それぞれ必要になるまでの年数で割って1年間の貯蓄額を出します。老後資金は必須の貯蓄項目ですが、あとはふたりのライフプランに沿って必要なものを考えていきましょう。

例 1年間の家電買い替え資金

①　　　円

老後資金 ➡P.90

定年までの年数

　　　円 ÷ 　　　年 ＝ ②　　　円

教育資金
（大学・専門学校の費用）
➡P.92

大学入学までの年数

　　　円 ÷ 　　　年 ＝ ③　　　円

住宅資金（頭金）
➡P.96

頭金が必要になるまでの年数

　　　円 ÷ 　　　年 ＝ ④　　　円

年間貯蓄額

① ＋ ② ＋ ③ ＋ ④ ＝ 　　　円

貯蓄は先取りがおすすめ

年間貯蓄額を12カ月で割り1カ月の貯蓄額を出します。出した貯蓄額は毎月確保し、残りで家計をやりくりしましょう。自分で確保する自信がない人は、強制的に貯蓄できるシステムを利用するとよいでしょう。

＼ 貯まるシステムはこれ！ ／

収入 − **貯蓄** ＝ **使えるお金**

（固定費＋変動費＋特別支出）

強制的な貯蓄案 1

銀行の自動積立定期預金

毎月決まった日に、決まった金額を自動振替で定期預金にする。給与振り込み口座から定期預金口座へ、給与振り込み日直後に振替するのがおすすめ。積立期間や最低預入金額は銀行によって異なるので、まずは給与が振り込まれる銀行の自動積立定期預金の条件を確認するとよい。

強制的な貯蓄案 2

会社の財形貯蓄、社内預金

どちらも給与から天引きして貯蓄できる制度。強制力が強く貯めやすいので、会社が制度を導入しているか確認を。財形貯蓄は「一般財形貯蓄」のほか、お金の使い道が決まっている「財形住宅貯蓄」と「財形年金貯蓄」があり、後者2つは条件を満たせば利子所得が非課税になるメリットも。また、50万円以上の残高があれば財形住宅融資が受けられる。

強制的な貯蓄案 3

NISA《ニーサ》やiDeCo《イデコ》で運用

貯蓄の一部を投資に回して資産の増加を狙うのも手。その際は、税金面で優遇制度のあるNISA（少額投資非課税制度）やiDeCo（個人型確定拠出年金）を利用するのがおすすめ。ただし、損失が出る可能性がある投資だということを理解して、ある程度貯蓄ができてから、定期預金と投資の割合を1：1で組み合わせるなど、リスク対応も重要。

NISA
通常、投資で得た利益には20.315％の税金がかかるが、NISAの場合、年間360万円までの投資で得た利益が非課税になる。また、貯めたお金の使い方が自由で、年齢に関係なくいつでも売却して現金化できるのが特徴。

iDeCo
毎月一定額を積み立てて投資信託などで運用、60歳以降に投資の成果を受け取ることができる。投資で得た利益が非課税になるほか、掛金（元本）は所得控除の対象となり、受け取り時も税制優遇がある。

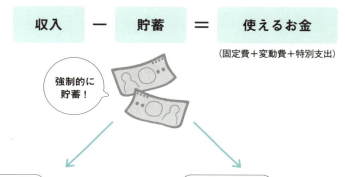

06

管理方法を決める

「使う口座」と「貯める口座」をもつ

口座の役割を決めてシンプルに管理

毎月いくら貯めて、いくら使えるのかが明確になったら、お金の流れを整えましょう。**おすすめは、「使う口座」と「貯める口座」を分けること**。複数の口座をもち、支出と貯蓄が混在している状態だと、家計全体のお金の流れが見えにくく、貯蓄の実感ももてません。できるだけシンプルに、わかりやすい流れをつくることが家計管理成功の秘訣です。

住居費や保険料などの固定費は「使う口座」から出すようにしましょう。決めた貯蓄額は給与振り込み直後に「貯める口座」に移動します。

共働き夫婦なら、おのおのが「使う口座」と「貯める口座」をもつのもよいでしょう。

口座分けのイメージ

給与振り込み口座を「使う口座」にし、給与が振り込まれたら毎月の貯蓄額は「貯める口座」に移動。引き落とし可能な固定費は「使う口座」から引き落とすようにし、生活費などの変動費やこづかいも決めた日に定額でおろすようにします。

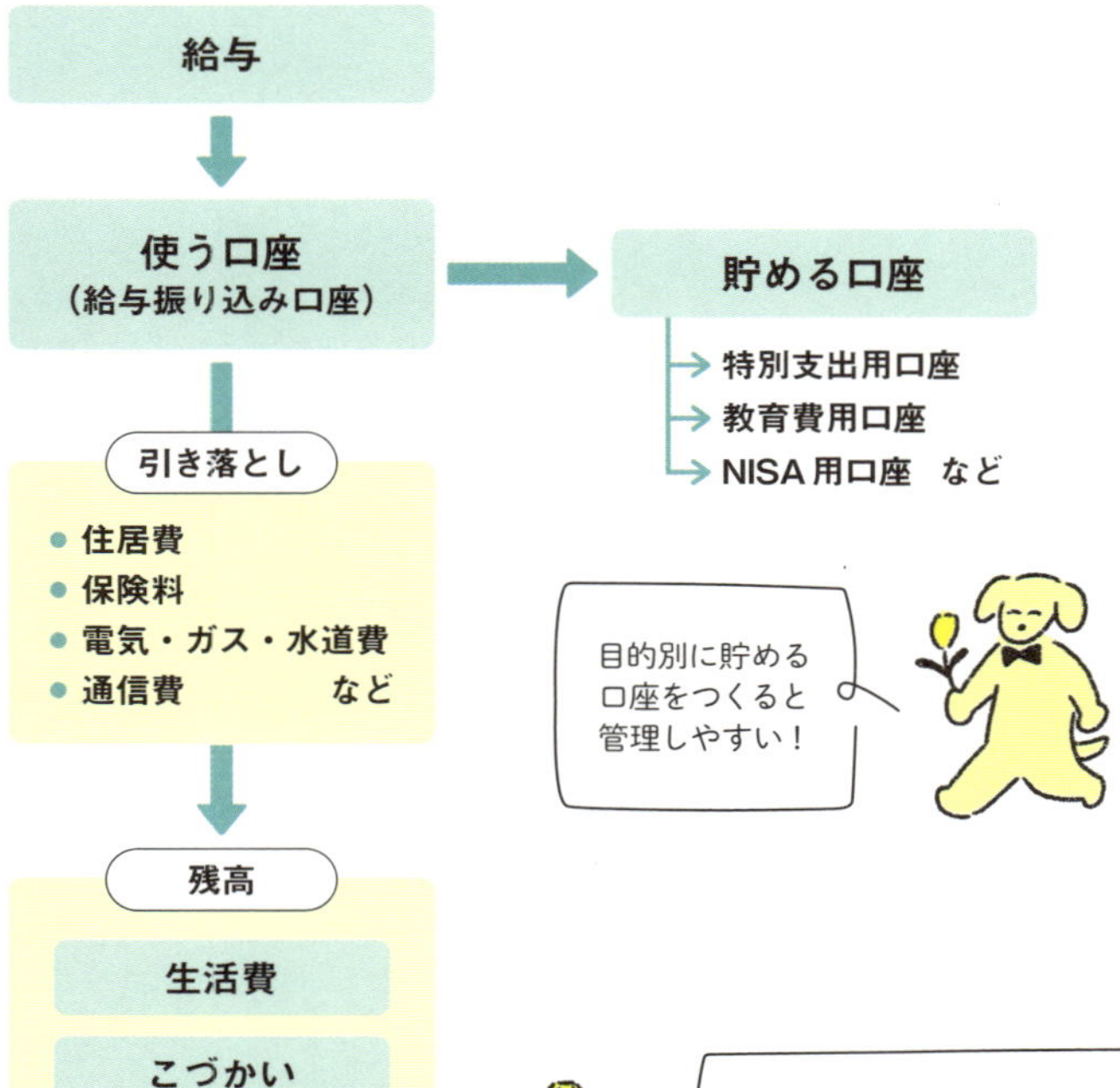

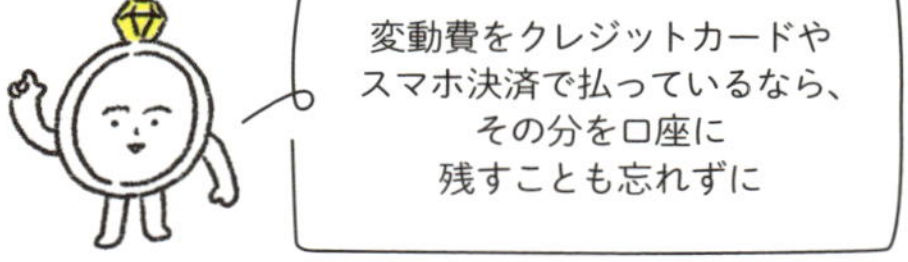

家計管理タイプ別　メリット・デメリット

家計管理の方法は夫婦によっていくつかパターンがあります。夫婦でどのように分担して管理していくか、話し合いましょう。

片働きの場合

● 稼ぐほうが管理

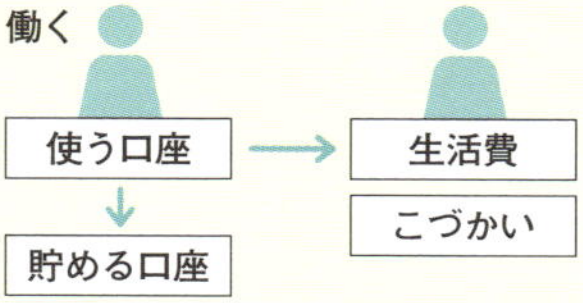

毎日の暮らしにかかる生活費は家事を担当するほうが受け取り、やりくりも担う。それ以外のお金は稼ぐほうが管理をする。

メリット お金の流れがシンプルで管理しやすい。

デメリット 家事をするほうが家計全体を把握しにくいので、いつでも口座の情報を確認できるようにするなど、透明性が重要。

● 家事をするほうが管理

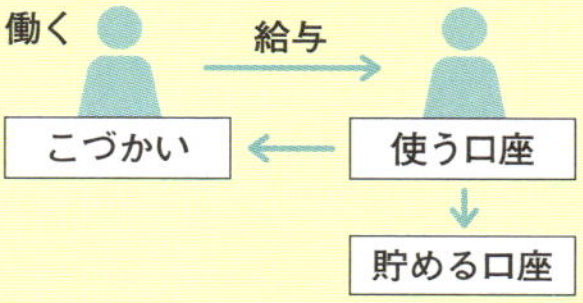

家事をするほうがお金の管理の一切を担い、稼ぐほうは毎月自由に使えるお金としてこづかいを受け取る。

メリット 家計の全体像をひとりが把握でき、コントロールしやすい。稼ぐほうは仕事に集中できる。

デメリット 家事をするほうのみに負担がかかり、稼ぐほうは家計に無関心になりやすい。

共働きの場合

● 共通財布型

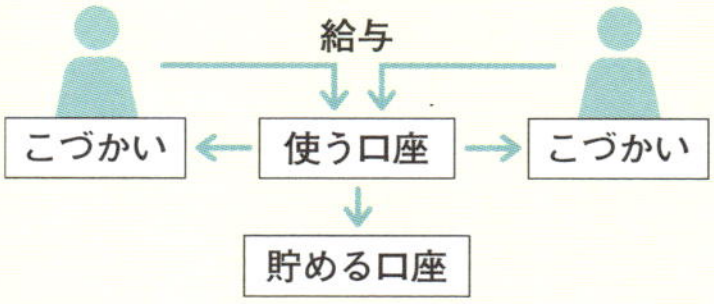

それぞれの給与を共通の口座に入れ、そこから固定費、変動費、貯蓄などを捻出する。

メリット お金の流れや貯蓄状況を夫婦ともに把握しやすい。

デメリット ふたりが自由に使えるお金（こづかい、生活費）をどれくらいもつか、納得できるまで話し合いが必要。

● 別財布型

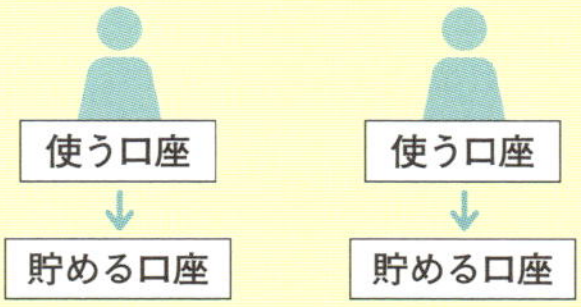

どちらも「使う口座」と「貯める口座」をもち、住居費は夫、通信費は妻など分担を決める。貯蓄も分担を決めて管理。

メリット ある程度自由にお金を使うことができる。

デメリット 自分の担当以外の支出やお互いの貯蓄額を把握しにくい。ムダづかいを見逃しやすい。

● 一部共通財布型

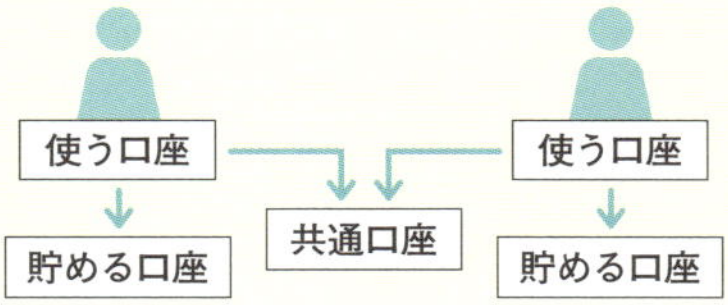

固定費や変動費は共通の口座に振り込み、こづかいや貯蓄は各自が管理する。

メリット ふたりで使うお金は共同で管理しつつ、各自が自由に使えるお金も多い。

デメリット お互いの貯蓄額を把握しにくい。共通口座に入れているため、残りはこづかいとして使ってしまいがちなので、貯蓄を給与天引きにするなどの対策が必要。

07

稼ぎ方を見直す

結婚したら働き方を変える？ 変えない？

生活スタイル、収入、保障から働き方を考えよう

結婚は人生のターニングポイントのひとつ。働き方を見直すいい機会でもあります。今は男女問わずいろいろな働き方が選べる時代です。ふたりで仕事と家庭のバランスについても話し合っておきましょう。

働き方を考える際には、**収入と労働時間、そして社会保険がキーポイント**。必要な収入を得ることが大前提ですが、子育て中など家族の時間を優先したい時期もあるでしょう。ライフステージに合わせて働き方を変えるのも一案です。ただし、**働き方によって加入できる社会保険は異なります**。手厚い保障や将来の年金額を増やしたいなら会社員が有利。将来を含め総合的に判断を。

おもな働き方の特徴

働き方は、会社に雇用されるか個人事業主になるかで大きく分けられ、さらに扶養内で働くかどうかによって社会保険が異なります。

	働き方	時間自由度／収入	社会保険
会社に雇用	正社員	時間 ★ 収入 ★★★	健康保険　厚生年金保険 雇用保険　労災保険 保険料は会社と労働者が分担して支払う。保障も手厚い。
会社に雇用	パート・アルバイト（扶養内）	時間 ★★★ 収入 ★	健康保険　国民年金 雇用保険　労災保険 被扶養者として、保険料を納めなくても一定の保障が受けられる。一定の条件を満たせば、自身の勤め先で雇用保険に加入できる。
個人事業主	自営業 フリーランス	時間 ★★ 収入 ★★	国民健康保険　国民年金 保険料は全額自己負担のため高額に。休職や廃業時の保障がないため、自分で準備が必要。

パートナーの扶養に入って扶養条件内で個人事業主として働く手もあるよね

その場合、保障はパート・アルバイトと同じになるよ

健康保険（社保）と国民健康保険（国保）の違い

健康保険制度は加入者全体で助け合う相互扶助の制度であるため、日本に住んでいる限り何らかの健康保険へ加入する義務があります。健康保険の種類により保険料や保障内容は異なります。

健康保険		国民健康保険
企業勤めの会社員など	加入者	個人事業主、無職の人など
半額負担（会社と折半） ※標準報酬月額と保険料率をもとに決定	保険料	全額自己負担 ※前年度の所得と世帯の人数によって決定
原則３割負担	窓口での医療費	原則３割負担
○	扶養制度	× （加入人数分保険料が発生）
○	高額療養費制度	○
○ （加入者本人のみ対象）	出産手当金	×
○	出産育児一時金	○
○	産休・育休中免除制度	△ （基本は出産予定日の前月から４カ月間が対象）
○ （加入者本人のみ対象）	傷病手当金	×

知っておくべき年金制度

公的年金制度には、日本に住む20歳以上60歳未満の人すべてが加入する国民年金と、会社員や公務員が加入する厚生年金があります。さらに企業や個人が任意で加入できる私的年金として企業年金、個人型確定拠出年金などがあり、上乗せすると保険料は高くなりますが、その分、もらえる年金額が増えます。

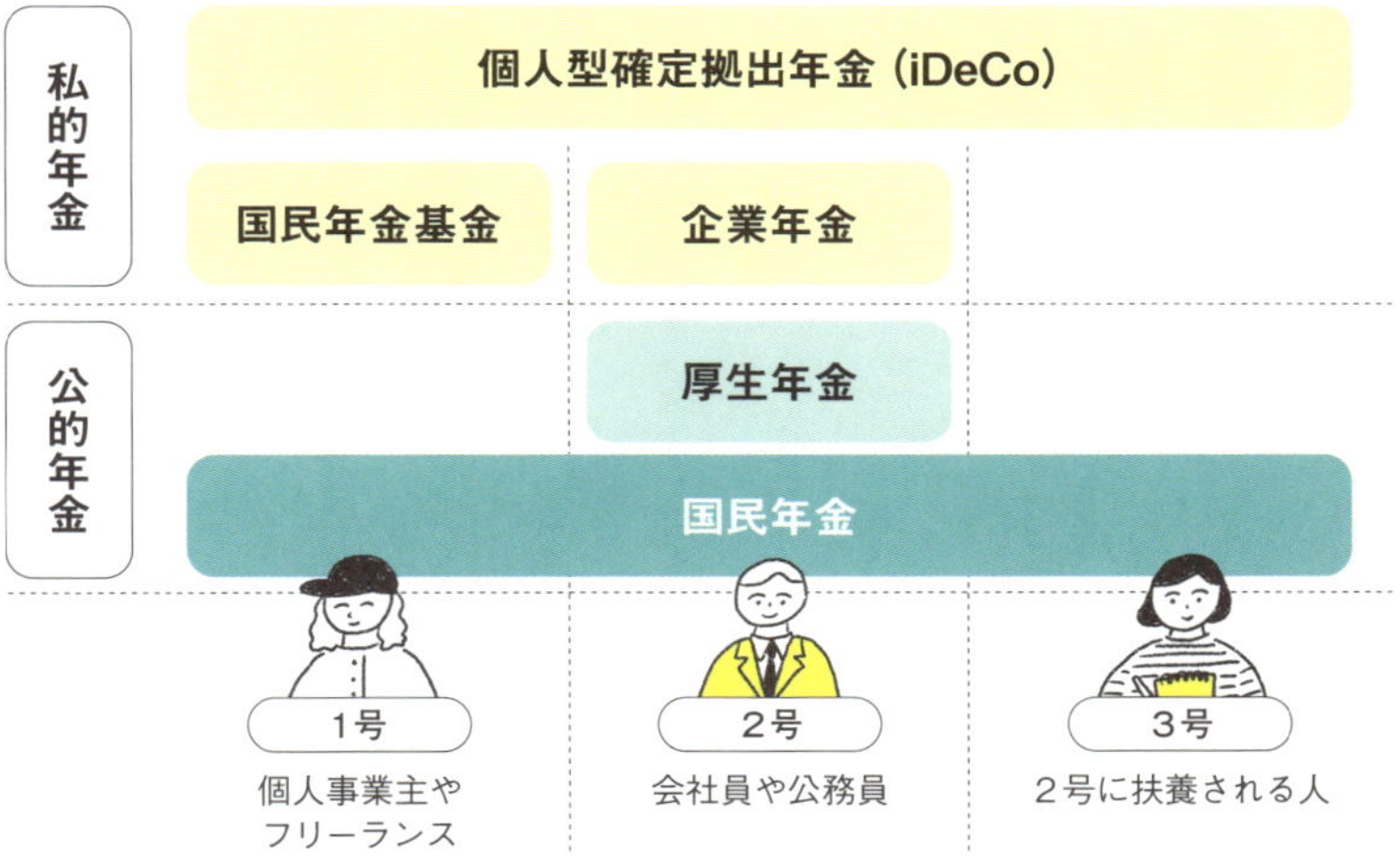

扶養内で働くなら「年収の壁」に注意

扶養とは、経済的に自立していない家族を援助する制度。日本では国民一人ひとりに税金や社会保険料を納める義務があるので、**収入が少ない人は会社員として働く家族の扶養に入ることで税金・社会保険料の優遇制度を利用できます。**結婚後は家事に専念したい人、短時間だけ働きたい人には、ありがたい制度です。

ただ、扶養内で働くには、収入の上限があります。一定の収入を超えると扶養から外れ、税金や社会保険料の支払い義務が発生するので、**扶養内で働きたいなら収入のボーダーラインを超えないように注意が必要。**しかし、税金や社会保険料を払ってもプラスになる収入が得られるなら、扶養を外れたほうがメリットは大きいでしょう。将来、年金の受給額も増えるので、長期的に判断することをおすすめします。

扶養に入ることで得られるメリット

扶養に入ると、具体的には以下のような優遇制度があります。

税金が優遇される

扶養家族がいる場合、扶養する人にかかる住民税、所得税は軽減。扶養家族が配偶者なら、配偶者控除、配偶者特別控除が適用されます。

扶養される人も社会保険に入れる

扶養する人が社会保険に加入していれば、配偶者は保険料の負担なしで健康保険の保障を受けることができ、年金3号被保険者（国民年金加入者）になれます。

扶養手当がもらえる

企業の福利厚生のひとつとして、扶養家族がいる従業員に扶養手当が支給されます。支給条件や金額は企業によって異なります。

デメリットがあることも知っておこう

扶養内で働くと、大きな収入アップは見込めません。また、社会保険の加入者本人のみが対象の傷病手当金や出産手当金は支給されず、国民年金にしか加入できないので、将来受け取れる年金額は少なくなります。

全部で６つある「年収の壁」

税金や社会保険料の支払いが生じる年収のボーダーライン、いわゆる「年収の壁」は、大きく分けて６つあります。ただし、法改正により一転することもあると認識しておきましょう。

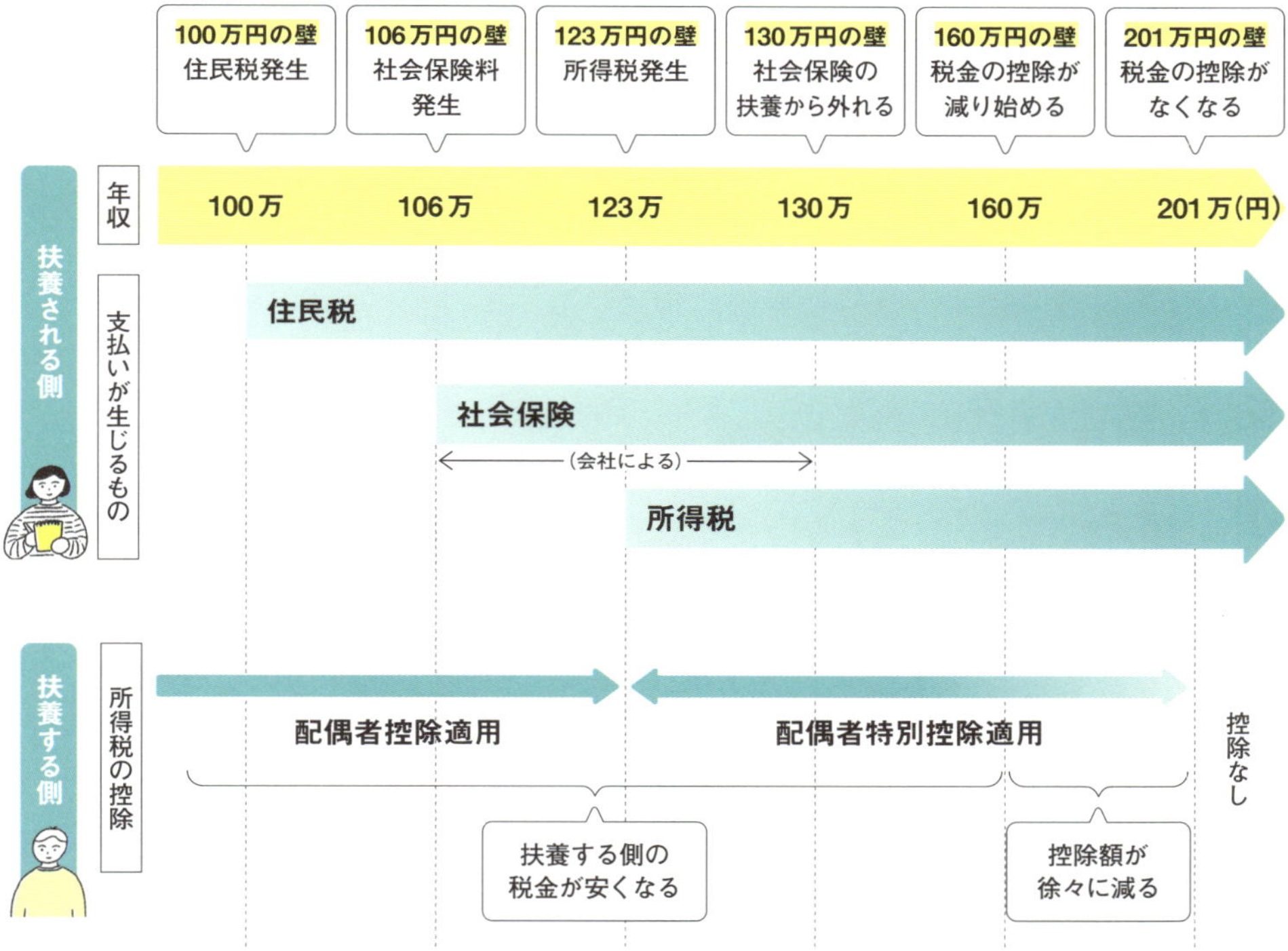

※年収のボーダーラインは令和7年2月時点のもの。

Q&A

Q 配偶者以外の扶養者はどうなるの？

A 配偶者以外の控除対象扶養者は、19歳以上23歳未満の特定扶養親族、70歳以上の老人扶養親族、16歳以上19歳未満または23歳以上70歳未満の一般扶養親族の３つに分けられます。19歳以上23歳未満の子がいる場合は、子の年収が150万円を超えると扶養者の所得税控除額が減ります。それ以外は年収123万円がボーダーラインに。

Q ダブルワークの場合はどうなるの？

A 社会保険に加入する「106万円の壁」については、1社単位となるので、1社の年収が106万円を超えていなければ加入の必要はありません。しかし、「123万円の壁」で発生する所得税や「130万円の壁」で発生する社会保険料については、合計した収入が対象となります。

08

結婚で得られる経済的メリット①

税制優遇制度を知っておこう

所得税、住民税、贈与税 結婚で税金が安くなる？

所得税や消費税、贈与税など、約50種類ある税金。**実は結婚をするといくつかの税制優遇制度を利用できます。**

所得税と住民税は、1年間に得た収入から給与所得控除、所得控除を差し引いた「課税所得」によって金額が決まりますが、結婚をすることで所得控除の対象が増えることもあります。控除額が増えればその分税金が安くなるので、見落としている控除はないか、よく確認しましょう。

また、**結婚や子育てにかかる資金、住宅購入にかかる資金を親などからもらった場合、贈与税が非課税となる制度も**。条件を確認し、上手に利用しましょう。

課税所得を減らして節税

所得税と住民税は、課税所得にかかります。課税所得とは、年収から給与所得控除を差し引き、そこからさらにさまざまな所得控除を差し引いて残った金額。所得控除が多いほど課税所得が少なくなり、節税になります。

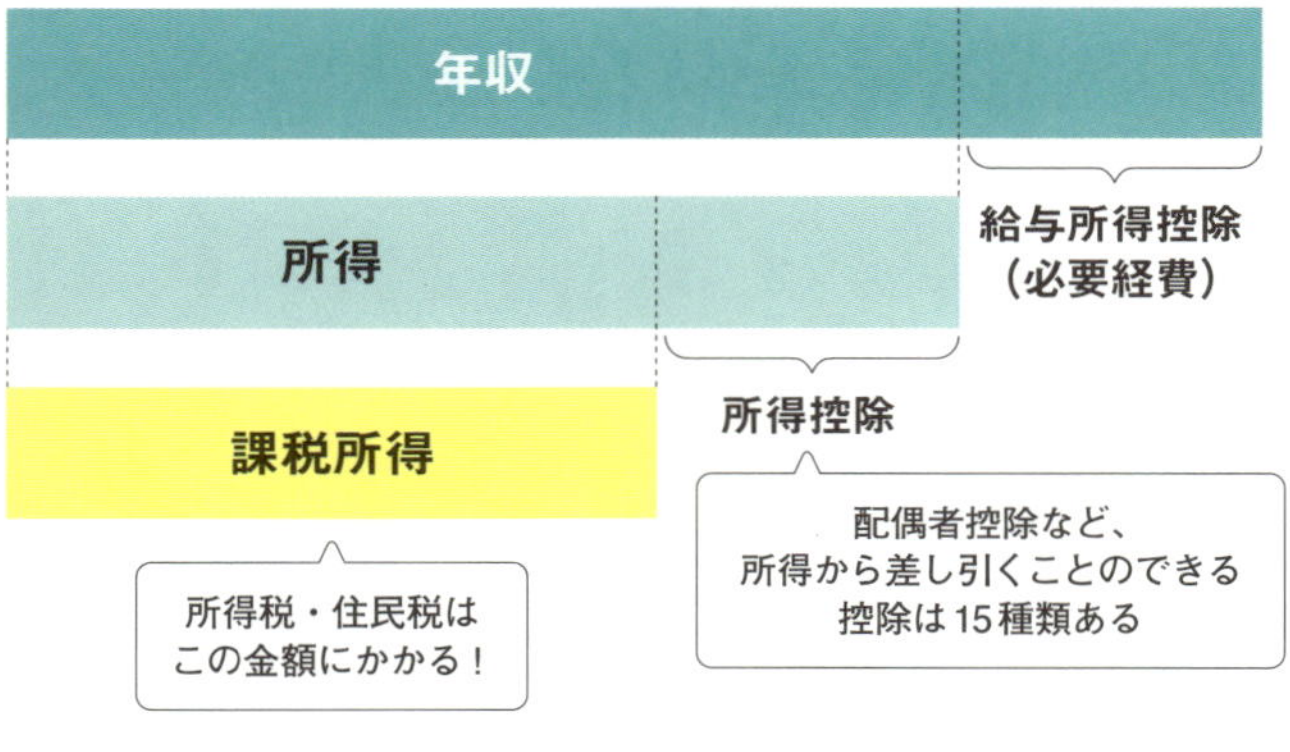

所得控除の種類

所得控除は15種類あります。★印がついているものは、結婚後に対象となる可能性がある控除です。

控除の種類	対象
基礎控除	年間所得2500万円以下のすべての納税者
★配偶者控除	自身の年間所得が1000万円以下で、配偶者の年間所得が58万円（年収123万円）以下の人
★配偶者特別控除	自身の年間所得が1000万円以下で、配偶者の年間所得が58万円超133万円以下（年収123万円超201万円以下）の人
★扶養控除	配偶者以外で、年間所得が58万円（年収123万円）以下※、かつ青色申告・白色申告の事業専従者でない親族がいる人 ※19歳以上23歳未満の親族は58万円を超えても控除が適用される
★障害者控除	障害をもつ納税者本人、または、障害をもつ配偶者・扶養親族がいる人
ひとり親控除	年間所得500万円以下のシングルマザーとシングルファザー
寡婦控除	「ひとり親控除」に該当せず、年間所得が500万円以下、かつ離婚後再婚せず扶養親族がいる人、または死別後再婚していない人
勤労学生控除	勤労による所得があり、年間所得85万円（年収150万円）以下の学生
★社会保険料控除	自身の社会保険料や、同一生計の親族の社会保険料を支払った納税者
★生命保険料控除	生命保険料、介護医療保険料、個人年金保険料を支払った納税者
地震保険料控除	特定の損害保険契約等に係る地震等損害部分の保険料または掛金を支払った納税者
小規模企業共済等掛金控除	小規模企業共済法に規定された共済契約に基づく掛金等を支払った納税者
★医療費控除	自身の医療費や同一生計の親族の医療費を、原則として年間10万円以上支払った納税者
雑損控除	災害や盗難、横領によって資産に損害を受けた納税者
寄附金控除	国や地方公共団体、特定公益増進法人などに対し、寄附を行った納税者

※金額は令和7年2月時点のもの。

贈与税の非課税制度に注目

結婚すると親から金銭的な援助を受ける機会が多くなる人も。子育てや住宅に関係する資金なら非課税で受け取れる制度もあります。

結婚・子育て資金の一括贈与非課税制度

個人から財産を贈与されたときには贈与税がかかるが、結婚や子育てに必要な資金を親や祖父母から一括で贈与された場合、1人当たり最大1000万円までは非課税となる。

住宅取得資金贈与の非課税制度

親や祖父母から一括贈与された、住宅の新築、取得、増改築資金も非課税に。非課税限度額は、省エネ等住宅が1000万円、それ以外の住宅は500万円。

教育資金の一括贈与非課税制度

30歳未満の人が親や祖父母から教育資金を一括贈与された場合、1人当たり最大1500万円までは非課税となる。「1人当たり」なので、3人分の教育資金なら4500万円まで非課税となる。

POINT

相続税にも配偶者の税額軽減制度がある

死亡したパートナーの財産を配偶者が相続した場合、「相続税の配偶者控除」が適用されます。相続した遺産額が「1億6000万円」または「法定相続分」までであれば相続税が非課税になります。戸籍上の配偶者のみに適用。

09

結婚で得られる経済的メリット②

国や自治体、会社からもらえるお金

結婚したら最大60万円もらえるかも？

結婚でもらえるお金といえば、「結婚お祝い金」。一般的には会社や親族から贈られるものですが、一部自治体では独自の祝い金が設けられていることもあります。また、晩婚化、少子化対策の一環として国が自治体による支援額の一部を補助する「結婚新生活支援事業」では、**新婚世帯の経済的負担をサポートする結婚助成金が、条件が合えば最大60万円もらえます**。条件や申請方法、制度の有無は各自治体で異なるので調べてみましょう。

妊娠、出産については、さらに手厚い支援があります。**どれも自分で申請が必要なので、もらいそびれのないよう気をつけて。**

結婚でもらえるお金

結婚に対する助成金は、自治体によって大きな差があります。支援が手厚い自治体を調べ、新居を構えるのもよいでしょう。

	項目	対象者	内容
会社から	結婚お祝い金	会社により異なる	金額 **1万～5万円程度** 福利厚生として支給する会社が多い。結婚が決まったら人事や総務などへ確認を。申請方法や支給額は会社により異なる。
自治体から	結婚助成金（結婚新生活支援事業）	● 夫婦ともに39歳以下 ● 指定期間中に入籍した世帯 ● 世帯所得500万円未満	金額（長野市の場合） **夫婦ともに29歳以下なら最大60万円** **夫婦ともに39歳以下なら最大30万円** 結婚に伴う経済的負担を軽くするため、新生活にかかる費用を自治体が支援。新居の家賃や購入費、リフォーム費、引越し費用などの一部が補助される。

※自治体によって制度の有無や条件などは異なるので、詳しくは自治体のホームページを確認。

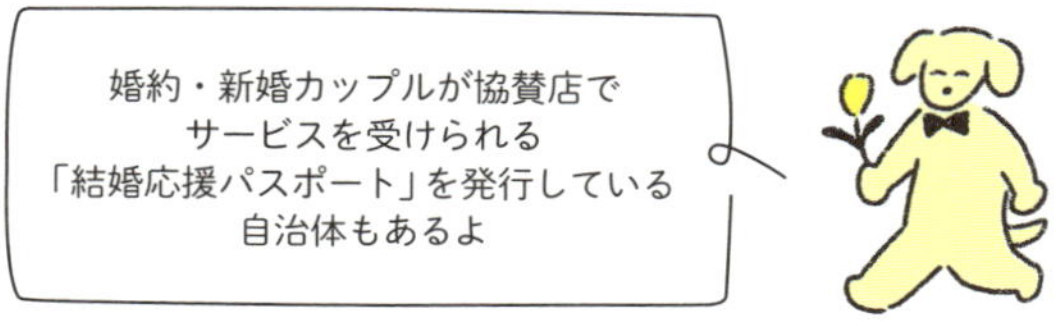
婚約・新婚カップルが協賛店で
サービスを受けられる
「結婚応援パスポート」を発行している
自治体もあるよ

妊娠・出産でもらえるお金

出産も育児もお金がかかるもの。加入している健康保険、自治体、会社がさまざまな支援をしています。どの制度を利用できるのか、きちんと把握しておきましょう。

項目	対象者	内容
妊婦検診の助成	全員	妊婦検診にかかる費用を自治体が助成。回数や費用は自治体で異なるが、平均14回分の検診費用10万円程度が補助券などで支給される。
出産・子育て応援交付金	全員	出産準備金として妊娠時に５万円、子育て費用として出産後の５万円、合計10万円相当が自治体から支給される。現金やクーポンなど支給方法は自治体により異なる。
出産育児一時金	公的医療保険の加入者、または被扶養者	加入している健康保険から、１児につき原則50万円が出産費用として支給される。
出産手当金	健康保険（社保）加入者 （国民健康保険加入者や被扶養者は対象外）	出産日以前42日から出産日の翌日以降56日までの間で、産休で給与の支払いを受けなかった期間は、健康保険から手当金が支給される。金額は働いていたときの標準報酬日額の2/3×産休の日数分。
育児休業給付金	雇用保険加入者 （1年以上）	育児休業中、雇用保険から給付金が支払われる。最初の半年は日給の67%、後半の半年は日給の50%を日数分もらえる。要件を満たすと最大28日間はさらに上乗せあり。
児童手当	全員	全国一律、３歳未満は月額1万5000円（第3子以降は3万円）、3歳以上高校生年代までは月額1万円（第3子以降は3万円）支給される。
子ども医療費助成	全員	子どもの医療費が無料または一部助成される制度。対象となる子どもの年齢は自治体により異なる。
子育て支援パスポート	自治体により異なる	自治体から子育て世帯に配られるパスポートを協力店で提示すると割引やポイントアップなどの支援が受けられる。居住地域に加え、全国でもサービスを受けられるよう拡大中。

POINT

子ども・子育て支援金制度も改革中！

少子化・人口減少の対策として、2028年までにさらなる子育て支援事業が計画されています。すでに実施されている児童手当の拡充や、出産・子育て応援交付金のほか、子どもが柔軟に通園できる制度や育児期の時短勤務の支援など、社会全体で子育てを支える仕組みをつくることが期待されます。

入学祝い金や
水道料金の補助など、
自治体独自の
優遇制度もあり！
子どもをもつ
予定のある人は
あらかじめ調べてから
居住地を選ぶのも◎

10

人生の三大資金を考える①

老後にかかるお金はどれくらい？

2千万円で足りる!? 老後資金は最優先で考える

人生のなかで大きな資金が必要となるのが、老後、教育、住宅の「三大資金」です。

なかでも優先して考えたいのが老後資金。教育資金や住宅資金は借りることが可能ですが、老後資金はそうはいきません。老後に必要な金額を大まかに把握しておきましょう。

まずは老後の収入を出します。何歳まで働くかをふたりで話し合い、給与所得を割り出しましょう。そして受け取れる年金額は「ねんきん定期便」などで確認します。老後の生活にかかる支出は、現在の支出をもとに予想します。**収入と支出を比べ、足りない分が定年までに貯めておきたい老後資金です。**

老後資金（入ってくる予定のお金）を確認しよう

老後の収入の中心となるのが公的年金。「ねんきんネット」や「公的年金シミュレーター」で、年金見込み額（年額）を確認し、老後年数をかけて総額を出してみましょう。私的年金やその他の収入も合計金額を出します。

		自分	パートナー
公的年金	老齢基礎年金（年額×老後年数）	円	円
	老齢厚生年金（年額×老後年数）	円	円
私的年金	企業年金（合計）	円	円
	国民年金基金（合計）	円	円
	個人型確定拠出年金（合計）	円	円
その他の収入	個人年金保険（合計）	円	円
	退職一時金	円	円
	給与（手取り・合計）	円	円

※老後年数＝65歳以降の年数（たとえば25年など）。
※年金はおおよその額面です。ここから税金や社会保険料が引かれます。

	自分	パートナー
合計	円	円

ふたりの老後資金の合計　Ⓐ　円

老後にかかるお金を出してみよう

老後は今の生活の延長上にあるもの。現在の支出額を参考に、退職後などの老後の支出額を予想しましょう。特別支出をプラスするのも忘れずに。

● 現在の月額支出から老後の月額支出を予想

		現在の月額支出	老後の月額支出
固定費	住居費	円	円
	保険料	円	円
	電気・ガス・水道費	円	円
	通信費	円	円
	こづかい	円	円
		円	円
変動費	食費	円	円
	日用品費	円	円
	被服費	円	円
	交際費	円	円
	趣味・娯楽費	円	円
	養育費・教育費	円	円
	その他（医療費など）	円	円
		合計	① 円

住宅ローンは終了している？賃貸の場合は更新料も考えて

「払い済み保険」に変更すると、払い済みになる保険料の分が減る

子どもにかけるお金は0円？

65歳以上の医療費はふたりで月額約1〜2万円※

※令和3年度生涯医療費（厚生労働省）をもとに推計

● 生活費以外の特別支出を予想

介護費（600万円〜）	円
住宅リフォーム費（約350万円）	円
墓・葬儀費（約270万円）	円
その他	円

→ 合計 ② 円

生活費		老後年数		特別支出		老後にかかるお金
（①×12カ月） 円	×	年	＋	② 円	＝	Ⓑ 円

老後にかかるお金		老後資金の合計		定年までに貯めたい資金
Ⓑ 円	−	Ⓐ 円	＝	円

11

人生の三大資金を考える②

子どもひとりにかかる教育費は？

教育費だけで ひとり1000万円は必要!?

文部科学省の令和5年度の調査によると、**幼稚園から高校まですべて公立、大学は国立に進学したとして、教育費の合計は約840万円です**。大きな金額に感じますが、公立の小・中学校は授業料、教科書代が無償、高校は公立私立ともに授業料の無償化が進んでいるため、高校まではそれほどまとまった金額は必要ありません。家計から出せる範囲で教育費を考えるのがよいでしょう。

資金準備が必要なのは、私立の小・中学校に通う場合と、高校以降の進学費用です。大学や専門学校は、国公立か私立か、学部によっても金額が変わるので、予想を立てて準備をしていきましょう。

高校までにかかる教育費

学校教育費は図書費、教材費、修学旅行費など（私立小・中学校は入学金、授業料も含まれます）、校外活動費は学校外での習い事や塾代です。

		公立		私立	
		学校教育・給食費	学校外活動費	学校教育・給食費	学校外活動費
幼稚園	3歳	9万3962円	5万5629円	23万8192円	9万7158円
	4歳	6万9127円	9万7842円	15万6783円	16万7000円
	5歳	9万1917円	12万3700円	17万9602円	19万9352円
小学校	1年	19万9266円	19万9002円	153万6310円	66万6231円
	2年	9万3915円	17万4222円	99万6991円	63万1148円
	3年	9万2309円	20万3152円	113万3496円	63万8981円
	4年	9万6173円	20万9230円	98万4582円	69万8266円
	5年	11万1417円	24万3020円	97万0134円	81万2325円
	6年	13万1099円	26万4573円	102万5357円	88万0573円
中学校	1年	26万6910円	27万8510円	149万8283円	37万1556円
	2年	13万1948円	34万1630円	91万9924円	36万2056円
	3年	16万1220円	44万5995円	98万0544円	53万9226円
高校	1年	50万4896円	19万5396円	104万3229円	23万1045円
	2年	35万4916円	22万7068円	69万3413円	28万5096円
	3年	18万4729円	32万0323円	54万7888円	27万6564円

＊出典：令和5年度 子供の学習費調査（文部科学省）

大学・専門学校にかかる費用

大学等の教育費は、進学する学部によって大きく変わります。一般的に文系より理系が高くなります。

● 初年度にかかる教育費

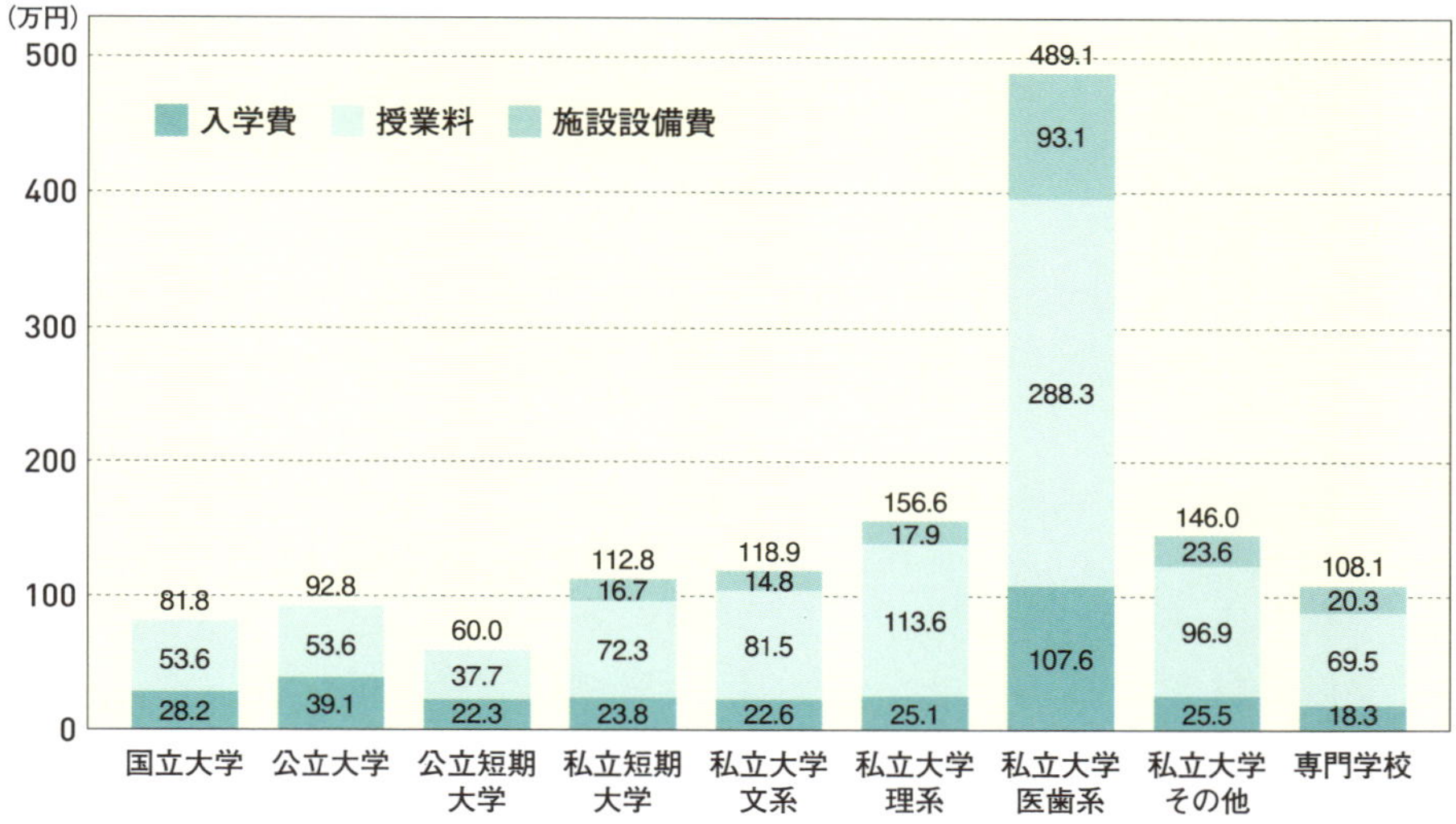

＊出典：入学先別にみた初年度の教育費（日本政策金融公庫ホームページ）

教育費の目安を出してみよう

子どもにどんな教育を受けさせたいかを想像しながら、高校までにかかる費用と大学・専門学校にかかる費用を出してみましょう。

高校までの費用

幼稚園		小学校		中学校		高校		
円	＋	円	＋	円	＋	円	＝	円

(例) すべて公立の場合

53万2177円＋201万7378円＋162万6213円＋178万7328円＝596万3096円

大学・専門学校の費用

入学費		授業料＋施設設備費		通う年数		
円	＋	円	×	年	＝	円

(例) 私立文系に4年通った場合

22万6000円＋96万3000円×4＝407万8000円

12

人生の三大資金を考える③

家は賃貸or購入？マンションor戸建て？

安心？　利便性？住宅に求めることを考える

人生において住宅にかけるお金は大きな割合を占めるもの。それだけに、賃貸か購入か、どっちがお得なのかと迷う人も多いでしょう。**しかし、同じような条件なら、長い目で見れば金額にそれほど差は出ません。**自分たちのライフスタイルに合っているのはどちらか、満足度の高い生活が送れるのはどちらか、よく考えて選びましょう。

住宅を購入する場合、**マンションと戸建てでは物件価格が同じでも、その後にかかるお金はマンションのほうが高くなる傾向に。**購入をするなら、物件の資産価値も含めて熟考しましょう。

賃貸or購入　メリット・デメリット

どちらにもメリット、デメリットがあります。ふたりの価値観と照らし合わせてみましょう。

マンションor戸建て　購入した場合の住宅費用を比較

マンションと戸建て、どちらも新築の4000万円の物件で、購入時に使える資金を500万円とし、35年間の住宅費を比較してみました。

		マンション（木造以外）	戸建て（木造）
購入時	購入諸費用	120万円 （物件価格の3%）	280万円 （物件価格の7%）
購入時	頭金	380万円	220万円
購入後	住宅ローン総額 （金利2%固定、返済期間35年、ボーナス時加算なし、元利均等返済）	借入額3620万円 利息1416万5140円 （毎月返済額11万9917円）	借入額3780万円 利息1479万1140円 （毎月返済額12万5127円）
購入後	管理費・修繕費積立金	1260万円 （月額3万円）	–
購入後	リフォーム・メンテナンス費	300万円※	380万円※
購入後	固定資産税	500万円 （概算）	280万円 （概算）
購入後	住宅ローン控除	–273万円 （最大控除額）	–273万円 （最大控除額）
	合計	7323万5140円	6146万1140円

※2023年度住宅リフォームに関する消費者実態調査（住宅リフォーム推進協議会）より、マンション及び一戸建てのリフォーム費用の平均値

マンションのほうが
高額になる分、
資産価値が
高くなることが多いよ

Q&A

Q 転勤になった場合、持ち家はどうする？

A ①売却する、②賃貸に出す、③空き家にする、④単身赴任をするという選択肢があります。③と④は住居費が二重にかかることになるので、転勤期間は賃貸に出すのが得策です。ただ、住宅ローンを利用している場合、原則賃貸に出すことはできません。無断で賃貸に出すと契約違反となるので必ず借入先に相談を。転勤なら許可が出るケースもあります。

13

人生の三大資金を考える④

住宅購入にかかるお金はどれくらい？

物件価格以外にもさまざまな費用がかかる

広告に載っている物件価格を見て、これなら購入できるかも…と思うこともあるでしょう。でも、住宅を購入するには、物件価格以上のお金が必要になります。物件価格を一括で支払わない限りは住宅ローンを利用することになるので、まず利息分が上乗せされます。**さらに税金や手続きに必要な費用（諸費用）が物件価格の3～10%かかります**。これらを踏まえたうえで、購入を検討することが大切です。

とはいえ、**購入時は諸費用と頭金が支払えればいいので、資金準備はこの2点だけで大丈夫**。あとは毎月返済可能な住宅ローンを組めるかが重要です。

住宅購入費用の内訳

物件そのものの価格に加え、税金などの諸費用、住宅ローンの利息分がかかります。

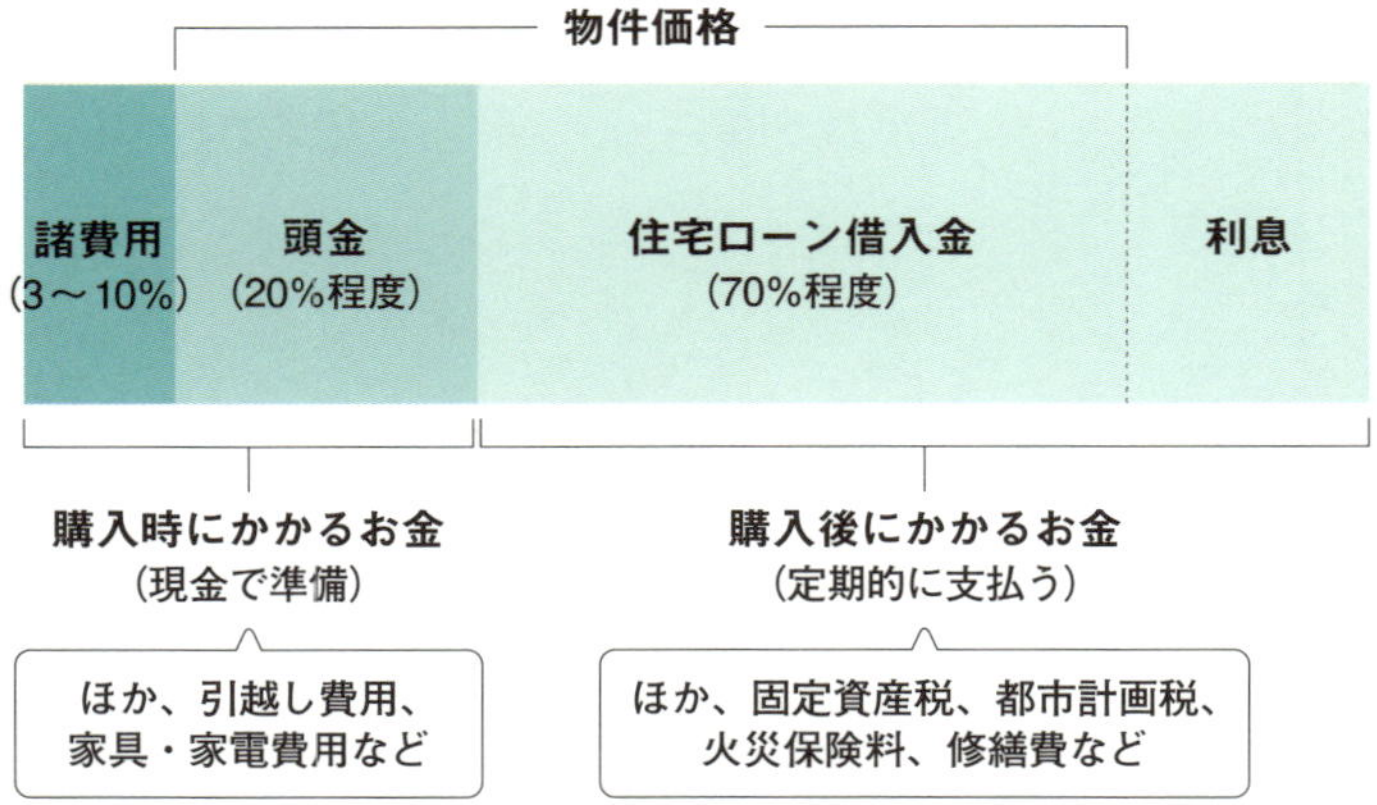

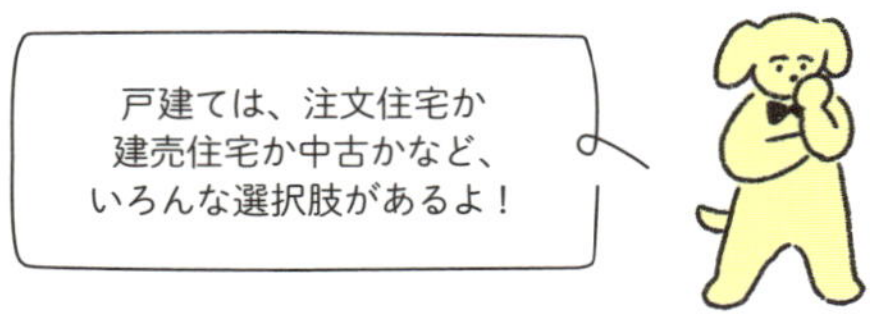

住宅購入にかかる「諸費用」

住宅購入にかかる諸費用は、新築マンションで物件価格の3～5%、戸建てや中古マンションで物件価格の6～13%程度といわれています。

	諸費用の名称	内容
不動産購入	申込証拠金	購入申込時に不動産会社に支払うお金。相場は2～10万円で、契約が成立すれば手付金の一部となる。申込を撤回する場合は返金される。
	手付金	売買契約時に売主に支払うお金。購入価格の5～10%程度で代金の一部となる。買主都合で契約破棄すると返金されない。
	印紙税	売買契約書に貼ることで支払われる税金。購入価格により400円～60万円と大きく変わる。2027年3月31日まで軽減措置あり。
	仲介手数料	中古物件など、仲介会社を通している場合に発生。購入価格の3%＋6万円＋消費税が上限。購入価格が800万円以下の場合は最大で33万円。
	不動産取得税	土地や建物を取得した際に一度だけかかる税金。不動産の固定資産税評価額の4%（軽減措置で2027年3月31日までは3%）とされている。
	固定資産税・都市計画税	所有する土地や不動産にかかる税金。金額は物件条件により幅があるが、両方合わせて数万円～数十万円。
	登記費用	不動産登記などを司法書士に依頼する場合に発生。30万円程度が目安。
ローン契約	印紙税	ローン契約書に印紙を貼ることで支払われる税金。金額は契約金額や契約方法によって変わる。契約金額500万～1000万円の場合、1万円。
	ローン借入費用	ローン保証料、団体信用生命保険特約料、火災保険料、事務手数料など。借入先により数万円～数十万円と金額に差がある。
その他	修繕積立基金	新築マンション購入時に発生。地域や住戸の広さにより価格が決まる。数十万円～。
	水道負担金	上下水道の新設が必要な場合に発生。自治体や、水道管を取り出す道路が舗装されているかなどによって金額が異なる。数十万円～。

「頭金」はいくら用意する？

頭金の目安は物件価格の20%程度といわれていますが、頭金を多めに払って住宅ローンの借入金を少なくしたほうがお得なことも。今ある貯蓄から頭金をいくら用意できるか、以下の式を参考に出してみましょう。

今の貯蓄額		住宅購入諸費用		生活防衛資金		必要な貯蓄		頭金
万円	−	万円	−	万円	−	万円	＝	万円
				生活費 3カ月～1年分		老後・教育資金 が優先！		

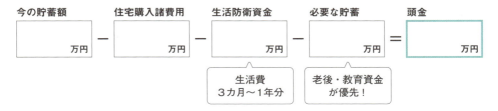

住宅ローンの「借入金」の決め方

住宅ローンでいくら借りるかは、毎月無理なく払えるローンの返済額から考えましょう。以下の式で毎月の返済可能額を出したら、金利と返済期間から借入可能額の目安がわかります。

毎月の住宅ローン返済額の目安は…

現在の家賃／月		購入後の維持費／月		返済可能額／月
万円	−	万円	＝	万円

（購入後の維持費）固定資産税、火災保険料など

● 毎月の返済額別借入可能額

返済額（円）	利率（%）	借入可能額（万円）			
		20年	25年	30年	35年
4万	0.8	886	1087	1279	1464
	1.0	869	1060	1243	1416
	1.5	828	1000	1158	1306
	2.0	790	943	1082	1207
	2.5	754	891	1012	1118
	3.0	721	843	948	1039
6万	0.8	1330	1630	1919	2197
	1.0	1304	1592	1865	2125
	1.5	1243	1500	1738	1959
	2.0	1190	1420	1620	1810
	2.5	1130	1340	1520	1680
	3.0	1080	1270	1420	1560
8万	0.8	1773	2174	2559	2929
	1.0	1739	2122	2487	2834
	1.5	1657	2000	2318	2612
	2.0	1580	1890	2160	2414
	2.5	1510	1780	2020	2240
	3.0	1440	1690	1900	2080

返済額（円）	利率（%）	借入可能額（万円）			
		20年	25年	30年	35年
10万	0.8	2217	2718	3199	3662
	1.0	2174	2653	3109	3542
	1.5	2072	2500	2877	3265
	2.0	1980	2360	2710	3020
	2.5	1890	2230	2530	2800
	3.0	1800	2110	2370	2600
12万	0.8	2660	3261	3839	4394
	1.0	2609	3184	3730	4251
	1.5	2486	3000	3477	3919
	2.0	2370	2830	3250	3620
	2.5	2260	2670	3040	3360
	3.0	2160	2530	2850	3120
14万	0.8	3104	3805	4479	5127
	1.0	3044	3714	4352	4959
	1.5	2901	3500	4056	4572
	2.0	2770	3300	3790	4230
	2.5	2640	3120	3540	3920
	3.0	2520	2950	3320	3640

*出典：『今さら聞けないお金の超基本』（朝日新聞出版）と「フラット35」ホームページのローンシミュレーションをもとに作成

住宅ローンの基礎知識

住宅ローンは借入額が大きく返済期間が長いので、利息が高額になります。選ぶ金利のタイプや借入先によっても大きく変わるので、慎重に検討しましょう。

□ 誰が借りるか決める

ひとりで借りる

契約者ひとりの収入のみで借りる場合と、パートナーの収入も合算する場合がある。後者の場合、パートナーは連帯債務者に。

or

ふたりでそれぞれ借りる（ペアローン）

ふたりがそれぞれ契約し、お互いが連帯保証人になる。ふたりとも住宅ローン控除が受けられる。

□ 返済年数を決める

老後（退職後）にローンが残らないよう、退職年齢ー購入時の年齢＝ローン年数と考えるのが理想。

□ 金利のタイプを決める

固定金利タイプ

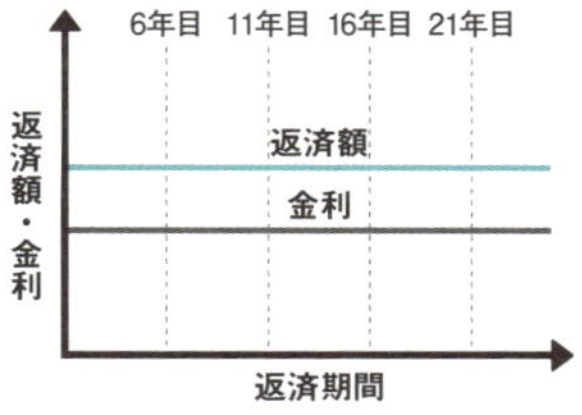

借り入れたときの金利がずっと変わらず、毎月の返済額も変わらない。計画的に返済したい人向き。

変動金利タイプ

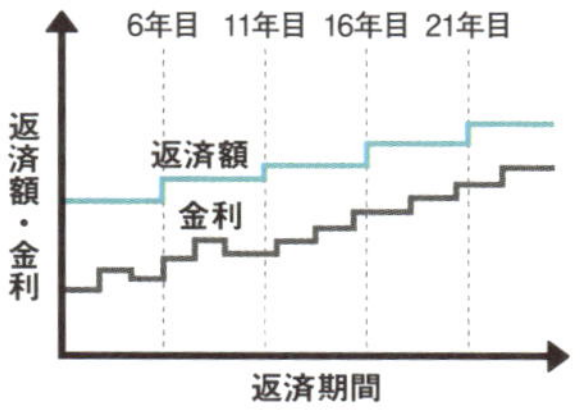

金利は半年ごとに見直され、返済額は5年ごとに変わるのが一般的。景気に左右されやすいタイプ。

固定金利期間選択タイプ

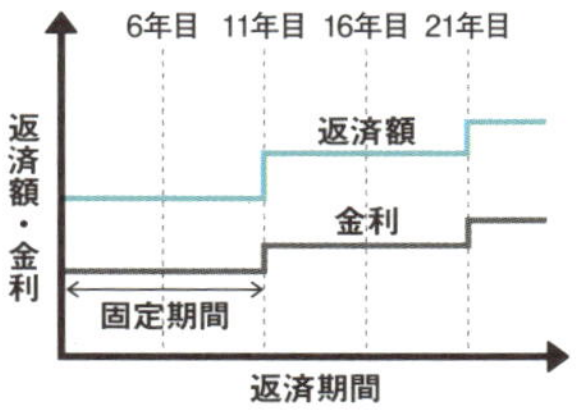

一定期間（10年など）は金利の変更なしで、その後、固定か変動かを選ぶ。

□ 借入先を決める

- **民間ローン**………さまざまな金融機関で提供。異なる金利タイプを組み合わせることが可能。
- **フラット35**………住宅金融支援機構が民間金融機関と提携して扱うローン。固定金利のみ。
- **財形住宅融資**……財形貯蓄1年以上、残高50万円以上の人対象。5年ごとの固定金利制。

□ 返済方法を決める

元金均等返済

毎月の返済額が最初は多く徐々に減る返済法。

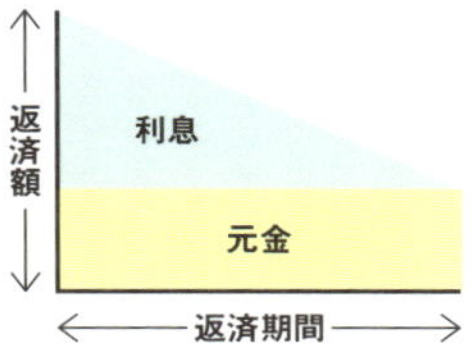

元利均等返済

元金と利息を合わせた毎月の返済額が一定。

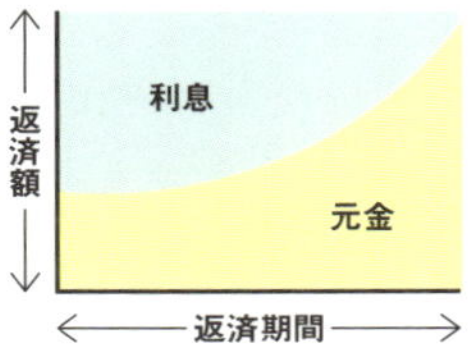

14

保険の見直し

家族を守る保険へ切り替えよう

保険の情報は ふたりで共有する

安定した家庭運営のためにはリスクヘッジを図ることも重要です。自分やパートナーに何かがあったとき、災害に見舞われたとき、安心して生活するためにはどんな備えが必要でしょうか。

まずは、**お互いの保険の加入状況を確認し、ムダな保険はないか、受取人は誰になっているのかなど、契約内容を見直しましょう。**自分たちに必要な保障を考え、公的保険では足りない部分を補えるように調整していきます。

大切なのはふたりで情報を共有すること。**契約の存在を知らず請求漏れすることのないよう、保険証書の置き場所なども決めておきましょう。**

今加入している保険を確認しよう

ふたりが加入している保険を書き出してみましょう。結婚前から加入している保険は、住所変更や受取人変更など、必要な手続きがされていないと保険金が受け取れないことも。

保険の種類	被保険者	保障内容	保障期間	保険料
医療保険	○○○○	入院日額5000円	最大120日	1200円／月

確認したいポイント　チェックリスト

- □ 似た内容の保険に加入していないか ➡ 不必要なものは解約
- □ 保障内容は十分か ➡ 必要な保障を再検討
- □ 受取人は適切か ➡ 受取人を親にしていた保険は受取人をパートナーへ変更
- □ 保険料は適切か ➡ 保険料は所得の5%が目安

家族を守るために必要な保険とは？

自分にもしものことがあったときにパートナーや家族の生活を守る保険、将来の生活のための保険、事故や災害に備える保険、３つのリスクを減らせる保険を選びましょう。

結婚後に検討したいおもな保険の種類

1 家族のための保険

自分にもしものことがあって収入がなくなっても、家族が不自由なく暮らしていける保障を考えよう。

死亡保険

契約者が死亡・高度障害状態になったときに保険金が受け取れる。生涯保障の終身保険、保障と貯蓄の機能をもつ養老保険、一定期間の保障がある定期保険の３つの形態がある。

医療保険

病気、ケガによる入院・手術時に、給付金や一時金が受け取れる。幅広い病気やケガに対応するが、通院特約やがん特約などをつけることでさらに保障を手厚くすることも可能。

就業不能保険

病気やケガなどで長期の療養が必要となったときの収入減少に備える保険。保険会社所定の就業不能状態と認められると給付金が受け取れる。

所得補償保険

病気やケガで働けなくなったときの、短期的な収入減少に備える保険。おもに損害保険会社が取り扱い、保険期間は１年更新など短期がほとんど。

2 将来のための保険

今すぐには必要ないが、将来必ず必要となるお金のために、貯蓄手段のひとつとして検討を。

個人年金保険

老後の生活資金に備える私的年金。契約時に決めた年齢から年金が受け取れる。生死にかかわらず決めた額を受け取れる確定年金、生存時のみ決めた期間受け取れる有期年金、生存している限り受け取れる終身年金がある。

学資保険

子どもの進学時期に合わせて教育資金を受け取れる。契約者（通常は子どもの親）が死亡または高度障害状態になった場合は、その後の保険料が免除される。

3 事故や災害に備える保険

事故や災害時には大金が必要となる。特に災害は生活の基盤を失いかねないので、保険に入っておくと安心。

火災保険・地震保険

住宅が火災に見舞われた際、建物や家財の損害を補償してくれる保険。落雷や台風など自然災害による被害も対象となる。地震は対象外なので、火災保険とセットで地震保険に加入するのが鉄則。

傷害保険

ケガや事故のみを対象にした保険。通院だけでも保険料が支払われるが、病気の場合は対象外となる。

個人賠償責任保険

誰かにケガをさせてしまったり、物を壊してしまったり、第三者に対しての損害をカバーする保険。傷害保険や自動車保険、火災保険の特約としてつけるのが一般的。

Q&A

Q 保険は必ず入る必要がある？

A もしものときに貯蓄や公的保障で十分カバーできるのであれば、保険に加入しない選択肢もあります。貯蓄も保険もコツコツと積み立てていくものですが、保険は加入後短期間で必要な保障が受けられるのが利点。貯蓄が少ないときにこそ保険は利用価値大。

公的保険を確認しておこう

健康保険や年金制度など、日本の公的保険は保障内容が充実しています。保険のかけすぎを防ぐためにも、まずは自分が受けられる公的保障を確認し、足りない分を民間保険で補うようにしましょう。

リスク	公的保険制度	民間保険でカバーする場合
病気・ケガ	**公的医療保険制度** ● 医療費の窓口自己負担額が1～3割に。 ● 医療費が1カ月の上限額を超えた場合、年齢や所得に応じ払い戻しがある（高額療養費制度）。 ● 健康保険の被保険者が病気やケガで仕事を休み報酬が受けられない場合、傷病手当金が支給される。 **医療費助成制度** ● 義務教育期間中（地域により18歳まで）の子どもが対象の子ども医療費助成制度、難病と診断された人が対象の指定難病医療費助成制度などがある。 **労災保険** ● 労働者が業務や通勤が原因で病気、ケガをした場合に治療費、入院費などが出る。	医療保険 がん保険 傷害保険 就業不能保険
死亡	**公的年金（遺族基礎年金、遺族厚生年金）** ● 国民年金の被保険者が亡くなった場合、子のいる配偶者または子のみ遺族基礎年金を受給できる。 ● 厚生年金の被保険者が亡くなった場合、遺族が原則生涯、遺族厚生年金を受給できる。	死亡保険 収入保障保険
障害	**公的年金（障害基礎年金、障害厚生年金）** ● 国民年金の被保険者が障害の状態になった場合、障害等級に応じた障害基礎年金を受給できる。 ● 厚生年金の被保険者が障害の状態になった場合、加入中の収入の平均額や加入期間、障害等級に応じ障害厚生年金が受給できる。障害等級2級以上は障害基礎年金と障害厚生年金の両方を受給可能。 **自立支援医療制度** ● 精神疾患、身体障害の治療にかかる自己負担額が1割に。 **障害福祉サービス** ● 障害がある人の生活サポートを目的とした介護給付、自立や就労を目的とした訓練等給付に大別され、居宅介護や施設入所支援などさまざまなサービスが受けられる。	身体障害保険 所得補償保険 就業不能保険
介護	**公的介護保険** ● 要介護状態になった場合、40～64歳の人は加齢による特定の病気に限り、65歳以上の人は原因にかかわらず介護サービスを受けられる。	介護保険 認知症保険
老齢	**公的年金（老齢基礎年金、老齢厚生年金）** ● 高齢になったとき（60～75歳から）終身給付を受けられる。	個人年金保険
失業	**雇用保険** ● 失業時や育児、介護による休業時、定年再雇用で賃金が減った場合などに給付を受けられる。	就業不能保険 所得補償保険

ライフイベントごとの保険見直しポイント

必要な保障はライフステージの変化によって変わっていきます。結婚後だけでなく、出産や転職、住宅購入など、人生の節目ごとに保険の見直しをしていきましょう。

結婚

- **共働きの場合**

ふたりに十分な収入がある場合、大きな保障は必要ないが、病気やケガの療養が長期になると家計を圧迫するため、医療保険を充実させるのがおすすめ。

医療保険

入院日額5000円～1万円程度が目安。女性は妊娠すると保険に入りにくくなることがあるので優先して入りたい。

がん保険

がん治療は長期化したり高額になったりするため、医療保険にプラスしたい。

所得補償保険

公的保障の少ない自営業者は入っておくと安心。

- **片働きの場合**

家計を支えているほうは死亡保障が手厚いと安心。また、病気やケガになったときにも治療費＋一定期間の生活費をカバーできる保険が必要。家事を担うほうは医療保険に。

死亡保険

子どもがいないなら保障額は1000万円が目安。

医療保険

先進医療の医療費をカバーしてくれる先進医療保障を特約でつけても。

就業不能保険

公的保障が手厚い会社員でも、片働きなら入っていると安心。

出産

子どもができたら、教育費・学費の準備を。死亡保険、医療保険も手厚い保障が必要となるので、保障額の見直しを。

学資保険

教育資金を計画的に貯める方法のひとつとして加入しても。

死亡保険

死亡保障額の上乗せを検討。プラス500～1000万円程度。

収入保障保険

死亡すると、家族に毎月保険金が支払われる。保険金の総額は時間がたつほど減るものの、ほかの死亡保険に比べ保険料が割安なので、切り替えも検討。

転職

働き方や年収が変わったときは、保険料、保障額ともに見直しが必要。特に社会保険の種類が変わったときは、公的保障内容を確認して過不足を保険で調整。

死亡保険

会社員から自営業になった場合は公的保障が少なくなるので、死亡保障額を1000万円程度上乗せしたい。

医療保障

収入の変化に応じて保険料の見直しも必要。

住宅購入

住宅ローンを組む際に団体信用生命保険に加入すると、被保険者が死亡または高度障害状態になったときに返済が保障されるので、死亡保険の内容を見直したい。

団体信用生命保険

住宅ローンの新規借り入れ、または借り換えを行う際に原則加入が必要。

死亡保険

団体信用生命保険の保障内容により、死亡保障額の減額を検討。

Q&A

Q 事実婚でも生命保険の受取人になれる？

A 事実婚でも受取人になることは可能ですが、保険会社により条件があります。双方に法律上の配偶者がいないこと、同居し生計を同一にしていることなどがおもな条件で、訪問面談を行うことも。法律上の配偶者ではないので、生命保険料控除は適用外、相続税は全額対象となるなど、税金の優遇はありません。

みんなの結婚

結婚後のお金 編

貯金の習慣がない人は 自動引き落としがマスト！

夫は独身時代から貯金をしないタイプ。そのため結婚後はこづかい制で私が家計を担当しましたが、文句が多かったので途中から貯蓄の分担だけ決めて、ある程度自由に使えるようにしました。その結果、夫はまったく貯金をしていなかったことが判明。強制貯蓄できるシステムをつくるべきだったと後悔しました。　(40代・女性)

生活費は ひとつの口座から

結婚を機に新しい口座をつくりました。毎月定額を入金して、光熱費から外食まで、すべての生活費をそこから引き落としています。夫がカードを持ち、私はスマホにカード情報を登録して、iD払いしています。　(30代・女性)

お金はきちんと、 楽しくやりくり

お金のことは、暮らし始めにきちんと話すべき！　お互い、年間でこれくらいを貯めようとか、趣味に使うお金は上限を決めようとか。私たちはふたりで貯金箱を買って家に置きました。時折そのお金を使って、プチ贅沢するのが楽しいです。　(20代・男性)

お祝い金の詳細は 残しておくと役立つ

結婚や子どもの入学祝いなどでいただいたお祝い金は、誰にいくらいただいたのか1冊のノートに記録しています。親戚が多く、それぞれ相場も異なるので、こちらが渡す立場になったときは、同じ金額は返すようにしています。

(40代・男性)

高級志向な夫 VS貧乏性な私

夫は服でも食品でも、何でも高い品を選びがち。一方の私は貧乏性なので、一緒に買い物に行くとよく対立します。その割にケチなところもあり、私がコツコツ貯めた家電量販店のポイントを夫が使おうとしたときは、さすがにけんかになりました。　(20代・女性)

ライフプランは 早めに話し合って

お互いに貯蓄が苦手で、将来のことについても特に話さず、気がつけば結婚5年目。周りの友人はマイホームをどんどん建てているのですが、わが家は一向にそんな気配もありません。もっと早いうちに、いろいろなことを話し合うべきだったかも。

(30代・女性)

Chapter

4

生活の基盤をつくる 引越し

QOLに直結するため、 住まい選びは慎重に。
お互いのライフスタイルやこだわりを
すり合わせながら進めるのが、 新生活準備のコツです。

【監修】河野真希（家事アドバイザー）

01

引越しを計画する前に知っておこう①

引越しの1カ月前から準備を

生活のベースづくりは段取りが肝心

引越しは、生活の拠点を現在の場所から移動する一大イベント。今後の生活を大きく左右するため、後悔のないよう、前もって段取りよく考えることが大切です。さらに結婚式を控える人は、引越しと式の準備が重なると大変。どちらも慌てることのないよう、**式の2カ月前までに引越しを済ませるか、思い切って式のあとに引越しをするかなど**、時期をずらすことも検討しましょう。

また、引越しの時期によって費用なども大きく変わります。**進学や就職、転勤などが多い3月や9月などは引越し業者の繁忙期**。可能であればその時期を避けて、準備するのもおすすめです。

後悔しない引越しをするために

準備を段取りよく進めるためには、時期やこだわりなど、ふたりでよく話し合うことが必要です。まずは引越し準備のポイントを押さえておきましょう。

引越し時期は早めに検討する

どのタイミングで引越しするかによって、業者選びの手間や引越し費用なども変わってきます。引越し時期は早めに検討して、効率的な計画を立てましょう。

繁忙期	プチ繁忙期	閑散期
3～4月	9～10月	5～8月、11～12月

繁忙期：予約が取りにくく、料金もアップ！

閑散期：費用を抑えたいなら閑散期の平日がねらい目！

段取りはふたりで共有を

引越しは労力のかかる作業。どちらかひとりが担うのではなく、ふたりで担当を決めたり、決まったことを共有したりして協力することが大切です。やることを書き出して、分担するようにしましょう。

［分担例］

物件探し	ふたりで
引越し業者のリサーチ	あなた
ライフラインの手続き	パートナー
自治体への手続き	ふたりで

やるべきことはリストアップ&メモ

引越しまでに必要な手続きをリストアップするほか、新居へのこだわりや内見の際の印象など、細かいこともメモしておくと◎。希望のすり合わせや相談がスムーズになります。

● 引越しのやることチェックリスト

↓担当者を記入しましょう

タイミング	チェック	担当	やること	備考
引越しが決まったらすぐ	□		物件探し、契約	
	□		引越日の決定	
	□		旧居の解約	賃貸住宅の解約は1～3カ月前が原則。物件によって異なるので賃貸借契約書を確認
1カ月前まで	□		引越し業者選び	複数の業者から見積りをとる
	□		解体、組み立てが必要な家具の確認	基本的には業者に依頼できるが、解体不可の物や費用がかかる物も。業者に確認をとる
	□		インターネット契約の見直し	継続か新規契約かを検討する
	□		新居のレイアウト確認	間取り、寸法、コンセントの位置などを確認
	□		新居に必要な家具・家電などの準備	カーテンや家具・家電などは新居の寸法を要チェック
2週間前まで	□		梱包資材の準備	引越し業者によっては用意してくれるので確認を
	□		不用品、粗大ゴミの処分	粗大ゴミは自治体の回収日の指定があるので、早めに申し込みを
1週間前まで	□		転出届の提出	マイナンバーカードがあれば、マイナポータルからの申請も可能
	□		国民健康保険の資格喪失届	ほかの市区町村に引越す場合
	□		印鑑登録の廃止	ほかの市区町村に引越す場合
	□		ライフラインの手続き	電気、ガス、水道
	□		郵便物の転送届の手続き	
	□		すぐに使わない物の荷造り	使用頻度の低い物、オフシーズンの物などからどんどん箱に詰める
前日まで	□		家にある食材、調味料の整理	食材はできれば食べ切っておく。どうしても余る場合、保冷剤を入れた発泡スチロールやクーラーボックスで保存
	□		パソコンなどのバックアップ	
	□		自分で解体が必要な家具の解体	
	□		冷蔵庫の水抜き	製氷機能の停止、タンクの水捨て（2～3日前）、電源を切る、庫内の整理と掃除
	□		洗濯機の水抜き	給水・排水ホースを取り外し、中の水を出し切る
	□		家電・家具の配置図を作成	当日、家電や家具をスムーズに運べるよう、配置図をつくっておくとよい
	□		挨拶用の手土産の準備	マンションの場合は管理人、両隣、上下が基本
	□		掃除、ゴミ出し	退去時の汚れや臭いがひどいと退去費用に影響することも
	□		貴重品などの手持ち品をまとめる	現金、通帳、印鑑、貴金属などの貴重品は自分で管理する
当日（旧居）	□		当日まで使った物の荷造り	新居ですぐに使う物は専用の段ボールにまとめ、仕分けておく
	□		荷物の搬出の立ち会い	段ボール箱の個数を数えておく
	□		荷物搬出後の掃除	
	□		ガスの使用停止の立ち会い	
	□		電気のブレーカーをスイッチオフ	
	□		旧居の掃除、ゴミ捨て	
	□		旧居の明け渡し、カギの返却	スペアキーも返却する
当日（新居）	□		引越しの挨拶	できれば当日、遅くとも1週間以内に
	□		荷物の搬入の立ち会い	搬入前に室内の写真を撮影しておく（傷やへこみがないかどうか）
	□		ライフラインの開通	移転手続きをしておけば、電気と水道はすぐに使用可能。ガスは開栓の立ち会いが必要
	□		家財の確認	搬入後、家財や段ボールの個数、破損がないかを確認する
	□		荷ほどき、整理	
引越し後	□		転居届、転入届の提出	引越し日から14日以内
	□		マイナンバーカードの住所変更	引越し日から14日以内
	□		国民健康保険等の変更手続き	引越し日から14日以内
	□		運転免許証の住所変更	引越し後速やかに
	□		各種サービスの住所変更	クレジットカード、銀行口座、携帯電話など

引越しと入籍が同じタイミングなら、同時に手続きが可能（→P.63）

02

引越しを計画する前に知っておこう②

引越しにかかるお金は？

新居は賃貸？それとも購入？

ひとり暮らしでは住む家を「賃貸」にする人がほとんどですが、**結婚では「購入」も選択肢のひとつに**。一般的には賃貸物件からスタートすることが多いですが、早く購入すればローンの借入期間が長くなるため月々の負担が抑えられ、返済後はその家が資産となります。ただし、**居住地や将来設計などが固まっていないうちは、住み替えが簡単な賃貸のほうが暮らしやすいことも**。購入よりも初期費用はかかりませんが、敷金・礼金、更新料といった賃貸ならではの出費があります。

いずれにせよ住まい探しにはお金がかかるので、現実的な予算を立てることが大切です。

新婚時の住まいは約9割が賃貸

結婚後、最初に住んだ家は圧倒的に「賃貸」が多数。社宅を含め、まずは賃貸からスタートし、将来的にマイホームを購入しようと考える人が多いようです。

● 結婚後、最初に住んだ家は？

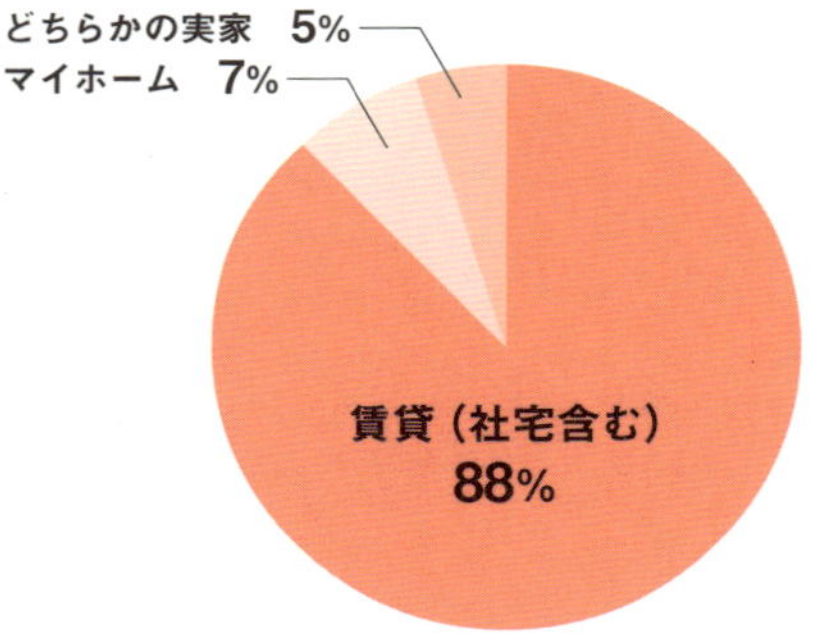

＊出典：結婚スタイルマガジンホームページ

POINT

マイホーム購入時の平均年齢は41.1歳

国土交通省住宅局の「住宅市場動向調査報告書（令和４年度）」によると、注文住宅でマイホームを建てた人の年齢が最も多いのは30代。次いで40代が多く、平均年齢は41.1歳です。マイホームの資金は土地や坪数などによってまちまちですが、購入した人の平均世帯年収は約800万円。いずれにしても一生に何度もない大きな買い物です。家族構成や住宅ローンの予定など、あらゆる方向からしっかり検討する必要があります。

新居への引越し費用概算

仲介業者を通して賃貸契約をする場合の費用をまとめました。賃貸の家から引越す場合はそのタイミングによってかかる費用が変わります。おおよその目安として参考にしてください。

● 賃貸借契約に必要な費用

おもな項目	おおよその費用目安
敷金	家賃0～2カ月分
礼金	家賃0～2カ月分
仲介手数料	家賃0.5～1カ月分
保証会社費用	最大1カ月分
前家賃※	0～1カ月分
火災保険料	2万円前後（2年分）
カギの交換料	2万円前後

※賃貸契約の際に、あらかじめ支払う翌月分の家賃のこと。

● そのほか

引越し料金	5～15万円 （距離や時期、荷物の量による）
家具・家電	30～40万円 （一新する場合）
生活用品・日用品	1～2万円 （最初に必要な分）

POINT

予定額＋αを用意しておく

引越しを手伝ってくれた人にお礼をしたり、食事代などが必要になったりします。お礼の相場は3000円～1万円。余裕をもって用意しておきましょう。

初期費用を抑えるポイント

引越しにかかる費用を少しでも抑えるための工夫を紹介します。メリットもあれば注意事項もあるので、実際に契約する際は、内容をよく検討しておくことが大切です。

①敷金・礼金ゼロの物件を選ぶ

敷金、礼金がかからない物件もあります。初期費用が抑えられるので人気ですが、退去時に部屋の原状回復費用がかかる場合があるなど、注意点もあります。

②フリーレント物件

1～3カ月など、家賃が一定期間かからない物件。しかし、1～2年といった最低入居期間が設定されていることが多いです。気に入った物件であれば非常にお得。

③引越し日の検討

春先や秋口など、引越し業者の繁忙期を避けて、引越し日を平日に設定すると引越し料金が格安に。入居日と合わせて日にちの設定を検討しましょう。

④設備が整った物件

家具や冷蔵庫など、初めから設備が整った物件もあります。初期費用は少し高めでも、家具や家電を買い揃える必要がないので総合的に費用を抑えられることも。

⑤仲介手数料

仲介手数料を安く設定している不動産会社もあります。無料の場合もあるので、確認してみましょう。値引き交渉をすることも可能です。

⑥旧居の物件の退去費用

賃貸物件から引越す場合の退去予告期間は1～3カ月前。新居の契約のタイミングに合わせて引越しできると家賃の二重払いなど不要な費用を抑えられます。

03

引越しを計画する前に知っておこう③

ベストな家賃はふたりの手取りの1／3

貯蓄の計画も考慮して家賃設定を

毎月の固定支出になる家賃は、今後の貯蓄計画も見極めて無理のない額に設定したいものです。ふたりの手取り額の合算から設定する額を考えるのが基本ですが、**毎月の家計を個々に担当するときや、収入に差がある場合は、どちらがどれくらいの割合を負担するかも事前に決めておきましょう。**

また、ふたりがどんなライフスタイルをイメージしているかも大切な要素。生活費を衣・食・住に分けたときに、「食」にこだわりたい、「衣」は譲れないなどといった考え方もあるでしょう。自分たちがどんな生活を送りたいかを考えたうえで、ニーズに合った新居選びを。

家賃＋共益費で手取りの1/3が目安

家賃の目安は、ふたりの合計手取り額の1/3程度に抑えるのが理想。ふたり暮らしでかかる毎月の支出も把握して、無理のない生活設計を立てましょう。

● ふたり暮らしの生活費の平均（住居費を除く）

項目	費用
食料（外食を除く）	43,600円
外食	20,596円
光熱・水道	13,642円
家具・家事用品	11,234円
被服及び履物	11,234円
保健医療	20,864円
交通・通信	38,518円
教育	268円
教養娯楽	30,493円
交際費	9,362円
その他	28,889円
消費支出	228,700円

＊出典：2019年全国家計構造調査 家計収支に関する結果（総務省統計局）をもとに推計

（あなたの手取り）［　　］万円 ＋ （パートナーの手取り）［　　］万円 ÷３＝ 家賃の目安［　　］万円

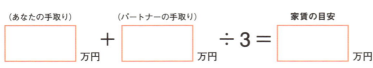

UR賃貸や公営住宅の選択も

いわゆる「団地」と呼ばれる住宅です。入居にはそれぞれ条件があり、人気の場所は抽選となることも。最近ではリノベーションされている住宅もあり、注目度が上がっています。

UR賃貸とは

かつて公団住宅といわれていた賃貸住宅で、管理運営の主体は独立行政法人都市再生機構（UR都市機構）です。申し込みには基準以上の収入があることが条件ですが、礼金や仲介手数料などが不要なので、初期費用を抑えたい人にはおすすめです。

＜申込資格＞

- 基準月収額以上の収入がある
- 日本国籍またはURが定める資格をもつ外国籍で、継続して居住するための住宅を必要とする
- 単身者または親族と同居する
- 入居開始可能日から1カ月以内に入居でき、円満な共同生活ができる

公営住宅とは

都道府県や市区町村が所有、管理する賃貸住宅。国の住宅に関する政策によるもので、住むところに困っている低所得者向けの住宅として位置づけられています。したがって収入の制限があり、家賃は入居する世帯の収入によって変わります。

＜申込資格＞ 東京都・都営住宅の場合

- 申込日現在、東京都内に居住している
- 同居親族がいる（パートナーシップ関係も対象）
- 住宅に困っている
- 所得が定められた基準内である

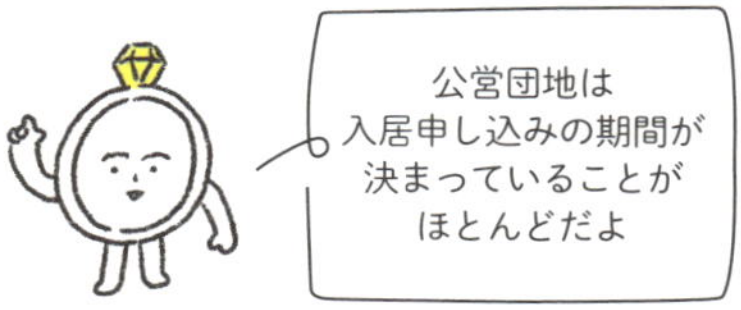
公営団地は
入居申し込みの期間が
決まっていることが
ほとんどだよ

POINT

UR賃貸、公営住宅は更新料も不要

民間の賃貸物件は契約期間が2年間で設定されている場合が多く、更新するには更新料が必要になることがあります（関西地方は一般的に更新料不要）。一方、UR賃貸や公営住宅には更新がないため、更新料もかかりません。

Q&A

Q 事実婚やパートナーシップ関係でも入居できる？

A UR賃貸の入居資格である親族の範囲には「配偶者（事実上婚姻関係と同様の事情にある方）」とあるため、事実婚カップルの入居は可能。同性カップルは、単身者同士で利用できる「ハウスシェアリング制度」を活用することができます。公営住宅でも同性カップルの入居を認める団体が増加していますが、いずれにしても住居や地域によって条件が異なるため、まずは確認を。

04

住みよい新居のために①

譲れない条件だけをすり合わせる

物件探しは生活バランスや考え方を確認してから

ふたりで暮らす家は、お互いに住みよい環境を目指したいもの。家の環境と家賃のバランスはどうするか、仕事は通勤が多いか在宅ワークが多いか、将来設計はどう考えているかなど、ふたりで意思を統一することが大切です。**そのうえで「これだけは譲れない」という条件はよく話し合い、着地点を見つけておきましょう。**また譲れない条件には、理由が必要。自分のなかで理由を整理したうえで、歩み寄ることがとても重要になります。

物件探しは、手間がかかります。合理的に進めるためにも、初めにしっかり話し合いをしてから、スタートさせましょう。

物件を探す前によく話し合うポイント

ふたりのライフスタイルによってこだわるポイントはさまざまですが、基本的に話し合っておきたい項目を紹介します。

生活リズムは揃っている？

起床・就寝時間をはじめ、仕事の休みが土日か平日かなど生活サイクルが合っているかも重要。個室を設けたり寝室を分けたりすることも検討を。

お互いのワークスタイルは？

帰宅時間が遅い、在宅ワークが多いなど、仕事の状況も考慮して。お互いに在宅ワークが多い場合、仕事部屋がふたつ欲しいところです。

子どもやペットの計画は？

将来子どもが欲しい、ペットを飼いたいなどの計画を話し合っておくと、家賃や間取りを選択する際の参考になります。

家事分担はどうする？

おもに料理を担当する人、洗濯を担当する人など、家事分担の想定があれば、担当の人の意見や希望を優先してもいいでしょう。

収入が変化したときは？

どちらかが仕事を辞めたり転職したりして、収入に変化があったときはどうするかを話し合っておきましょう。引越すにしても費用はかかります。

譲れないor妥協できる条件を洗い出す

下のリストをもとに、新居に希望する条件を洗い出しましょう。そのなかでぜったいに譲れない条件と妥協できる条件の優先順位をつけ、絞り込んでいきます。すべての希望を叶える物件はないと心得て！

優先度 ➡ A：譲れない（3つまで） B：できれば希望 C：妥協できる

	項目	あなた	優先度	パートナー	優先度
立地や周辺環境	□ 希望のエリアや沿線、駅など				
	□ 最寄り駅から徒歩何分以内がよいか	（　　）分以内		（　　）分以内	
	□ スーパーまで徒歩何分以内がよいか	（　　）分以内		（　　）分以内	
	□ 実家との距離は考慮するか（家族が増えたときのサポート面も含め）	する・しない		する・しない	
建物全体	□ 築年数は何年以内がよいか	（　　）年以内		（　　）年以内	
	□ 希望する家賃	（　　）万円		（　　）万円	
	□ マンション、戸建てなど、物件タイプ				
	□ 2階以上がよいか				
	□ オートロックは必要か	要・不要		要・不要	
	□ ペットを飼育できるか	要・不要		要・不要	
	□ 駐輪場や駐車場は必要か	要・不要		要・不要	
	□ 24時間ゴミ出しOKを希望するか	要・不要		要・不要	
	□ 宅配BOXは必要か	要・不要		要・不要	
	□ 日当たりを重視するか	する・しない		する・しない	
	□ 防音性は重視するか	する・しない		する・しない	
間取りや設備	□ 寝室は一緒か別か	一緒・別		一緒・別	
	□ 各自の個室は欲しいか	要・不要		要・不要	
	□ 在宅ワーク用のスペースが必要か	要・不要		要・不要	
	□ 広いリビングが欲しいか	要・不要		要・不要	
	□ 希望する間取りは？				
	□ バス・トイレ別は必須か	要・不要		要・不要	
	□ 独立洗面台を希望するか	要・不要		要・不要	
	□ 収納の数や大きさにこだわるか				
	□ キッチンの広さは重視するか	する・しない		する・しない	
	□ トイレに温水洗浄便座は必要か	要・不要		要・不要	
	□ 風呂の追い炊き機能は必要か	要・不要		要・不要	
	□ 家族が増えても住み続けたいか				
そのほか	□				
	□				
	□				

05

住みよい新居のために②
生活スタイルに合った間取り選び

間取りの検討は今後の家族計画も視野に

新居の間取りは、ふたりのニーズに合ったものを選びます。たとえば、リビングダイニングのほかに、**それぞれの個室が欲しかったり、寝室を分けたかったりする場合には2LDKがぴったり**。一般的にも人気の間取りです。しかし、家賃を抑えて将来的にマイホームをもつ計画があるなら、駅からの距離なども含めて調整が必要。**すべての希望を叶えてくれる家は、なかなか見つからないものなので、まずはふたりで優先順位をつけましょう**。

駅から遠くなってもよいから広さを優先したい、狭くてもよいから家賃を抑えたいなど、将来設計も視野に入れて検討します。

新婚世帯に人気の間取りは2LDK

個室が欲しいなどの希望があるほか、親や友人などが泊まれる部屋を確保する意味でも2LDKは理想の間取りです。国土交通省が策定している「住生活基本計画」によると、快適なふたり暮らしを送れる住宅の面積は、40～50㎡とされています。

［ 新婚世帯が住んでいる間取り ］

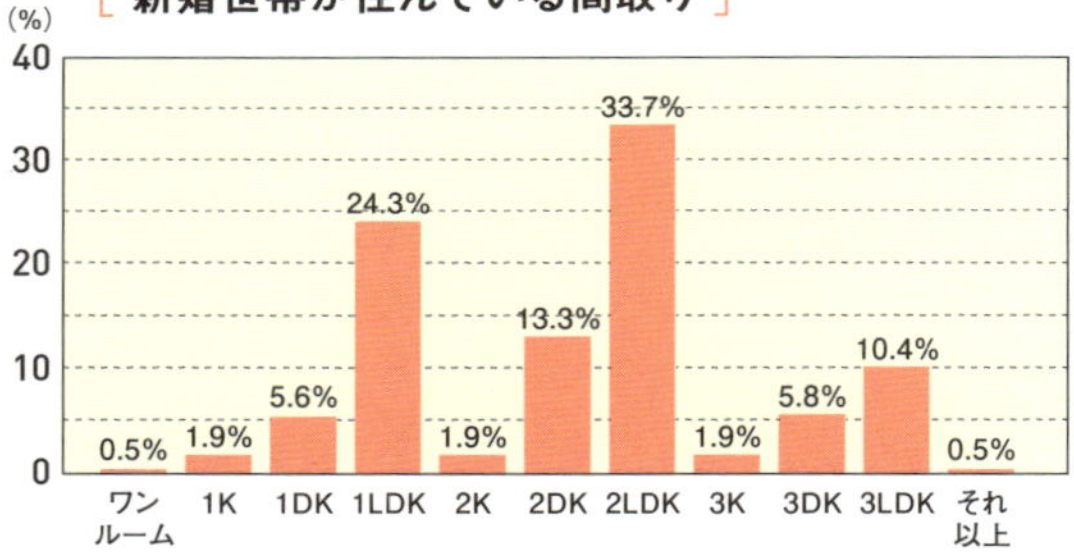

＊出典：2021年お住まいに関するアンケート（株式会社リクルート）

［ 住生活基本計画における「居住面積水準」 ］

【　】内は、3～5歳児が1名いる場合

	概要		世帯人数別の面積（例）（単位：㎡）			
			単身	2人	3人	4人
最低居住面積水準	健康で文化的な生活を送るために最低限必要な広さ		25	30【30】	40【35】	50【45】
誘導居住面積水準	豊かで多様なライフスタイルを送るために必要とされる広さ	都市居住型（マンションなど）	40	55【55】	75【65】	95【85】
		一般型（郊外などの戸建て住宅）	55	75【75】	100【87.5】	125【112.5】

※30㎡＝1K、1DK、1LDKなど／55㎡＝1LDK、2LDK、3DKなど

間取り別おすすめポイント

間取り別にメリットとデメリットを紹介します。お互いのライフスタイルのこだわりを話し合いながら間取りを決めましょう。

＼ 寝室が一緒でいいなら ／

1LDK

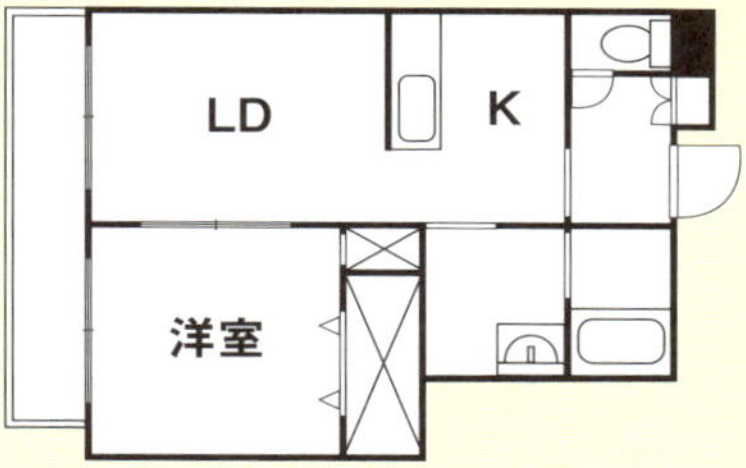

一緒に過ごす時間が多くなり、初めてのふたり暮らしにはぴったり。リビングのほかは、寝室が1部屋あるという間取りです。

家賃の目安

東京都23区　12～20万円前後
東京都23区外　8～14万円前後
地方都市　4～10万円前後

こんな人におすすめ

- □ 寝室が同じでもかまわない
- □ なるべく貯蓄を進めたい
- □ 駅近や勤務地の近くなど、立地にこだわりたい
- □ 数年で引越す可能性がある

メリット

- 比較的家賃を抑えられる
- コミュニケーションがとりやすい

デメリット

- 在宅ワークのときに集中しにくい
- ひとりの時間をつくりにくい
- 来客を招きにくい
- 子どもができたら手狭になるため、引越しを要検討（産前産後は体調が不安定なので、引越ししにくいことも）

＼ お互いの部屋があればリビングは不要 ／

2DK

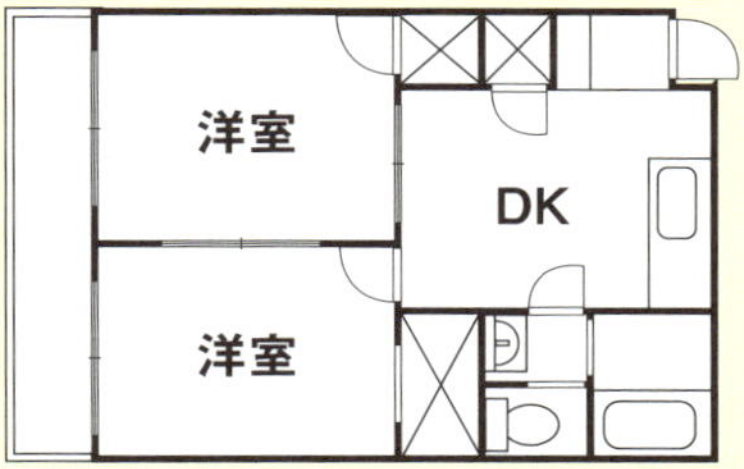

それぞれの部屋を平等に確保するにはぴったりの間取り。家賃は抑えたいけれど、部屋数が欲しいときにおすすめです。

家賃の目安

東京都23区　10～18万円前後
東京都23区外　8～14万円前後
地方都市　4～8万円前後

こんな人におすすめ

- □ 各自の個室が欲しい
- □ 家賃は抑えたいが部屋数は欲しい
- □ 共有スペースを重視しない
- □ 食事はダイニングテーブルで十分

メリット

- 広さの割に家賃が抑えられる
- 部屋の使い方がフレキシブル
- プライベートの時間を確保しやすい

デメリット

- 築年数が古いことが多い
- くつろぐ場所がつくりづらい
- エアコンが1部屋にしかない場合がある

多くのカップルが選ぶ
人気の間取り

2LDK

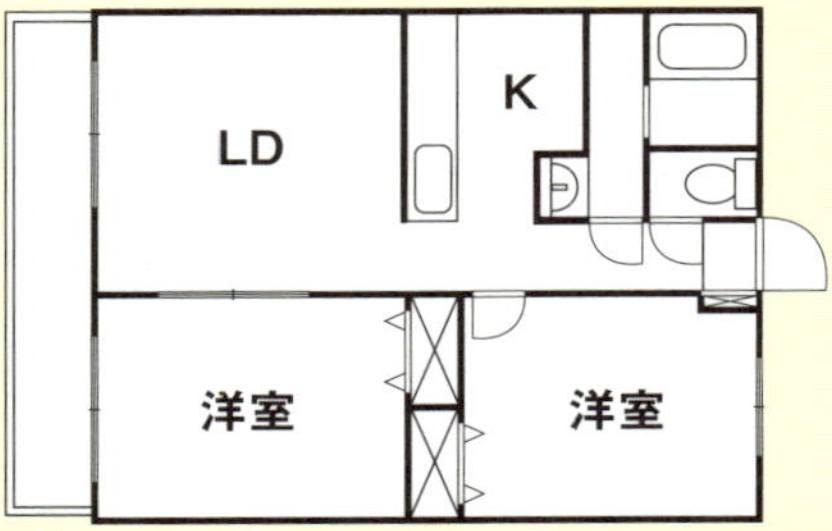

新婚カップルに最も人気な間取り。リビングダイニングのほか、2部屋があり、使い方もさまざまです。

家賃の目安

東京都23区	14～25万円前後
東京都23区外	10～18万円前後
地方都市	6～12万円前後

こんな人におすすめ

- □ 各自の個室が欲しい
- □ 自宅での時間を大切にしたい
- □ 来客が多い
- □ 将来的に子どもが欲しい

メリット

- 共有スペースにゆとりがある
- 双方が在宅ワークでもストレスが少ない
- 子どもが生まれても住み続けられる
- キッチンや浴室なども広め

デメリット

- 立地にこだわると家賃が高い
- 掃除の手間や時間がかかる
- 子どもがふたり以上になると部屋割りが難しくなる

子どもをもつ計画があり
長く住み続けるなら

3LDK

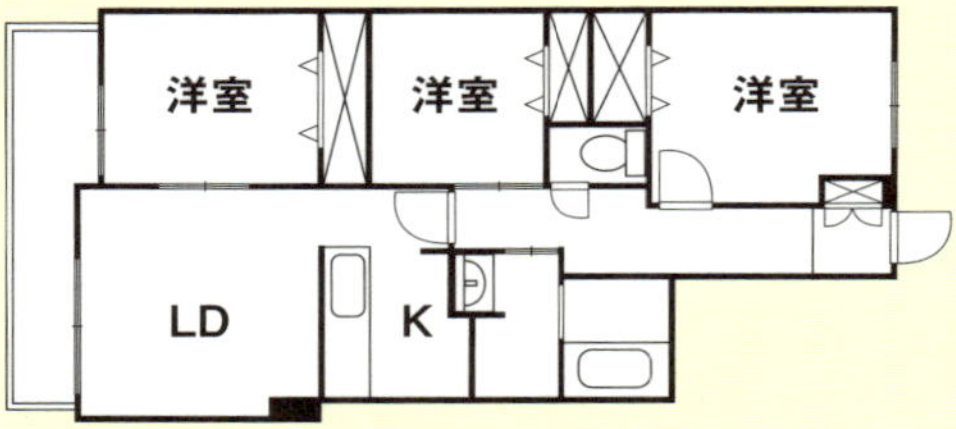

子どもが生まれても部屋数があるので安心な間取り。家賃は高くなりますが、将来を見据えて長く住み続ける計画ならば◎。

家賃の目安

東京都23区	18～35万円前後
東京都23区外	12～20万円前後
地方都市	8～15万円前後

こんな人におすすめ

- □ 家族が増えてもそのまま住み続けたい
- □ さまざまな用途の部屋を設けたい
- □ 趣味や仕事関係の荷物が多い
- □ 来客が多い

メリット

- 家族が増えても快適に暮らしやすい
- 十分な収納スペースが確保できる
- 大きな家具を置くなど、こだわりを取り入れやすい

デメリット

- 家賃が高い
- 部屋数が多い分、光熱費も高くなりがち
- 子どもを授からなかった場合、部屋を持て余す可能性がある

内見のポイント

内見では、間取り図ではわからない部屋の明るさや窓からの景色、近隣の生活音、周辺環境の様子などを確認しましょう。実際に住んだときの生活をイメージして、部屋の使い勝手なども検討します。

CHECK1

全体のこと

- □ **床の傾きはないか**

  スマホの水平アプリや、ビー玉などを転がすことで確認します。特に築年数が古い物件は必ず確認を。

- □ **広さや動線**

  各部屋の広さや家具を置くスペースのほか、生活動線、家事動線などにも目を向けておきましょう。

- □ **設備や建てつけ**

  エアコンの有無やお風呂の追い焚き機能など、必要な設備が整っているか、ドアの開閉はスムーズかなどもチェックします。

持ち物

- □ **スマートフォン**

  物件の写真を撮る、駅からの時間を確認するなどに利用します。

- □ **メジャー**

  金属製で、長め（3m以上）の物があると便利です。

- □ **筆記用具**

  気になった箇所や、メジャーで測ったサイズなどを間取り図にメモします。

CHECK2

室内のこと

- □ コンセントの数と配置
- □ テレビ端子の数と配置
- □ 日当たりや風通し
- □ 照明器具の有無
- □ 収納の数、広さ
- □ スマホなどの電波状況
- □ 窓からの風景、見通し
- □ 周囲の騒音
- □ 水回りの設備、清潔さ

CHECK3

共有スペース（集合住宅の場合）

- □ 共有スペースの清潔さ（エントランス、廊下など）
- □ カビや臭いはないか
- □ ゴミ捨て場のマナーやゴミ出しの頻度（24時間ゴミ捨てOKか）
- □ 宅配ボックスの有無
- □ 騒音や生活マナーに対する注意の張り紙がないか
- □ 避難経路
- □ 駐輪場や駐車場の有無

気になる物件は
夜道の安全性や治安、
スーパーからの
距離なども確認を！

POINT

不動産会社の選び方

不動産会社には大手と地域密着型があります。遠方からの部屋探しや複数のエリアで比較検討したい場合は大手が便利。土地勘のある場所や住みたいエリアが決まっている場合は地域密着型がおすすめです。掘り出し物件が見つかることも。

⚠ 要注意ポイント

- **誇大広告がある**

  「日本一」「業界一」「最高級」などの表現は、誇大広告として法律で使用を禁止されているので要注意！

- **対応が遅い、来店を急かす**

  聞きたいことやお願いへの対応が遅いわりに、来店や契約を急かすのは、親身になってくれていない証拠です。

- **目当ての物件と違うところばかりを勧めてくる**

  実際には存在しない「おとり物件」のことも。希望条件に合わない物件ばかり勧めてくる不動産会社は気をつけましょう。

06

引越しの準備と手続き①

物件が決まってから引越し当日まで

業者を早めに決めて不要品は処分も

引越しの方法は、荷物の量と移動距離に関係します。**節約のため業者には依頼せず、自分たちだけで運ぶこともできますが、かなりの労力が必要**。手伝ってくれる人を探さなくてはいけない場合もあります。費用と労力のバランスを考えながら、引越しの方法を選びましょう。

また、**ひとり暮らし同士が同居する場合は、お互いの家具や家電をどれだけ新居に持ち込むのかも検討を**。重複する場合の対応などを事前に話し合い、引越し前に不要な物を処分しておきましょう。「とりあえず引越してから……」と後回しにすると、余分な費用がかかるうえ、ムダな労力を使うことにもなります。

引越しの方法を決める

自分たちで運ぶ方法から、引越し業者や宅配業者を利用するなど、引越しの方法はさまざま。自分たちのニーズに最も合う方法を選択しましょう。

方法	手間	料金	所要時間
自分たちで運ぶ 荷物が少なく、近距離なら◎。荷物の運搬は自家用車やレンタカーを使う。	▲▲▲ 梱包から搬出・搬入まですべて自分たちで。	▲△△ 業者に頼まないので、リーズナブル。	▲▲▲ 梱包材などの準備も含め、計画性が最も必要。
引越し業者を利用 すでに同棲をしている、家具・家電など大物の運搬があるなどの場合、費用はかさむが、業者に頼むほうが賢明。	▲▲△ 見積りをとるなどの業者選びと打ち合わせが発生する。	▲▲▲ プロに頼むので料金は高め。引越しの繁忙期は特に注意。	▲△△ 荷物の量や移動距離によるが、最もスムーズ。
宅配業者を利用 家具・家電を新調するなど、旧居から運ぶ物が少ないときにおすすめ。	▲▲△ 見積り等の手間は不要だが、梱包は自分たちで行う。	▲▲△ 配送料のみなので荷物が少なければお得。単身パックなども。	▲▲△ 荷物の集荷、受け取りが別日になることがほとんど。
軽貨物運送業者を利用 軽トラックのドライバー1名のみでの引越し。近距離の移動、家具の運び出しを手伝うことが基本。	▲▲▲ 荷物の搬出・搬入までドライバーと一緒に行う。	▲▲△ 近距離ならば引越し業者よりもリーズナブル。	▲▲△ 距離にもよるが、基本的には即日配送可能。

引越し方法別のポイント

荷物の量や移動距離、予算と照らし合わせて引越しの方法を決めたら、それぞれに合った準備を行いましょう。

自分たちで運ぶ

梱包資材など、荷造りに必要な物はすべて自分たちで揃えます。搬出・搬入の際は壁や床に傷をつけないよう注意。自家用車を使う場合、数日かけて少しずつ運ぶ手も。

引越し業者を利用

最初から業者をひとつに絞らず、いくつかの業者から相見積りを取り検討しましょう。「引越安心マーク」という認定マークをもつ業者を選ぶことが基本です。

宅配業者を利用

業者によっては専用ボックスや段ボールを提供してくれるところもあるので確認を。荷物が規定サイズを超えると追加料金が発生する場合があるので要注意。

軽貨物運送業者を利用

「時間」や「距離」で料金を設定する業者が多いです。また、対応エリアの設定もあるので、引越し元と引越し先の両方が対象エリアかどうか確認が必要です。

● 荷造りのコツ

ふたりの荷物が同じ家に搬入されるので、「服」「食器」など中身を段ボールに明記して、どこに何が入っているかをわかるようにしておきます。段ボール箱のサイズは大小2種類以上揃えておきましょう。

POINT

すぐに使う物は
ひとつにまとめる

タオルや洗面用具など、当日すぐに必要になる物は、ひとつの段ボール箱にわかるようにまとめておくと便利。ほかの荷物とは別の場所に置いておき、すぐに開けられるようにしておきましょう。

梱包の順番

① 使用頻度の低い物

オフシーズンのアイテムや使用頻度の低い食器類、本、趣味の物などをまずは梱包。

② 使う可能性のある物

日用品や衣類など、急に必要になる可能性がある物はまとめておきます。段ボールのふたは開けたままで、引越し当日に封をします。

③ 引越し当日の朝まで使う物

洗面用具など引越し当日の朝まで使う物は、専用の箱を用意しておき、使い終わったらすぐに箱詰めします。

入居前にやっておきたいこと

新居に荷物を搬入する前にしておきたいことをいくつかご紹介。このひと工夫で、掃除やメンテナンスの手間を減らすことができるのでおすすめです。

防虫対策をする

燻煙タイプの虫よけ剤を部屋ごとに行います。火災報知器が反応してしまうこともあるので、カバーをしておくなどの対策も忘れずに。

洗濯機かさ上げ台を置く

洗濯機の下はほこりがたまりやすいため、四隅に台を置いて底上げしておくと掃除しやすく便利。防振・防音効果もあります。

キッチン棚にシートを敷く

食器などを置くキッチン棚にシートを敷いておけば、衛生的で掃除も楽。防カビや防虫、消臭などの機能もあります。

コンロのすき間をガードする

コンロのすき間に調理カスなどが挟まると、不衛生で掃除も面倒。コンロ周りにぐるりとテープを貼っておけば、定期的に貼り替えるだけ。

便器と床のすき間をガードする

便器と床のすき間はゴミがたまりやすく、臭いの原因にも。テープでガードするか、専用のコーキング剤ですき間を埋めます。

水回りをコーティングする

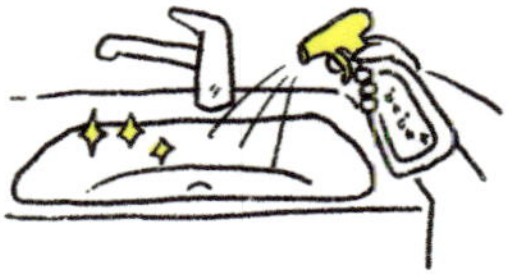

洗面台などの水回りをきれいに保つために、使い始める前にコーティング剤をスプレーしておくのがおすすめ。

換気扇フィルターを貼る

油汚れなどで掃除が大変な換気扇。フィルターを貼ってから使い始めることで、掃除の手間が省けます。こまめな交換も忘れずに。

靴箱にシートを敷く

湿気や悪臭対策として、靴箱には抗菌・消臭加工つきの下駄箱シートを敷いておくと◎。備長炭配合タイプがおすすめです。

防カビ対策をする

浴室にも防カビ用の燻煙剤があります。入居前に散布しておくと約2カ月はカビに悩まされることはありません。

＼これはマストで！／

入居前の室内の写真を撮る

荷物や家具を搬入する前に、室内の写真を撮影しておきましょう。壁や床の傷、へこみなどがもともとあった場合、退去時のトラブル防止にもなります。

家具・家電の配置を考える

事前に家具の配置を考えておけば、引越し当日に運ぶ位置が明確です。細かい荷物は段ボールに「キッチン」「寝室」など配置場所を書いておくとスムーズです。

照明器具とカーテンの準備

事前にサイズなどを測っておき、入居したらすぐに設置できるように準備を。用意を忘れると、部屋が真っ暗または外から丸見えなんてことに。

引越し当日の流れ

ひとり暮らしの家から、引越し業者に依頼して新居に荷物を運ぶ場合、当日は以下のような流れになることが多いです。自分のケースに照らし合わせて、イメージしてみてください。

今の家

手荷物で運ぶ物以外の梱包は済ませておくこと！

引越し業者に料金を支払う

費用は作業を始める前に精算するのが一般的。支払いのタイミングや方法を確認しておきましょう。

荷物の搬出

あらかじめ荷物を搬出しやすいようにしておくだけでなく、個数も確認しておきましょう。

退去の立ち会い

旧居での退去の手続きには立ち会いが必要。荷物の搬出後か、別の日に設定を。

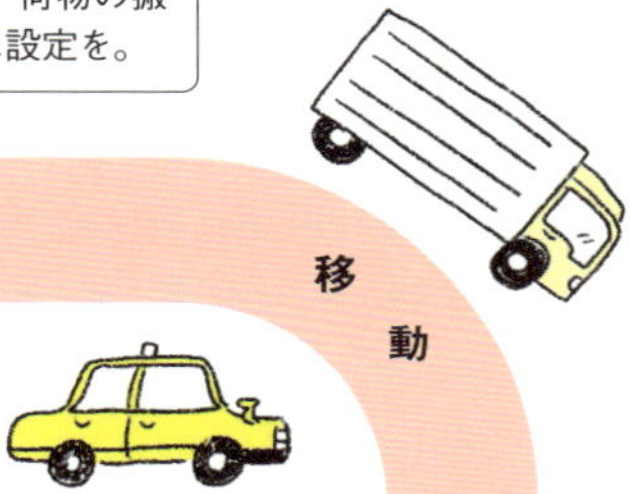

移動

引越し業者のトラックには乗れません。搬出作業完了後に移動を。

新居

合流

荷物の搬入

搬入時には誰かが新居にいる必要があります。パートナーや家族が待機しておくようにしましょう。

室内のチェック

引越し前日までに時間がとれなかったときは、軽めの掃除と、傷や汚れのチェックをします。

大家さんへ挨拶

管理人や大家さんがいれば挨拶をして、これから引越し作業をすることを報告します。

ライフラインの開通

ガスの開栓・電気・水道などのライフラインを開通させて生活できるようにします。

照明器具、カーテンの取りつけ

日が落ちる前に照明器具の設置、カーテンの取りつけを済ませておきましょう。

荷ほどき

すぐに必要な物から順番に荷ほどきを進めます。その日にすべて終わらせるのは難しいもの。優先順位を決めて無理せず行いましょう。

引越し完了！

Q&A

Q 引越しは同じ日にしたほうがいい？

A ふたりの旧居が近いときは同じ日に設定して「立ち寄りプラン」を利用するとお得。対応外のエリアもあるので、確認して見積りを出してもらいましょう。別の業者に頼む場合は、同じ日でも時間帯を分けたほうがスムーズです。

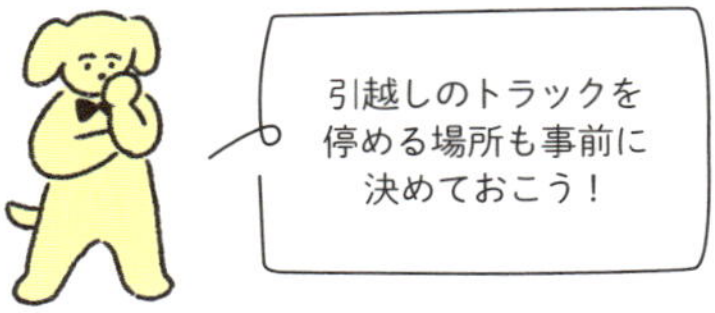
引越しのトラックを停める場所も事前に決めておこう！

ライフラインの手続きは早急に

引越しが決まったら早めに申し込みを

電気・水道・ガスなどのライフラインは、開通していないと生活できません。引越し当日までに手続きを済ませ、入居日から使えるように準備しておくことは必須です。特に実家から引越す人は忘れがち。相手に丸投げするのではなく、どちらが担当するかを話し合って申し込みを済ませましょう。

入居したら、ブレーカーを上げる、蛇口をひねるなどして開通しているか確認を。ガスの開栓には立ち会いが必要です。また、**インターネットの契約も1カ月前には申し込みを済ませておきたいところ。**最近では、これらの作業を一括して行えるサービスもあります。

手続きはインターネットからも可能

ライフラインの手続きはインターネットからも簡単にできるようになっているので、先延ばしにせず、早めに行いましょう。

	方法	立ち会い
電気	引越し先の電力会社に連絡をして申し込みを。電話のほかインターネットでも手続きできます。	不要
水道	引越し先の管轄の水道局に申し込みます。物件によっては開栓に立ち会いが必要だったり、建物そのもので水道局と契約していたりするので確認を。	場合により必要
ガス	引越し先の管轄のガス会社か、決まった業者に連絡します。ガスの開栓は立ち会いが必要なので、早めに日程を予約しましょう。	必要
インターネット	契約する回線業者を選び申し込みします。開通工事が必要な場合は数週間程度かかることもあるので、早めの準備を。必要に応じてプロバイダ契約もします。	必要

POINT

ライフラインをまとめて手続きできる「引越れんらく帳」が便利

かつてはライフラインは一つひとつ手続きしていたので、手間がかかりましたが、最近では、大手のライフライン会社と連携して、一括で申し込めるサービス「引越れんらく帳」というサイトもあります。

どの口座から
引き落とすかも
事前に
考えておこう！

インターネットの契約

マンションなどの集合住宅では、回線業者やプロバイダと契約が済んでいることもあるので、管理会社に事前に確認を。また、在宅ワークが多い、通信速度よりも手軽さを重視したいなど、ニーズに合わせて契約しましょう。

工事が必要 有線タイプ

電波干渉を受けにくく、安定して高速通信が可能です。インターネットの使用率が高い人に向いていますが、初期工事が必要。

光回線

光ファイバーを使ってデータを送受信する回線です。外部の干渉を受けにくく、高品質で安定した通信が可能ですが、エリア外の地域もあります。回線とは別にプロバイダの契約が原則必要です。

ケーブルテレビ

ケーブルテレビの同軸ケーブルを使って接続します。同じネットワークの近隣の人の利用状況によって速度が遅くなることも。テレビサービスとセットで契約すると割引を受けられることがあります。

- 動画視聴やオンラインゲームを楽しみたい
- 在宅ワークが多い
- 大容量のデータ通信を頻繁に使う
- 同時にインターネットを使う

工事は不要 無線タイプ

Wi-Fiやモバイル通信を利用してインターネットを接続します。ケーブルが不要で、家中どこでも接続が可能。工事が不要なのですぐに設置・接続できます。

ホームルーター

電源に接続して使う据え置き型の無線通信機器。設置型なので、持ち運びには向きません。置き場所によって電波が不安定なことも。

ポケット型Wi-Fi

コンパクトで持ち運びができるので、外出先でも利用可能。内蔵バッテリーで動作するので充電が必要です。ほかの方法に比べて通信速度や安定性でやや劣ります。

- 大容量の通信をあまり使わない
- すぐに引越しを考えている
- 光回線の工事ができない

POINT

インターネットをお得に契約するには？

- **家電とセットで**

家電量販店などでネット回線を申し込むと、指定の家電が割引になったり、キャッシュバックがあったりすることがあります。

- **スマホのキャリアと合わせる**

スマホ契約とセットにすることで月額の料金が安くなるサービスがあるところも。夫婦で同じキャリアを使っている場合、さらに割引される場合があります。

Q&A

Q 契約は継続と新規、どちらがお得？

A 契約を継続する場合はすぐに利用を続けられますが、特典やプランの見直しを受けられない場合も。新規で契約すると、新規特典を得られますが、解約違約金が発生したり、新規工事が必要になったりするケースもあります。

08

引越しの準備と手続き③

家電や家具は新生活をイメージして選ぶ

ライフスタイルや使用頻度も考慮して

家具や家電を選ぶときは、新居の間取りや広さを考慮することはもちろんですが、ふたりのライフスタイルに合っているかも考えましょう。**特に家電は、暮らし始めてからの利便性を重視します**。実際の生活を具体的にイメージすれば「忙しいから予約運転機能が欲しい」「長く使いたいから手入れが簡単なタイプがよい」など、重視するポイントが自然と見つかるはずです。

ふたりの意見が食い違ったら、使用頻度が高いほうの意見を優先することがポイント。毎日使う家具や家電だからこそ、見た目だけで判断せず、ふたりが快適に暮らせるよう、よく吟味して選びましょう。

家電・家具選びのポイント

新居に置く家具や家電選びは、ふたりの生活を見直すきっかけになります。どんなところに、なぜこだわるのかを話し合って選んでいきましょう。

生活バランスから考える

掃除や洗濯はいつ誰が担当することが多いか、毎日自炊をするかなど、ふたりの生活バランスを考えながらニーズに合った物を選びましょう。

ふたり分に対応しているか

洗濯機や冷蔵庫の容量、家具のサイズなどは、ひとり暮らしとふたり暮らしとでは違うことが多いです。必要なサイズを見極めましょう。

たとえば…

掃除は妻担当だから、軽くて使いやすいタイプを

たとえば…

洗濯機は衣類にこだわりの強い夫の意見を優先

希望のデザインや機能をすり合わせる

デザイン性をとるか機能性をとるか、価格帯を重視するかなど、お互いのこだわりポイントを話し合い、双方が納得する物をチョイスします。

使用頻度が高いほうの意見を優先

ふたりの意見が分かれたときは、使う頻度が高いほうの意見を優先して決めましょう。気持ちよく使うためのアイデアです。

ふたり暮らしに必要なおもな家電

ふたりで新生活をスタートするうえで、最低限必要な家電をピックアップしました。一度にすべて揃えるのは大変なので、徐々に買い揃えていくとよいでしょう。

★は入居後すぐに必要な物

場所	家電	購入する（○をつける）	持参する（どちらかの名前を）	容量目安（ふたり分）	価格目安	ポイント
キッチン	★冷蔵庫			300L前後 人数×70L＋常備品100L＋予備70Lが目安とされている。	10万円程度〜	設置場所により扉の開き方に注意。事前に確認を。子どもを見据えるなら400〜500Lでも。
	★電子レンジ・オーブンレンジ・トースター				2万円程度〜 トースターは数千円程度〜、オーブンつきなど多機能タイプの電子レンジは4万円程度〜	料理好きならオーブンレンジのほうが◎。トースターはコンロのグリルで代用できるのでなくても。
	★炊飯器			3〜5合焚き	1万5000円程度〜	ふたり暮らしなら3合で十分。子どもを見据えるなら5合を。
	★ガスコンロ・IHクッキングヒーター			2口以上	2万円程度〜	新居についている場合も多い。ガスコンロ購入の際はプロパンガスか都市ガスかの確認を。
	電気ポット			1L以上	4000円程度〜	お茶のつくり置きなどをする場合は大きめサイズを。
	ホットプレート			幅40cm程度	1万円程度〜	たこやきプレートなどがセットの物を。子どもを見据えるなら大きいサイズでも。
	カセットコンロ				3000円程度〜	災害時の非常用としても活躍する。
リビング	★照明器具				1万円程度〜	電球はLEDがおすすめ。昼白色など、明るさの好みも考慮して。
	★エアコン			使用する部屋の広さに合わせて選ぶ	6畳：4万円程度〜、10畳：10万円程度〜	新居についている場合も多い。購入の場合、別途工事費がかかる。
	テレビ			6畳：24〜32インチ程度、8畳：40インチ以上	24〜32インチ：2万円程度〜、40インチ：4万円程度〜	
	BDレコーダー				3万円程度〜	テレビ好きなら2チューナーは必須。
そのほか	★洗濯機・衣類乾燥機			7kg〜 1人あたり1.5kg＋バスタオルなど。週末にまとめ洗いをするなら8〜10kgがおすすめ。	7万円程度〜 ドラム式のほうが高くなる。乾燥機つき洗濯機は12万円程度〜	多忙なカップルは乾燥機つきがおすすめ。
	★掃除機				1万円程度〜	コードレスのスティック型が便利。タイパ重視ならロボット掃除機も。
	★ドライヤー					
	アイロン					
	扇風機・サーキュレーター					

家電量販店で
まとめ買いして、
ポイントを
活用する手も！

ふたり暮らしに必要なおもな家具

ふたり暮らしで最低限必要な家具をまとめました。家具はメーカーなどにより値段の幅が広いですが、ベッドやソファなど毎日使うものは素材や使い心地も重視して、少し高めの予算設定にしてもよいでしょう。

場所	家具	購入する（○をつける）	持参する（どちらかの名前を）	ポイント
リビング	ソファ			ゆったり座りたいなら2.5人掛けをチョイス。
	座椅子			ソファを置くスペースがないなら座椅子でも。
	★テーブル			リビング、ダイニングなど、用途に合わせて選択を。
	テレビボード			テレビに対して一回り大きい幅を選ぶとバランスが◎。
	★カーテン			遮光、遮像などの機能性も重視。高層マンションに住む場合は防炎カーテンの設置が義務づけられています。
	カーペット・ラグ類			
	キャビネット等の棚			
寝室	★寝具			ベッドや布団、毛布など。起床時間等の生活サイクルや、寝相、いびきなどを考え、寝具選びは慎重に。
	サイドテーブル			
キッチン	食器棚			新居のキッチンに吊り戸棚があれば、それを利用しても。
	レンジラック			電子レンジや炊飯器など、調理家電をまとめて置けると便利。
そのほか	衣服の収納家具			収納が少ない場合、お互いのスペースを明確に仕切れるよう、衣装ケースなどを導入して。
	全身鏡			
	★ゴミ箱			細かい分別が必要な地域は、それぞれのゴミ箱を購入。

★は入居後すぐに必要な物

家具・家電をお得に買うコツ

比較的高額な物が多い家具や家電。工夫しながら少しでもお得に購入したいものです。賢く購入するコツを紹介します。

まとめ買いでお得にゲット

ひとつのお店でまとめて購入することで、割引交渉もしやすくなります。気に入った商品がすべて1店舗で購入できるか検討を。

型落ちやアウトレットを活用する

家電などは特に型落ちを値引きする傾向にあります。アウトレットは出合いがすべて。迷っているうちになくなってしまうかも。

POINT

まずはレンタルサービスを利用してみても

実際に使い勝手を確認したいならレンタルサービスがおすすめ。高額商品については、まずはレンタルサービスを利用し、納得したうえで購入するのも手です。

安くなる時期をねらう

安くなる時期をリサーチしておき、高額な物はそこで一気に揃えるのも手。売れ筋商品は品切れになってしまうこともあるので要注意！

- **ボーナス期（6〜7、12月）**
  売る側も値引きして購入意欲に繋げます。
- **家電量販店の決算期（3、9月）**
  家電量販店では3月に本決算、9月に中間決算が一般的。在庫処分などで大幅な値引きが期待できます。
- **引越しシーズン（3〜4月）**
  引越しが増える時期は、家電や家具のセールが多いです。
- **セール期**
  「ブラックフライデー」や「歳末」「初売り」などのセール期もねらい目。

09

ルールを守って気持ちのよいお付き合い

近隣にも気を配り、トラブルの予防を

快適に過ごすために必要なマナーを守る

引越しが済んだら、すぐにご近所に挨拶に伺いましょう。**もっとも最近では、防犯上の理由から引越しの挨拶は行わない人も増えてきている**ので、地域の特性を見て判断してもよいでしょう。

また集合住宅の場合は、居住者のルールやマナーを守って生活することも大切。**特にゴミ出しのルールや夜間の騒音には注意が必要です**。遅い時間に洗濯機を回さない、テレビの音量に気をつけるなど、当たり前の行動を心がけましょう。これから長いお付き合いになる可能性がある近隣住人とは、良好な関係を築いておいて損はなし。ご近所付き合いは、防犯上でも有効です。

引越しの挨拶はできるだけ当日のうちに

挨拶に伺う場合は、できるだけ引越し当日に済ませるのがベスト。相手方が不在の場合は、翌日の夕方か休日に伺いましょう。夜8時以降は避けるのがマナーです。

挨拶は「上下」「左右」「管理人」

マンションなどの集合住宅は、管理人さん以外に上下と両隣の家に挨拶を。このとき、500～1000円程度のお菓子や消耗品を持参するとよいでしょう。

定番のご挨拶ギフト

- お菓子
- 洗剤
- タオル
- コーヒーや紅茶
- ふきん
- ラップ　など

ルールやコミュニケーションを大切に

挨拶をする

近所などで出会ったら、きちんと挨拶をしましょう。相手に好印象をもってもらうことが大切です。

ゴミ出しのルールを守る

入居したらすぐにゴミの日などのルールを確認して、迷惑がかからないようにしましょう。

騒音に注意

集合住宅は物音が気になる場合があります。近所の家の生活リズムを壊すことのないよう、夜間の騒音は特に気をつけましょう。

- 共用部分に物を置かない
- 自治会費などをきちんと払う
- たばこやペットの臭いに気をつける
- 近所の人のプライバシーを尊重する
- ポストに郵便物をため込まない

など

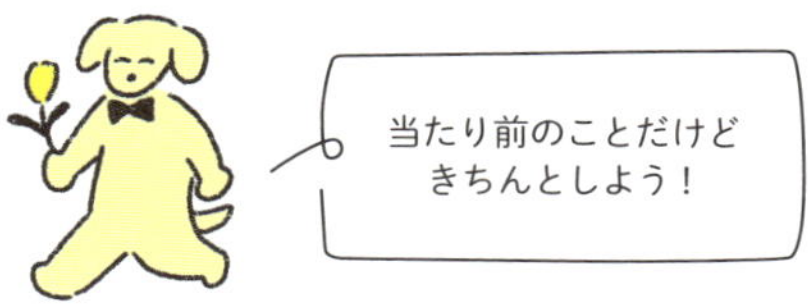

みんなの結婚

物件選び・引越し 編

間取りで苦しんだ同棲時代

それぞれ自分の時間が必須だったので、個室は絶対条件でした。ただ、最初に同棲をした2DKは相手の生活音やいびきが丸聞こえでかなりストレスに。次の引越しでは、個室が端と端にある2LDKを選びました。2DKは家賃が抑えられるけど、敏感な人には不向きかも。（30代・女性）

和室と温水洗浄便座

物件探しで厄介だったのがお互いのこだわりです。絶対に和室の個室が欲しい私と、温水洗浄便座付きのトイレ以外は頑なに拒む夫。その条件や家賃をクリアする物件がなかなかなく、結局、最寄り駅から徒歩20分の物件を選択。もっと妥協すればよかったかも。（30代・女性）

マイホームを買う予定なら……

初めは勤務先へのアクセスがよいことと、その最寄りの駅からの近さを重視しました。結果、ふたりともその街を気に入ったので、そこでマイホームを購入。将来、家の購入を考えているなら、まずは気に入った場所で賃貸を借りてみて、イメージしておくとよさそう。（40代・女性）

大後悔した自力の引越し……

同棲を始める際、節約のために自分たちで引越しをしたのですが、想像以上に大変でした。荷物の搬出・搬入中はお互いに終始イライラ。8月の猛暑日だったので気力も体力も早々に奪われ、かなり険悪に。搬入が終わると同時に「次の引越しは絶対に業者に頼もう」と口を揃えて言いました。（30代・男性）

あなどるなかれ！引越し前の荷物整理

お互いにひとり暮らしの期間が長かったので、事前に物を減らすことに苦労しました。引越すタイミングで家電を一新するなら、とにかく早めに行動するべき。粗大ゴミに出したり引き取り業者の予約をしたり、意外と段取りが必要でした。（30代・男性）

収納は多いに越したことはない！

それなりに収納のある物件を選んだのですが、各自の持ち物を収納してみるとパンッパンッでした。ふたり分の服やカバン、布団、季節家電、日用品のストック……。物は今もどんどん増えているので、もっと収納のある家に引越しするか考え中です。（20代・女性）

Chapter

5

よりよい共同生活のために

豊かで健やかな結婚生活を送るために大切なことは?
家事の分担や効率化など
ふたりでサポートし合っていきましょう。

【監修】岡村奈奈（ウエディングプランナー）、河野真希（家事アドバイザー）

01

健やかな共同生活を送るには①

円満の秘訣は普段の心がけから

パートナーといえど他人同士 価値観の違いは当たり前

ふたりが共同生活を送るうえで、浮き彫りになりやすいのが価値観や考え方の違いです。結婚する前はそこまで気にならなかった違いも、**引越しや出産などのライフイベントを共にすることで、お金や家族に対する考え方など、違いを感じる場面が増えるかもしれません。**

どんなに気が合うと思っていても、育ってきた環境が異なる他人同士です。考え方や好き嫌いが違うのは当たり前のこと。円満な共同生活を送るためには、そのことを忘れずに、お互いを思いやる気持ちをもって暮らすことが大切です。価値観の違いを認め合い、心地よい共同生活を目指しましょう。

円満に過ごすために必要な10カ条

パートナーとお互いに穏やかに暮らしていくうえで、普段から心にとめておくとよいルールを紹介します。

① 依存しない

結婚後も、独身のときと同じように自分ができることは自分でしましょう。料理、洗濯、掃除などの家事全般に加え、お金のやりくりも相手に任せきりにすることなく、お互いが自立する姿勢が大切です。

② 違いを認め合う

育った環境が異なるふたりだからこそ、考え方や趣味が違うのは当たり前。そして、その違いこそお互いのよさでもあります。それぞれの違いを認め合い、決して自分の考えを無理に押しつけないようにしましょう。

③ 思いやりをもつ

一緒にいる時間が長いと忘れがちなのが、思いやりの気持ち。日々一緒にいるからこそ、お互いを尊重する気持ちを大切に。常に相手の気持ちを考えて行動することで、相手からの信頼も得やすくなります。

④ コミュニケーションをとる

お互いを理解していると思っていても、些細な意識のズレが重なると大きなすれ違いに発展する可能性が。何か違和感があったら、その都度相手にきちんと伝えましょう。相手の話を聞く姿勢をもつことも大切です。

⑤ 否定しない

たとえ「違う」と思っても、はなから相手を否定することはNG。まずは相手の考えや気持ちをきちんと聞きましょう。態度やアドバイスにも否定する要素が入らないように気をつけて。

OK!

⑥ 分担を決める

家事をはじめ、生活においてやるべきことはたくさん。各自、役割を決めておけば「自分ばかり多くやっている」という意識にはなりません。分担はお互いの得意・不得意を考慮しながら、納得のうえで決めましょう。

⑦ 「察してほしい」はNG

身近な人には「以心伝心」ですべて伝わっていると思ってしまうもの。その期待の裏返しとして生まれる「察してほしい」という考えは手放しましょう。言わなければ何も伝わらないので、希望をきちんと伝えて。

⑧ 干渉しすぎない

お互いの行動を逐一気にしていると息が詰まってしまいます。充実した自分の時間はふたりの関係性を高めるためにも大切。それぞれの趣味や習い事、友達との交流など、プライベートなことには干渉しすぎないように。

⑨ 一緒に食事をする

毎日一緒に食事をする夫婦は「とても円満だ」と感じている割合が多いそうです（※）。同じ食卓を囲んで楽しく食事することは、大切なコミュニケーションのひとつ。できるだけ一緒に食事をする機会を増やしましょう。

Yummy!

家族だからこそ、
礼儀や思いやりが
大切なんだね！

⑩ 感謝を伝える

共同生活に慣れてくるとお互いの役割がルーティン化され「やってもらって当たり前」の気持ちが芽生えがちです。いつでも相手への感謝の気持ちを忘れずに、こまめに「ありがとう」と伝えることが大切です。

Thank You

※2024年データコム株式会社 調べ

02

健やかな共同生活を送るには②

最初に約束事を決めてトラブル回避を

小さな「モヤッ」を放置するのは危険

結婚をして一緒に暮らし始めてみると、自分では「普通」と思っていたことが、パートナーにとってはそうではない場合があります。生活にかかるお金のことや習慣、食事のことなど、細かな部分でパートナーとの考え方の違いに「モヤッ」とする機会が増えていきます。**その小さな「モヤッ」とや、イライラが積み重なると、いずれ爆発し、ふたりの間に大きな亀裂を生み出す可能性があります。**

それを防ぐためには、結婚生活を始める前や始めてすぐに、お互いに納得のいくルールを決めておきましょう。ふたりの性格に合わせて、どうしたら円満に過ごせるのかをすり合わせておくことが大切です。

新婚生活でぶつかりがちな困り事

結婚1～2年目に起こりがちな困り事ランキングの上位を占めるのはやはりお金のこと。問題にぶつかる前にお互いに納得する決まりをつくっておくのがベスト。

● 新婚生活でぶつかったことは?

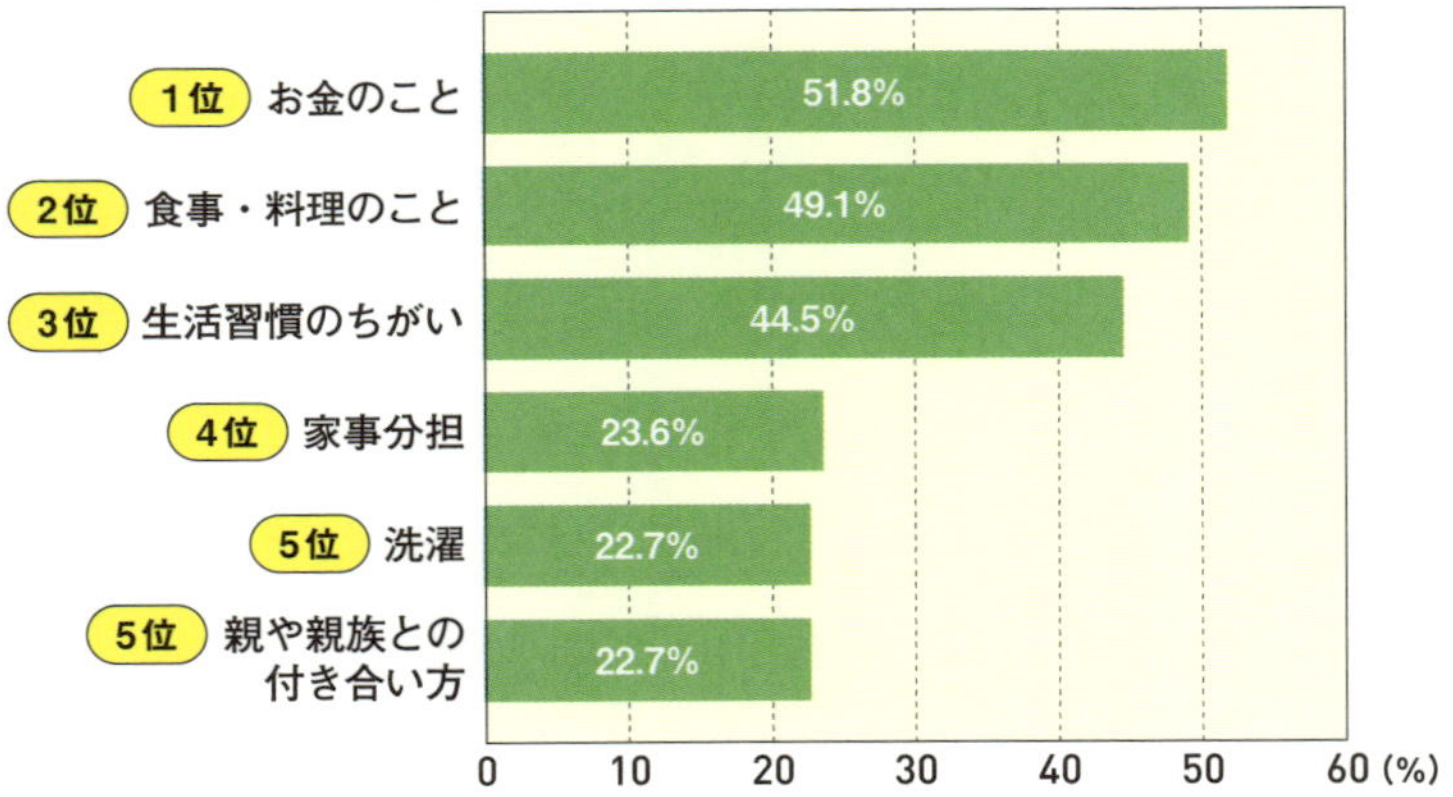

＊出典：ゼクシィWEB MAGAZINE（リクルートブライダル総研）をもとに作成

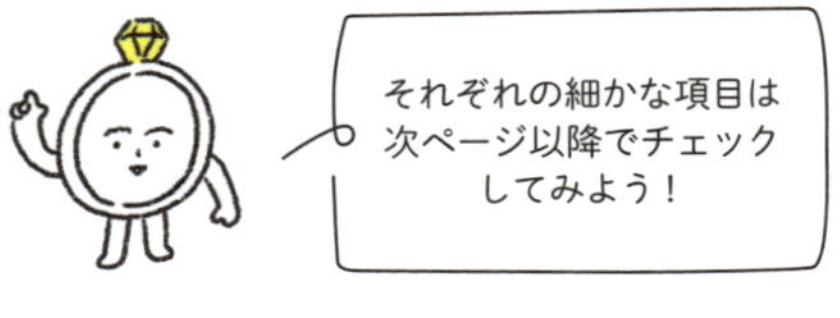

すり合わせておきたいふたりの価値観

価値観の違いが浮き彫りになりやすいのがお金や家事、食の好みなど、生活に関するあれこれ。それぞれ妥協点を見つけておくと、認識のズレによるトラブルを回避しやすくなります。

お金

日ごろのお金の使い方や貯蓄に対する考え方はふたりの将来にも影響を与えます。家を買う、子どもを育てるなど、ライフプランに合わせてお金について話し合い、お金の使い方や貯蓄方法についてのルールを決めておくと安心です。

ありがちトラブル

- 金銭感覚のズレ
- 貯蓄への意識
- 公共料金等の支払い忘れ
- お金の管理方法
- 収支のバランス

＼ トラブル回避のために ／

話しておこう

- □ 財布は一緒か別か
- □ お互いの収入や貯蓄額
- □ 貯蓄の方法、目標額
- □ 高額な物への考え方
- □ 趣味に対するお金の使い方
- □ 投資について
- □ 生活口座の管理

➡ 詳しくは3章（P.68）へ

食事・料理

食事は価値観の不一致によるストレスが積み重なりやすいもの。食費や献立の決め方、どちらが料理をしてどちらが片づけをするかなど、モヤッとするポイントがたくさんです。どれがベストなのか話し合っておきましょう。

ありがちトラブル

- 料理をつくっても感謝がない
- 食の好みが違う
- 食後の後片づけ
- 相手が食品を食べつくす
- 連絡なしの外食が多い

＼ トラブル回避のために ／

話しておこう

- □ 自炊派か外食派か
- □ 朝食や夕食を一緒にするか
- □ 好き嫌いや味の好み
- □ 料理の量や盛りつけ（大皿か小皿か）
- □ 後片づけのルール
- □ 調理や買い出しの担当

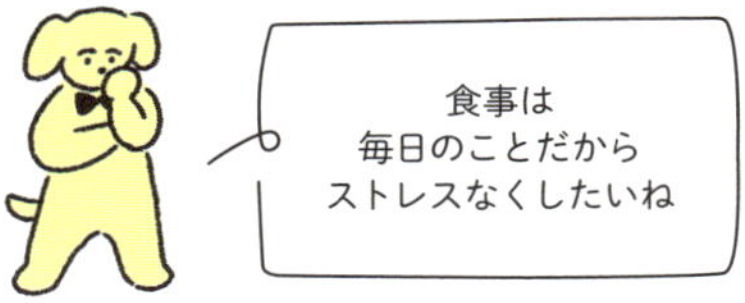
食事は
毎日のことだから
ストレスなくしたいね

生活習慣

これまでの生活習慣をガラリと変えるのは難しいものです。しかし、ライフスタイルの違いはやがて大きなストレスに。お互いが譲れるポイントを見つけ、片方だけが我慢することがないように気をつけましょう。

ありがちトラブル

- 生活サイクルが合わない
- 衛生観念の違い
- 家事への考え方の違い
- 洗濯方法の違い
- 洋服や物の収納方法

＼ トラブル回避のために ／

話しておこう

- □ 起床、就寝の時間
- □ 休日の過ごし方
- □ 掃除の頻度
- □ 洗濯の頻度とやり方
- □ 喫煙や飲酒の頻度
- □ 帰宅などの際の連絡
- □ お風呂の時間

家事分担

共働きの場合、家事は分担して行うことが多いもの。「できるほうがやる」の場合、どちらかに負担がかたよりがちです。「ゴミ袋をゴミ箱にセット」や「郵便物のチェック」などの“名もなき家事”もリストアップして分担を（→P.147）。

ありがちトラブル

- 片方に家事の負担がかかる
- 家事を行う頻度の違い
- 家事へのこだわりや丁寧さ
- 労働時間による家事負担の差
- 感謝の言葉がない

＼ トラブル回避のために ／

話しておこう

- □ 家事の分担
- □ 家事を行う頻度
- □ 好きな家事、苦手な家事
- □ お互いにできないときの対応

親や親戚

夫婦という近しい間柄でも言ってはいけないとされているのがパートナーの家族の悪口。パートナーの家族と合わないときは、文句や悪口を言う前に「どうしたらいいと思う？」と相談してアドバイスをもらいましょう。

ありがちトラブル

- 実家への帰省や来訪の頻度
- お歳暮などの季節のやりとり
- 夫婦間の問題への介入
- 金銭問題
- 親の老後や介護について

＼ トラブル回避のために ／

話しておこう

- □ お互いの親に会う頻度
- □ 季節のやりとりの要不要
- □ 親戚付き合いの程度
- □ 将来的に実家をどうするか

その他いろいろ

結婚する前は気にならなかったものの、一緒に暮らしてみると、趣味や人との付き合い方などについてもモヤッとすることがあります。そのままにせず、パートナーと話して解決策を見つけておくことが大切です。

趣味

同じ趣味でなくても、それぞれに趣味があることは夫婦生活のマンネリを防ぎます。お互いの好きなことを尊重し、口をはさまないことが円満な結婚生活の秘訣です。

- 趣味にかけるお金や時間
- 習い事のスケジュール

ファッションやインテリアの好み

センスやインテリアの好みは自分で変えようと思っても変えづらいもの。パートナーの趣向を頭ごなしに否定せず、自分の感性とすり合わせながら妥協点を見つけましょう。

- 居住空間のイメージ
- ファッションのNGポイント
- インテリアにかけるお金

異性（同性）の友人との付き合い

これまでの友人関係については、あまり疑いすぎずに見守りたいところ。パートナーの友人との付き合いもあらかじめ話し合っておくと安心です。どんな人とどんな付き合いがあるのかの情報共有はしておきましょう。

- 友人と会う頻度、予定の共有
- 来客の頻度

笑顔でいるためにルールはゆるく設定

細かくルールを決めてしまうと、お互いを監視するようになり、息苦しくなることも。ルールはふたりが100%納得できるものでなくてOK。お互いがおおむね笑顔でいられるような内容に。

ルールブックをつくる

ノートなどにふたりで決めた約束事をまとめます。書いておくことであとから「言った」「言わない」と揉めることもなくなります。ルールブックはお互いが見てわかりやすいように、詳細に書くことがポイントです。

定期的に会議を設ける

定期的に話し合いの場を設け、日ごろから思っていることや意見を出し合ってみましょう。ふたりの間に疑問や違和感が生まれた際には何かに記録しておくと、その話し合いの場で確認や解決策を見出すことができます。

Q&A

Q 婚前契約書（プレナップ）って？

A 結婚前のふたりが結婚に向けての決意や結婚後の生活の取り決めを契約書面の形でまとめたもの。欧米諸国では一般的な契約書です。最近では日本でも採用するカップルも。お互いの価値観を事前に共有できたり、結婚後の自分の財産を守れるなどのメリットがあります。

03

健やかな共同生活を送るには③

上手なけんかはコミュニケーションのひとつ

たまのけんかはガス抜きに必要

新婚とはいえ、一緒にいる時間が長くなると、些細なことから言い合いやけんかに発展することもありますが、**けんか自体は悪いことではなく、お互いの気持ちを伝え合うコミュニケーションのひとつ**です。パートナーの知らなかった一面に気づくきっかけになることもあります。

しかし、けんかの仕方によっては、怒りにまかせて出た言葉でパートナーを傷つけてしまったり、一方が納得できても、もう一方にはわだかまりが残り、関係性が悪化したりする場合もあります。**けんかが起きたとしても、感情論にならないよう落ち着いて本音を伝え合えるような、上手なけんかを目指しましょう。**

険悪にならない不満の伝え方

不満の伝え方ひとつで、けんかの様子は変わってきます。たとえ相手に非があると感じていても、パートナーを思いやる気持ちを忘れずに。

コツ1 感情的にならない

感情をコントロールできず、怒りにまかせたままけんかしてしまうのはNG。怒りは言葉に出すことでさらに増幅されます。落ち着いた状態で、優しい口調で相手に伝わるようにはっきりと伝えましょう。

コツ2 タイミングを見計らう

不満を伝える際はタイミングが大切。パートナーの体調や機嫌がよいときに伝えるといいでしょう。リラックスタイムなど、お互いに穏やかな気持ちでいられるタイミングがベストです。

コツ3 相手に勝とうとしない

相手を言い負かしてその場はすっきりしたとしても、その後も結婚生活は続きます。夫婦げんかはあくまでお互いの不満や気持ちを伝え合い、理解を深めることを目標にしましょう。

コツ4 原因ではなく解決策を

「なぜこうなったのか」など原因を探っても前向きな解決には至りません。次からはどうするべきか、解決策を話し合いましょう。自分の考えを押しつけずに、双方が考えてすり合わせることが大切です。

コツ5 主張は「私」「僕・俺」を主語にする

要望を伝えるときは「私はこれに困っていて、こうなると嬉しい」と、自分を主語にして話しましょう。そうすると相手は責められていると感じにくくなり、物事に対して前向きな気持ちが湧きやすくなります。

これはタブー！ NGアクション

「親しき仲にも礼儀あり」ということわざの通り、いくら仲がよくても言ってはいけない言葉や触れてはいけないテーマがあります。ハラスメントに繋がる可能性もあり、注意が必要です。「おまえ」という言い方もNG！

NG 1 決めつけから入る

あなたがやったとしか
考えられないよ！

自分の考えだけで決めつけて話すことは、相手に「信頼してもらえていない」という思いをもたせてしまいます。まずはパートナーの話を聞きましょう。

NG 2 人格を否定する

おまえって本当に
しつこい性格してるよな

パートナーの性格や本質を否定することはハラスメントのひとつにあたります。相手の心を傷つけ、修復できないような亀裂が入る可能性が。

NG 3 過去の話を持ち出す

あのときもあなたのせいで
そうなったよね！

過去の話を蒸し返すと、けんかはさらにヒートアップ。過去のことはお互いの主張がすれ違いやすいため、今の話し合いに焦点を合わせましょう。

NG 4 誰かと比較する

〇〇の奥さんとは
大違いだな！

感情にまかせて誰かと比較すると、相手の劣等感をあおり、火に油を注ぎかねません。言い負かしたい気持ちをグッと抑え、建設的な話し合いを。

NG 5 地雷を踏む

あなたのお父さんも
そうだもんね

家族、容姿、収入のことなど、人によっては地雷となるテーマを持ち出すのは絶対にNG。その後の結婚生活にも影を落とすことに。

NG 6 離婚をほのめかす

もうやってられない！
離婚だ！

いくら本気ではないとしても、「離婚」という言葉は使うべきではありません。他愛のないけんかが思わぬ展開を引き起こす可能性があります。

04

健やかな共同生活を送るには④

仲直りのルールを決めておこう

意地を張らずに歩み寄ることが大切

けんかの気まずい空気を長く引きずるのはお互いのメンタル面や周囲にとってあまりいいものではありません。**長期化すればするほど、不満や怒りが増幅したり、関係のないことにまで派生して追及したりして、さらにけんかが長引く可能性も。**

けんかのあとは意地を張りすぎず、できるだけその日のうちに解決し、翌日に持ち越さないのが得策です。そのためには「悪いと思ったらすぐに謝る」「相手が謝ったら素直に受け取る」など、日ごろからけんかを上手に収めるコツを考えておくと安心。お互いが冷静なときに仲直りの合図や決まり事をつくっておくと、歩み寄りやすくなります。

けんかは翌日に持ち越さないのがベスト

ある調査では半数以上のカップルが1日以内でけんかを終わらせていると回答。けんかを長引かせないことが夫婦円満の秘訣です。

［ 仲直りまでにかかる時間 ］

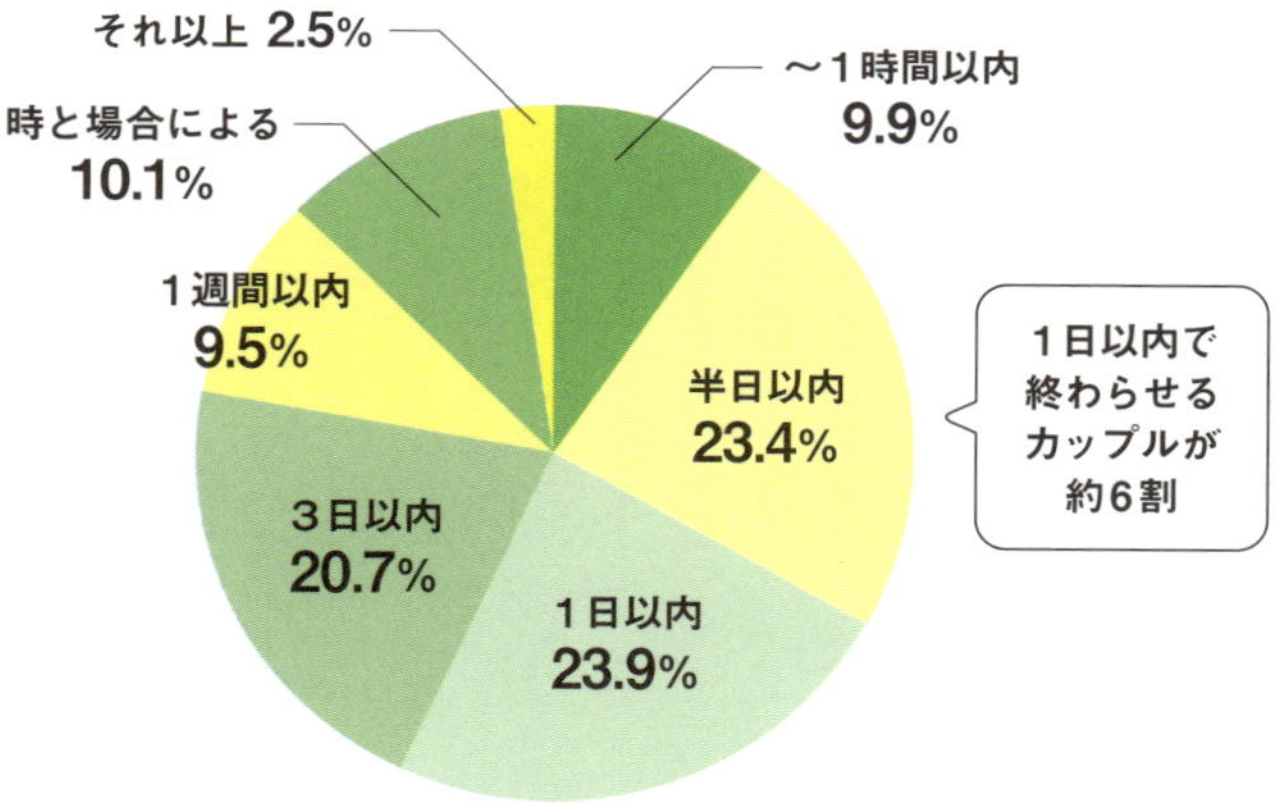

＊出典：All About「夫婦喧嘩」に関するアンケート（株式会社オールアバウト）

POINT

メールや手紙で謝ってもOK

直接話をしにくい場合にはメールや手紙で思っていることを伝えても◎。文章にすることで冷静になり、事情や感情を整理できます。また、直接伝えにくいことや、照れくさいことも素直に伝えられます。

ふたりに合った仲直りのルールづくりを

けんかの理由がさまざまであるのと同様、仲直りのポイントもカップルによってさまざま。ふたりが納得のいくオリジナルの仲直りルールをつくっておくと、いざというときにスムーズに仲直りができるでしょう。仲直りルールの一例を紹介します。

挨拶は必ずする

「ただいま」や「おはよう」などの挨拶は、仲直りのきっかけのひとつに。気まずさを乗り越えて思い切って声をかけてみると、重かった心が軽くなるはずです。

素直に謝る

素直に謝るのが一番！という人も多数。相手が間違っていると思っても、自分が大人になって仲直りのきっかけをつくりましょう。相手が謝ってきた際も素直に受け止めます。

今朝はごめん。
プリン買ってきたから
一緒に食べよ？
私こそ
ごめんね

相手の好きな物を贈る

仲直りの気持ちとして、相手が好きな食べ物などを買ってきて「一緒に食べよう」と誘う人も。好きな物を共有することで親愛の気持ちが湧いてくるようです。

食事は一緒にとる

どんなにけんかをしていても、食事は一緒にとると決めているカップルも。食事は毎日のことなので、自然に会話が生まれるいい機会になります。

こじれたときはひとりになる時間もつくって

思いのほかけんかがこじれてしまった場合には、一度パートナーと距離を置いてクールダウンを。ひとりになることで気持ちが落ち着き、一体何に怒っていたのかを冷静に考えることができます。

カフェなどでリラックス

お気に入りのカフェなどで好きなドリンクを飲んで、ひと息ついてみましょう。肩の力を抜いてリラックスすることで、けんかによるイライラや気分の高ぶりが落ち着きます。

買い物などで息抜き

好きなショップを巡って、買い物をするのも気分転換になります。沈んだ気持ちが明るくなるようなことをして息抜きをすると、けんかの解決策が浮かんでくることも。

私も
悪かったな…

2～3日家を離れる

「同じ空間にいるのがつらい！」となったら、しばらく家を離れるのも手です。実家などで過ごすうちに、お互いに冷静になれることも。ただし、長くなりすぎないように注意。

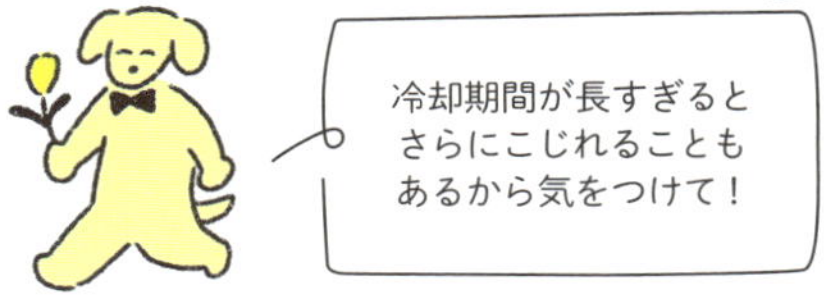
冷却期間が長すぎると
さらにこじれることも
あるから気をつけて！

05

実家とのお付き合い①

実家と良好な関係を築くには

実家と義実家との付き合いは平等に

結婚後から始まるのが、義理の家との長いお付き合い。**深く交流する家もあり、程よい距離を保っている家もあり、そのスタイルはさまざまです。**

パートナーの親の前ではつい「よき妻」「よき夫」でいなければと思ってしまいがちですが、最初からそうしていると長持ちしません。**良好な関係を築くための秘訣は、無理をせず、自然体で接すること。**また、自分の実家と義理の家、両方との付き合い方を対等にすることも心がけましょう。もし義理の親への不満がつのったときは、必ずパートナー（実子）に間に入ってもらうのが、円満の秘訣です。

上手な付き合い方のポイント

両父母とストレスなくうまく付き合っていくために、最低限意識しておきたいマナーやコミュニケーションのポイントです。

性格を見極める

礼儀やマナーに厳しいかなど、価値観や重視することをパートナーに事前にリサーチ。

適度な距離を保つ

物理的な距離や子どもの有無などで変わってきますが、常に適度な距離を保つことが肝心です。

実家と比較しない

自分の実家の習慣やルールを押しつけたり、比較したりするような言動は避けましょう。

パートナーを立てる

義父母とパートナーの話をするときは、長所を挙げるなど、ポジティブな話題を心がけましょう。

相談相手になってもらう

パートナーへの心配事などがあるときは、思いきって相談を。実親ならではの助言がもらえるかも。

自然体で接する

気負わず自然体で接することが大切。親戚のおばさん、おじさんくらいの感覚がベスト。

NGふるまい

義理の親の前だけに限った話ではありませんが、よりよい関係を築いていくために、次のようなふるまいには気をつけて。清潔感のない身なりや、汚い言葉遣いももちろんタブーです。

ふたり

- □ **パートナーの悪口や愚痴**
育てた子どもの悪口を聞いて、嫌な気持ちにならない親はいません。

- □ **実家の自慢話**
実家の家柄や親族の自慢話などはNG。相手は比較されている気分になります。

- □ **過度なスマホいじり**
義父母の前でスマホを触り続けるのはいい印象をもたれません。SNSへの投稿なども許可をとって。

両親

- □ **家事や育児への口出し**
手助けするのはよいですが、干渉しすぎるのはNG。適度な距離感で見守りましょう。

- □ **デリカシーのない発言**
「孫はいつ？」など、デリカシーのない発言は厳禁。関係が崩れる原因になります。

- □ **アポなしで尋ねる**
親とはいえ、いきなりの訪問はもちろんアウト。必ず事前にアポをとって。

みんなはどうしている？　各実家とのやりとり

各実家との連絡の取り方や頻度、付き合い方などは、家庭によって違います。みんなの声を聞いてみました。

Q 義実家との連絡はどっちが？

A 基本的には実子が取る！

義実家との連絡は基本、実子から。やりとりが面倒だと感じても、パートナーに押しつけることはやめましょう。ただし、緊急時の場合に備え、連絡先の交換は忘れずに。

みんなのvoice

- 贈り物などのお礼は直接連絡するようにしている。
- 夫は義母からのメールを無視するので、結局こちらに連絡が来る。

Q 義実家の愚痴をパートナーに伝える？

A 本当につらいときは本音をぶつけて

面倒くさがって対処をしない人も多いですが、本当に思い悩む場合は相談を。親本人に伝えるときは必ずパートナーが間に入り、関係が悪化しないように注意を払います。

みんなのvoice

- 義母の愚痴を夫にこぼしたらそのまま本人に伝えてしまい、一時期険悪に。
- 義理の親が頻繁に家に来るのがストレスで、妻にそれとなく伝えてもらったら頻度が減った。

Q メッセージアプリのグループは参加？

A やりとりのペースを見極めて

グループの場合には、まず相手の返信やリアクションのペースを見極めて。頑張りすぎて負担にならないよう、初めから返信する時間帯やスタンプの使い方を工夫すると◎。

みんなのvoice

- 子どもが生まれてからつくりました。緊急時の連絡や写真のやりとりが楽。
- 義父母、義兄家族も含めたグループ。自分に関係ない話題もやりとりされるので、正直面倒です。

06

実家とのお付き合い②

イベントや贈り物も大切に

行事に対する考え方をパートナーに確認

パートナーの実家に、誕生日やお盆など、大事にしている行事や家ルールがあるかを確認し、尊重していくことも大事です。母の日や父の日は、両家の親に感謝を伝えるよい機会でもあるので、ふたりで贈り物を選んでみましょう。

また、年末年始やお盆に帰省する際は、できるだけ早めに連絡を。**夫婦が各自実家に帰る「セパレート帰省」など、帰省スタイルも多様化しているので、まずはパートナーと希望を話し合いましょう。**帰省しない場合は理由を親にきちんと伝え、年始に電話やメールで挨拶をするなどのフォローも忘れずに。

誕生日よりも母の日・父の日を重視派が多い

母の日や父の日の贈り物は、アイテム選びも肝心。両家同じものでなくてもよいですが、明らかな不公平が出ないよう注意が必要です。

母の日の贈り物

赤いカーネーションが定番ですが、ファッション小物を贈ったり、本人にリクエストを聞いたりしても◎。

金額 3000～5000円

品目 フラワーギフト、お菓子、紅茶、日傘、アクセサリー、入浴剤など。

NG品目

黄色、白のカーネーション…黄色は「軽蔑」、白は「亡き母をしのぶ」という意味がある。

エプロン…「もっと働いて」ととらえられることがある。

父の日の贈り物

お酒とおつまみセット、グルメギフトなどが定番です。好みのほか、健康面なども考慮してチョイスを。

金額 3000～5000円

品目 お酒、おつまみセット、革小物、趣味のグッズ、パジャマなど。

NG品目

履物…「相手を踏みつける」という意味がある。

ベルト…「気を引き締めて」という意味がある。

万年筆…「もっと勤勉に」という意味がある。

誕生日は

誕生日には、メールなどでメッセージを送るだけという人が多数。誕生日より、母の日や父の日に何もないほうが寂しいと思う親が多いようです。

Q&A

Q 贈り物選びのコツは？

A 誕生日や母の日など、いつ何を贈ったかを記録しておくのがおすすめ。好物やお花など定番のアイテムを決め、楽しみにしてもらうパターンも。

義実家への帰省マナー

とあるアンケートによると、年末年始に義理の家へ帰省する人の割合は約7割。そのうち6割の人が日帰りで帰省していることがわかりました。短い滞在で、顔を見て近況報告をするだけの形が多いようです。

年末年始の帰省期間は、どのくらい？

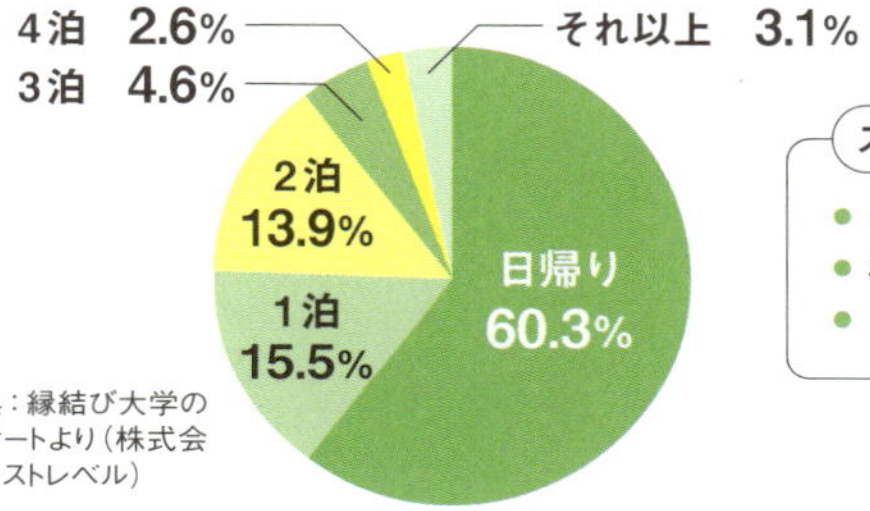

＊出典：縁結び大学のアンケートより（株式会社ネクストレベル）

スタイルは多種多様

- どちらかの実家のみ
- 年末は夫、年始は妻の実家
- 1日で両家を横断する　など

持参するとよいもの

- **手土産**　相場は2000～3000円。お正月の挨拶用は「御年賀」と書かれたのしをつけると丁寧です。
- **お年玉**　親戚のお子さんがいるなら用意を。突然の訪問に備えておきましょう。
- **エプロン**　台所に立つかどうかにかかわらず、滞在中に手伝う意思表示のアイテムとして、役立つかもしれません。

POINT

宿泊するなら タオルや生理用品も

宿泊の場合、初回はタオルを数枚持参しておくと安心。洗濯ができるか、借りたものを遠慮なく使えるかなど、次回の参考に。生理用品は持参し、使用済みの処理にも注意しましょう。

こんなスタイルも主流に

各々の実家に帰省

夫と妻が各々の実家に帰る「セパレート帰省」が急増。本人たちのストレスは減りますが、親は難色を示す可能性もあるのでまずは相談を。

宿泊は近隣のホテル

ふたりで実家に顔を出すものの、宿泊は近隣のホテルを利用するケース。他人行儀と感じる親もいるので、親の負担を考えての選択だと、きちんと説明を。

帰省の時期をずらす

年末年始は片方の実家に帰省し、GWやお盆にもう片方の実家に帰省という手も。どちらの家が先かあとかや、滞在期間の差なども気にしなくて済みます。

義実家でのふるまい、みんなはどうしている？

手伝い

義母は「座ってて」と言ってくれますが、やはり気になるので、配膳や後片づけなど簡単なことだけ手伝い、あとはお言葉に甘えるようにしています。

お風呂

義実家に初めて泊まったとき、一番風呂を勧められて恐縮。結局断わりきれなかったのですが、湯を汚すと悪いので湯船にはつかりませんでした。

風習

年末には毎年、家族総出で除夜の鐘をつきに行く義実家。風習の違いを感じましたが、おもしろい発見もあるので身を任せてみるのもいいと思います。

07

家事シェアの極意①

自分たちに合った家事分担を考える

ひとりに負担のかからない分担を目指す

家事の分担は、同居を始めたらすぐに考えておきましょう。**家事は得意・不得意、好き・嫌いが分かれる分野でもありますが、一緒に暮らしていく以上、お互いが納得のいく分担を目指すことが大切です。**

一方、家事を女性の役割と考える傾向がいまだ残っているのが実情です。共働き夫婦の場合、女性も男性と同じように働き、暮らしているにもかかわらず、女性のほうが圧倒的に家事をしているというデータもあります。**その原因のひとつにパートナーの当事者意識の低さが挙げられます。**共働きであれば、ふたりで意識を高めることが大事。自分たちに適した家事分担を目指しましょう。

お互いの家事意識を把握する

家事のなかで何が得意で、何がストレスかをお互いに話し合いましょう。それぞれの希望をわかりやすくするために、紙にリストアップすると◎。

● 家事分担の割合

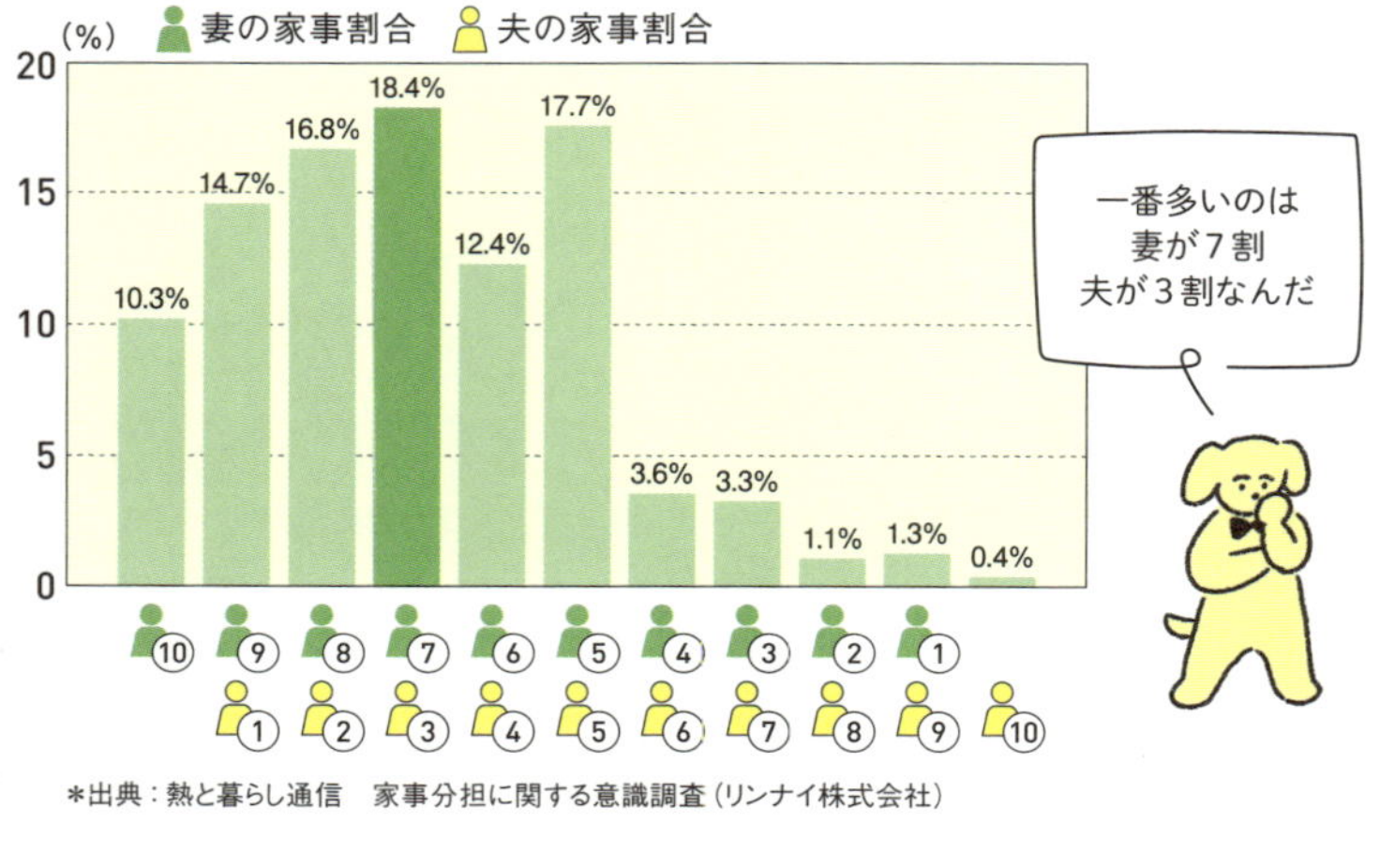

＊出典：熱と暮らし通信　家事分担に関する意識調査（リンナイ株式会社）

家事意識別４つの分担タイプ

家事に対する意識は人それぞれ。家事分担の方法や目安は、夫婦の特徴によって大きく4つのタイプに分けられます。自分たちはどのタイプならうまくいきそうかを見極め、実践してみましょう。

ふたりの家事レベルが同じくらい

A type

ふたりで意見を出し合って分担する

するべき家事とお互いの得意・不得意をリストアップしてノートなどに書き出します。どちらかが一方的に決めてしまわないように、必ず意見を出し合いましょう。

POINT どちらも同じ不得意があれば、まずは交代制に。

どちらかひとりが苦手な家事が多い

B type

まずは共同で始めて徐々に分担する

始めは同じ家事をふたりで協力してやってみましょう。試していくなかでひとりでもできそうだと思った家事を担当するなど、徐々に分担を決めていくとうまくいきます。

POINT 家事が完璧にできない相手でも、感謝の気持ちは伝え合って。

それぞれにこだわりたい家事がある

C type

負担がかたよらない形を目指して分担する

お互いどの家事の、どの部分にこだわりがあるか確認しましょう。こだわりが強いほうが多く担当すると、負担がかたよることも。しっかり意見をすり合わせてから決めましょう。

POINT 相手に強いこだわりがある場合は、細かく共有を。

ふたりの生活サイクルが異なる

D type

スケジュールを共有して分担は臨機応変に

お互いの起床から就寝までのスケジュールを確認し、外出が遅いほうがリビングの片づけ、早く帰ってきたほうが夕食を用意するなど、それぞれのスケジュールに合わせた割り振りを考えましょう。

POINT スケジュール確認はToDoリストつきの専用アプリを使用するとスムーズ。

[スケジュールの例]

08

家事シェアの極意②

見えない家事・名もなき家事対策

家事のチリツモ負担は夫婦げんかの引き金になる

家事には掃除や洗濯などのわかりやすいものから、**「献立を決める」、「洗剤の詰め替え」など名前のついていないものまで数多くあります**。メインの家事の分担を決めたからといって相手任せにするのはNG。見えない家事や名もなき家事の負担が片方にかたよると、「なんで自分ばかり」という気持ちが重なり夫婦げんかに発展することも。

まずは細かな家事もできるだけリストアップして、「見える化」を図りましょう。それらは分担が必要かどうかを話し合い、負担が軽くなる工夫を取り入れるなど、協力し合いながらふたりにとってベストな形を見つけます。

「いつかやってくれる」という気持ちは捨てる

「やってもらうのが当たり前」と思っていると片方に負担がかかり、不満やイライラが積もってやがて爆発することに。いま一度見直しが必要です。

● 見えない家事の担い手調査

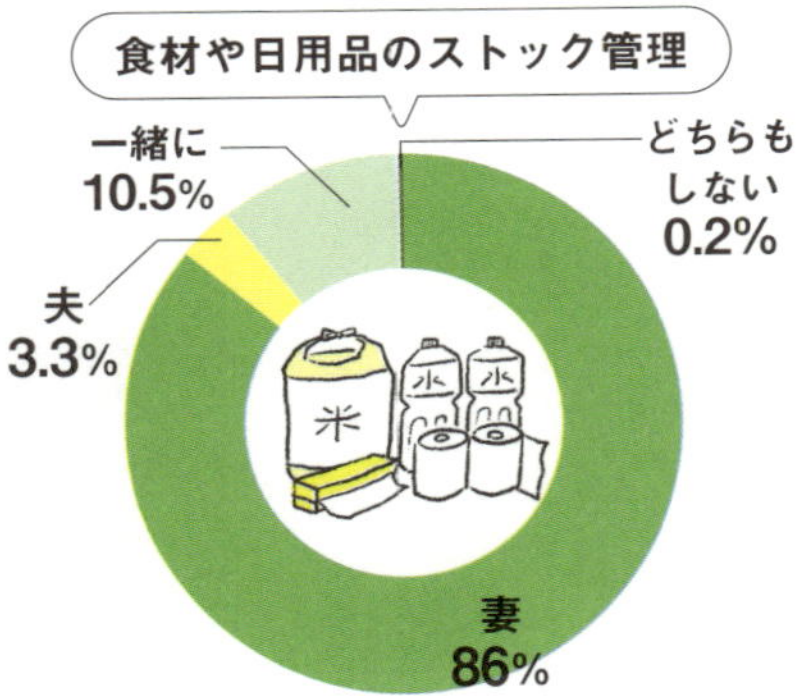

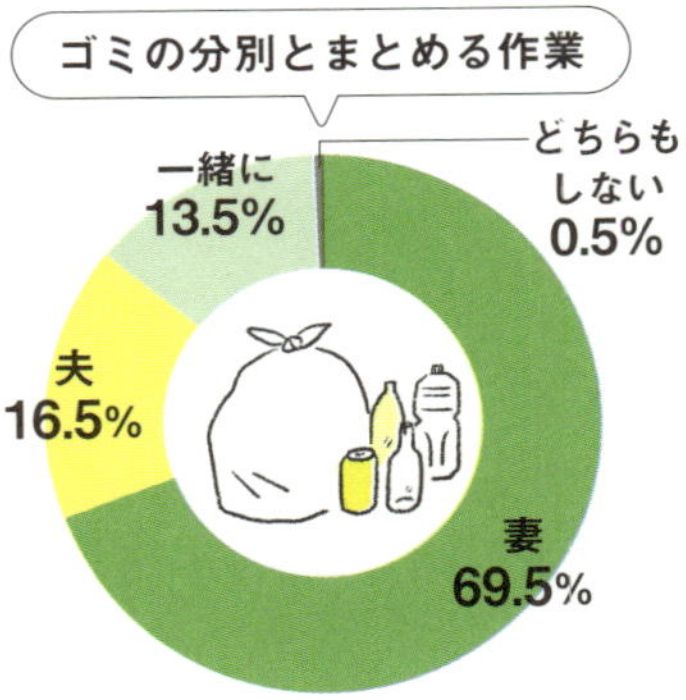

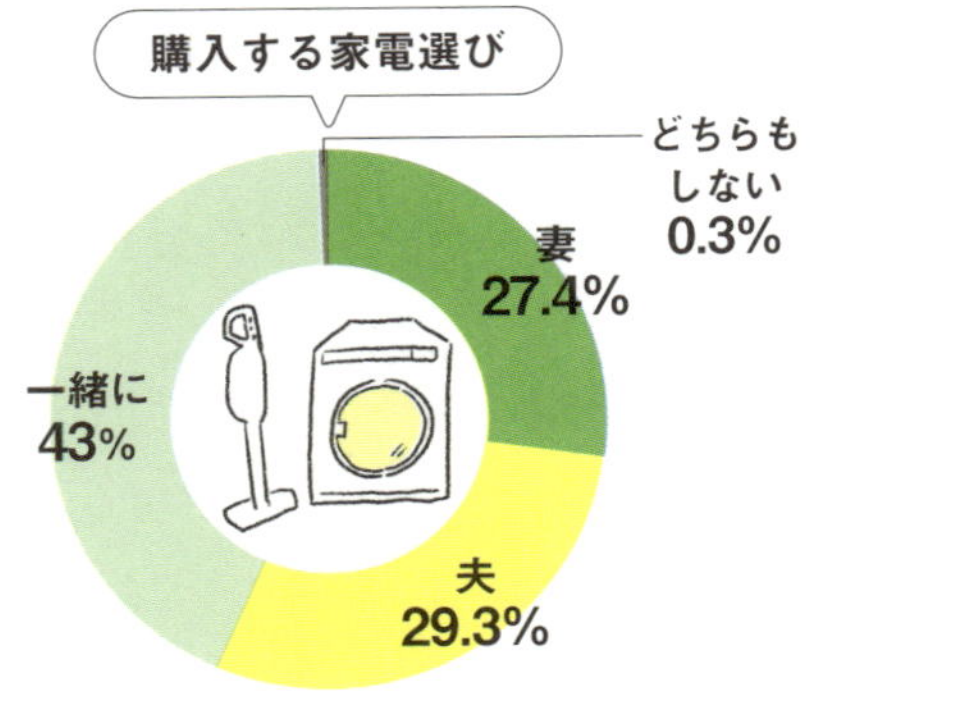

＊出典：第7回全国家庭動向調査（国立社会保障・人口問題研究所）をもとに作成

対策① 見えない家事をリストにまとめる

カテゴリごとに細かな家事を書き出し、リストにまとめます。「見える化」することで、負担が明確に。見えない家事はきっちりと役割を分担するよりも、お互いがフォローし合いながら進める形をとるとスムーズです。そのためには負担がかたよらないように夫婦の会話を大切にしましょう。

● おもな見えない家事・名もなき家事

料理・買い物

- □ 食事の献立を考える
- □ 麦茶などの飲み物のストックをつくる
- □ 食材を買い置きする
- □ 食前・食後にテーブルを整える
- □ 調味料を補充・交換する
- □ 食べ残しの食品を冷蔵庫にしまう
- □ ストック食材の賞味期限を確認する
- □ 買ってきた物を冷蔵庫にしまう★
- □ 洗った食器をしまう

洗濯

- □ 脱いだ服の回収、仕分け★
- □ 裏返しの靴下をひっくり返す★
- □ 部分的に汚れた衣類のシミ抜き★
- □ タオルの交換
- □ 寝具の洗濯
- □ 洗濯物を取り込む
- □ クリーニングに出す、取りに行く
- □ 洗剤の買い置き、補充
- □ 洗濯機、乾燥機のフィルター掃除

掃除・ゴミ捨て

- □ 空のペットボトル・缶を洗って干す
- □ ゴミを分類する
- □ ゴミを袋にまとめる
- □ 新しいゴミ袋をセットする★
- □ 排水口のゴミ取り、ヌメリ取り
- □ 古紙をまとめて収集日に出す
- □ 洗面台やお風呂の水滴の拭き取り
- □ 消耗品の交換
- □ 消耗品の買い置き、補充

日々の生活

- □ 玄関の靴を靴箱に片づける★
- □ トイレットペーパーの補充
- □ シャンプー、ハンドソープ類の補充
- □ 郵便物のチェック
- □ 使い切ったティッシュの交換★
- □ カーテンの開け閉め
- □ 古くなった照明の交換
- □ 室温・湿度の調整
- □ 部屋の換気

★がついた家事は
分担せず、各自で
行うようにしても！

対策② 家事の意識改革をする

見えない家事が見えてきたら、スムーズにシェアできるような環境づくりを。ふたりが進めやすいルールをつくったり、環境を整えたりすることで、細かな家事へのハードルが下がり、協力しやすくなります。

1 ルールをつくる

例

- 食事の献立が思いつかない → 週末に曜日ごとの献立を考える
- 麦茶のストックが少ない → 最後に飲み干した人が次をつくる
- 洗面台の鏡が汚れている → 週に一度歯磨きをしながら拭く
- 食卓に調味料が出しっぱなし → 出したほうがしまう

2 環境を整える

例

- 食材の買い置きがない → 買い物アプリでリストを共有する
- ゴミ箱に袋がない → 袋のストックをゴミ箱の底に入れる
- 使ったふきんの取り替え → 使い捨てシートを使う
- 排水口にヌメリがたまる → ヌメリ防止剤を置く

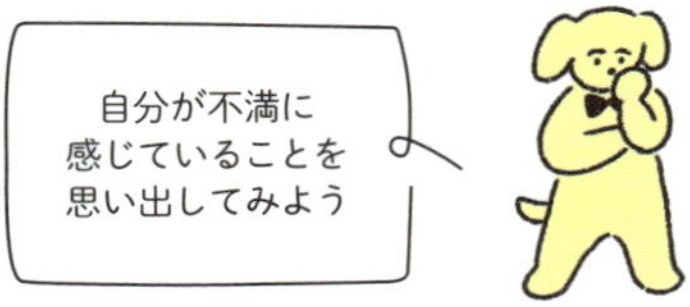
自分が不満に
感じていることを
思い出してみよう

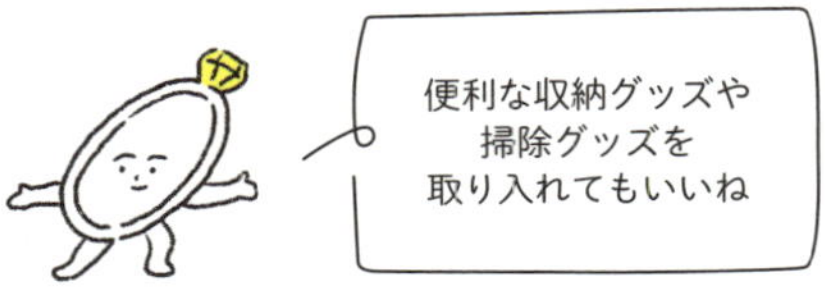
便利な収納グッズや
掃除グッズを
取り入れてもいいね

対策③ 見えない家事を楽にする工夫

一つひとつはあまり労力を使わないにもかかわらず、いくつも重なると大きな負担になりがちな見えない家事。ストレスフリーな状態で続けられるように、さまざまなアイデアを取り入れましょう。

作業をまとめる

食後の片づけは食器を下げて終了ではなく、テーブルを拭いてふきんを替えるところまでひと続きに終わらせるなど、いくつかの見えない家事をまとめて流れ作業にするとスムーズです。

手順を省く

洗濯物はたたまずにハンガーのまま収納するなど、これまで「するべき」と思っていた家事の手間をなくしてもOK。袋のまま詰め替えできるソープボトルなど、手順が省ける便利なアイテムを採用するのもいいでしょう。

複数ある物を1カ所にまとめる

家の中に複数ある収納ケースやゴミ箱は数を減らしたり、用途に合わせて1カ所にまとめたりすると◎。ゴミの分別が楽になるだけでなく、ゴミ出しの際に、ひとつの袋にまとめる手間も省けます。

もえる
もえない

家族の物をひとりで片づけない

家族それぞれが行えば省略できるものも、誰かがひとりでやってしまったら、いつまでもそのまま。家族みんながしっかりと、「自分の物は自分で」という意識をもつようにしましょう。

POINT

メインの家事分担を見直すのもひとつの手

見えない家事はそれぞれが単純作業のため、パートナーにも負担が伝わりづらいもの。見えない家事のボリュームが明らかにどちらかにかたよっている場合には、掃除や洗濯などのメインの家事分担の見直しを。

家事代行
サービスを
利用してもいいね

09

続けられる自炊の基本①

健やかな食生活を続ける料理のコツ

手を抜けるところは抜いて料理を楽しむ!

新婚の場合、一般的によいとされている「一汁三菜」など「ちゃんとした料理をつくらないと」と思いがちですが、食事は毎日続くものです。**最初から気負っていては、「ふたりで楽しく食卓を囲む」ための料理も負担になっていきます。**

食材の買い出しや下準備、調理などは分担してもOK。それぞれが得意なほうを行って、ふたりで食事をつくる意識をもちましょう。

そして、できるだけ手間を省く工夫も大切。**食材の宅配サービスを利用すれば買い出しの手間を省き、時間も短縮できます。スイッチひとつで調理が可能な自動調理鍋など、最新の家電を味方にしても。**

よりよい食空間をつくるには？

不満のない食空間をつくるためには、ふたりで料理に向き合う意識をもつことが大切。得意・不得意で分担しつつ、献立計画など、ふたりでできるものは一緒に行いましょう。

● 料理のおもな手順と分担の例

献立計画 ➡ 買い物 ➡ 下準備 ➡ 調理 ➡ 片づけ

料理が得意

- 献立計画
- 下準備
- 調理

料理が苦手

- 献立計画
- 買い物
- 片づけ

献立に迷ったときの定番コンビを決めておく

毎日のことになると何をつくればいいのかわからなくなったり、食材や時間の制限によってつくれる物が限られたりすることも。そんなときのために、手軽につくれる「時短コンビ」や、具だくさんの汁物で栄養もしっかりとれる「一汁一菜コンビ」を決めておくと助かります。

つくりなれた物で決める
時短コンビ

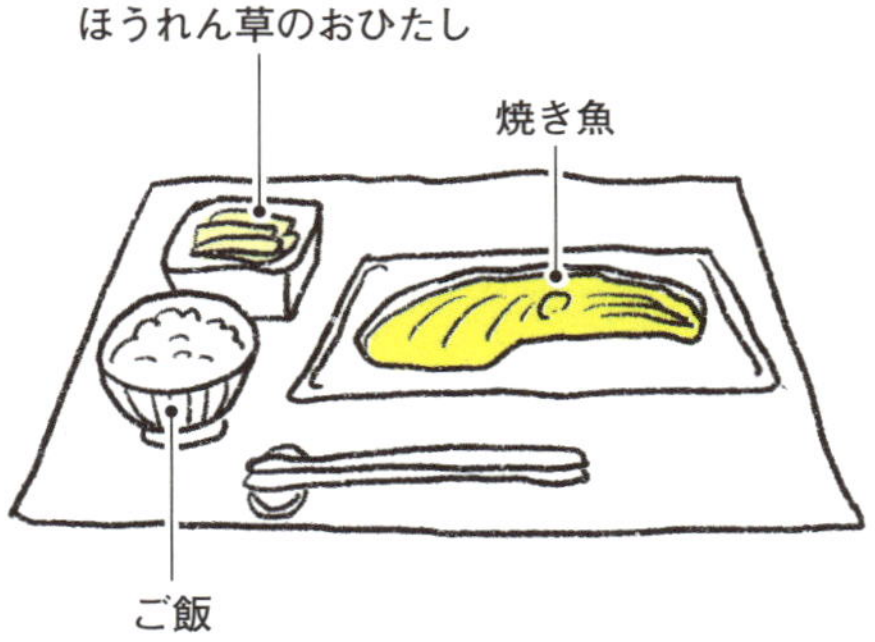

汁物だけつくればOK！
一汁一菜コンビ

モチベーションを維持する手抜き術

料理のやる気が起きない日は、無理をせず、楽に食事の用意をすることを最優先に。惣菜を買ったり、食材の宅配サービスを利用したりと、手間を省くための工夫をしてみましょう。

1

簡単すぎる名もなき料理をつくる

乾物や残り物を組み合わせた和え物、パパッとつくれる炒め物、レトルト食品のアレンジなど、自分だけのオリジナル料理もOK。簡単すぎて料理といえないようなものでも、立派な献立のひとつになります。

2

惣菜にひと手間加えて一品に

惣菜をそのまま食卓に並べるのに抵抗がある場合には、ひと手間かけても。とんかつを買ってきてかつ丼にしたり、ポテトサラダをグラタンにしたり、好きなアレンジを加えて楽しみましょう。

3

宅配サービスやミールキットを活用

メニューごとに使い切れる量の材料と調味料、レシピがついたミールキットの宅配サービスを利用すれば、買い出しせずに簡単につくれます。いつもと違うメニューや味つけが新鮮に感じるはず。

POINT

下ごしらえは、カット野菜や冷凍食品を買ったり、下ゆでに電子レンジを使ったりといった工夫でグッと楽になります。

10

続けられる自炊の基本②

調理道具&調味料

まずは最低限必要な道具と調味料で始める

新しい共同生活のスタートだからと、意気込んであれこれ調理道具を買わなくても大丈夫。最低でも包丁とまな板、鍋やフライパンさえあれば料理はつくれます。**最初は料理上級者が使うような高価な調理器具や便利グッズよりも、ベーシックな物が◎**。ふたりの間で自炊が習慣となって、「これがあるといいよね」と実感するようになってから少しずつ買い足していきましょう。

調味料も同様で、最初は和食の基本的な味つけができる調味料があればＯＫ。**ポン酢やドレッシングなどの万能調味料はあると便利ですが、いつの間にか賞味期限が切れていることもあるので増やしすぎに注意。**

基本の調理道具から揃える

最初は切る、焼く、煮るための基本の調理道具から揃えればOK。ひとり暮らしをしていた場合はふたり用の物にサイズアップしても。

増えがちな調味料は1軍、2軍、3軍で考える

調味料は和食の基本的な味つけの順番となる「さしすせそ」と油を1軍、味つけにバリエーションをもたせる調味料を2軍、なくても困らないけれど、あると便利な3軍に分けましょう。

1軍　料理の必需品「さしすせそ」＋食用油

- さ　砂糖
- し　塩
- す　酢
- せ　醤油
- そ　味噌
- ＋　食用油

油はサラダ油や
オリーブ油が
使いやすい！

POINT
「さしすせそ」は煮物などの和食をつくるときに入れる調味料の順番。

2軍　味つけを豊かにするアイテムたち

本みりん
酒
ソース

- みりん
- 酒
- ソース
- マヨネーズ
- トマトケチャップ
- おろししょうが
- おろしにんにく

3軍　ひとつでも味が決まる万能調味料

- めんつゆ
- だしの素
- 焼き肉のタレ
- ドレッシング
- ポン酢
- 中華風調味料

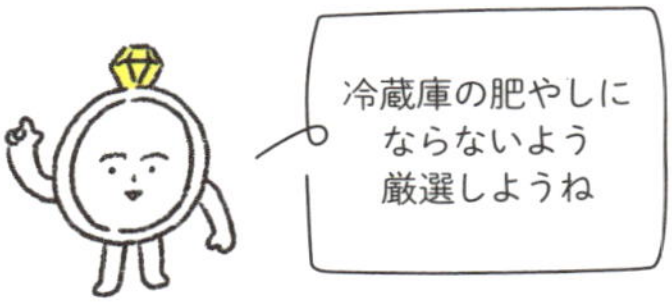
冷蔵庫の肥やしに
ならないよう
厳選しようね

11

洗濯の効率化①

洗濯はチームワークで楽にこなす

工程が多い洗濯は分担するのがおすすめ

洗濯には洗う以外にも洗濯物を分ける、予洗いする、干す、たたむ、クローゼットにしまうなどの多くの工程があります。**その分、洗濯の頻度から洗い方、干し方、たたみ方に至るまでパートナーとの間に意識のズレが出やすいもの**。育った家庭や暮らし方によっても異なるため、洗濯の基準は最初にすり合わせておくと安心です。

また、**大まかに洗濯担当とするのではなく、洗濯の工程ごとに役割分担を決めておくと、連帯感がアップ**。ふたりにとって負担なく衣類を清潔にキープするにはどうしたらいいのか、お互いの洗濯に対する考え方に歩み寄りながら考えてみましょう。

洗濯が楽になる３つのポイント

洗う頻度、洗い方、干し方など、それぞれの基準が異なる家事だからこそ、しっかりすり合わせて役割分担が必要です。生活スタイルに合わせた家電を活用するなど、できるだけ洗濯が楽になるように工夫しましょう。

洗濯は意外と
こだわりが出やすい
家事のひとつ！

1 洗濯の基準をすり合わせる

毎日洗う派か、ためてから洗う派か、どんな洗剤を使うかなど細かな基準のすり合わせを。譲れないポイントを伝えつつ、お互いに歩み寄る姿勢が大切です。

2 役割分担を決める

工程によってこだわりが強いほうが担当する形をとれば、お互いにストレスがたまりません。片方の負担にならないように、長く続けられる分担を考えましょう。

3 家電を活用する

洗濯乾燥機や衣類乾燥機といった便利家電を使用することで、干して取り込む作業を省略するなど、洗濯の手間を減らすことができます。

ふたりで決めたい洗濯ルールの例

洗濯の頻度や分け方、洗剤の種類まで、洗濯にはさまざまなポイントがあります。ふたりの生活スタイルや好み、こだわりに合わせて、どちらも納得のいくルールを決めておくと分担も楽になります。

洗濯の頻度

ある調査によると、最も多いのは週に3～4回程度。量に関係なく2日に1回洗う、白物は毎日、色物は2日に1回など、ふたりの生活スタイルや洗濯物に合わせて頻度を決めましょう。

［新婚家庭の1週間の洗濯頻度］

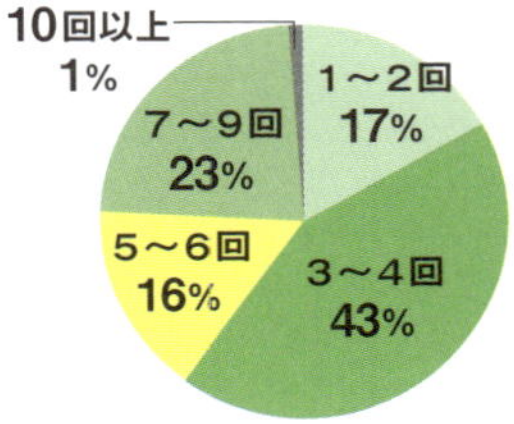

＊出典：ゼクシィホームページ

洗剤の種類

洗濯用洗剤は液体、粉末、ジェル、柔軟剤は抗菌仕様、シワ予防、香りつきなど種類が豊富で好みによって分かれるところ。敏感肌の場合強い洗剤がNGなこともあるため、事前によく確認を。

おしゃれ着の扱い

ニット、ワンピースなどのおしゃれ着は、ネットに入れれば洗濯機で洗ってもOKか、手洗いにしたほうがよいのか決めておくと、トラブルになりません。洗剤の違いも共有しておきましょう。

干し方

干し方もこだわりが出る工程。シワをのばしてから干す、ニットはハンガーにかけずに干すなど、基本から応用までしっかり共有を。人目が気になるなら下着は部屋干しに。

たたみ方＆収納

個性が出やすいのが、たたむ作業。靴下は重ねてコンパクトに折りたたむ、Tシャツは両端を折って長方形にするなど、収納場所に合わせたたたみ方を。収納は、各自で行うとスムーズです。

家電を使って夜洗濯を味方につける！

共働きの場合、日中に洗濯をするのは難しいものです。夜洗濯の時短アイデアとして、家電を活用したり、汚れのついた服はお風呂の残り湯で予洗いをしてから洗濯機に入れたりすれば効率よく洗濯ができます。

浴室乾燥や除湿器で時短干し

浴室乾燥機を利用したり、除湿器とサーキュレーターをあわせて活用したりすれば、夜間の室内干しが可能です。ハンガーの間隔は広げるなどの工夫をすると乾きやすくなります。

洗濯乾燥機におまかせ

洗濯乾燥機であれば、夜にセットしてそのまま洗いから乾燥までできるので次の日が楽ちん。日中よりも夜間のほうが電気代が安いプランに加入していれば、節約にもなります。

Q&A

Q 残り湯を使うメリットって？

A 洗濯物の汚れは、温度が高いほうが落ちやすいもの。40℃前後の温水であれば洗剤も溶けやすくなるため、洗浄力がアップします。

12

洗濯の効率化②

洗濯表示の読み方&洗濯機の使い方

「衣類に合わせた洗濯」は丁寧な暮らしの第一歩

衣類にはそれぞれに適した洗濯の方法があります。それを知らずにどれも同じように洗濯すると、汚れがしっかり落ちなかったり、服を傷めたりしてしまいます。**取り扱い方は衣類についているタグの洗濯表示に記されています。**

洗濯の際は洗濯表示を参考に洗濯機での洗濯が可能か、どのコースで洗うのか、漂白剤は何を使うべきかなどを細かくチェック。**大物洗濯の場合はコインランドリー、家で洗濯をするのが不安な場合には専門のクリーニング店などを利用するのもおすすめです。**お気に入りの衣類を長持ちさせるために、丁寧な洗濯を心がけましょう。

覚えておきたい洗濯表示の読み方

衣類タグの洗濯表示には、洗濯するときの取り扱いがひと目でわかる記号や文字が記されています。洗濯表示は全部で41種類あります。

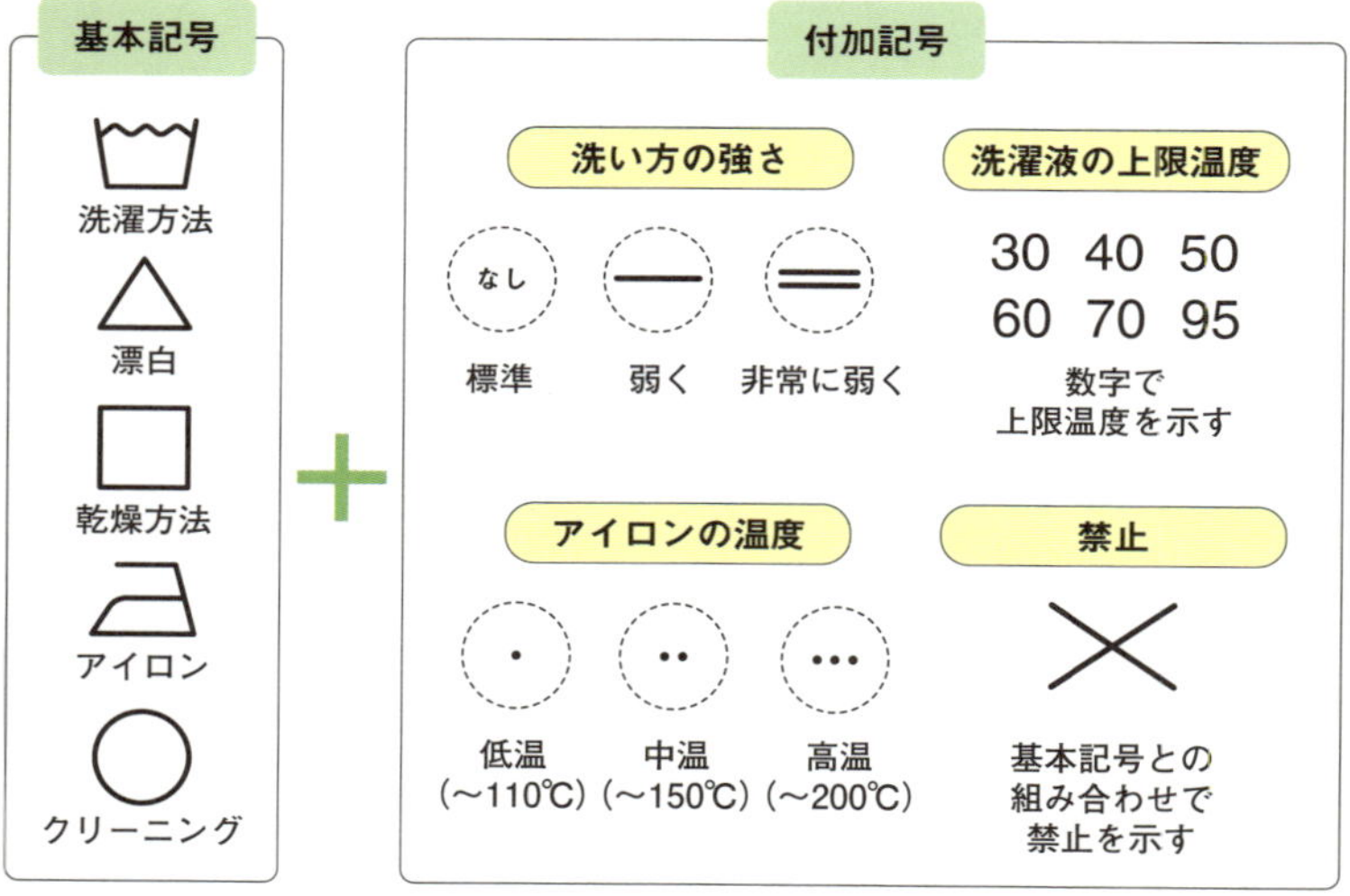

● 洗濯表示の一例

左は洗濯機で弱く、洗濯液の温度が60℃まで。右は手洗いがOKで、洗濯液の温度は40℃まで。

縦線は吊り干し、横線は平干しを示します。斜線が入っている場合は日陰で干します。

三角のみは漂白OK、斜線が入っているものは酸素系漂白剤のみOK。×は漂白NGです。

PとFはドライクリーニングが可能。Wは水で洗うウェットクリーニングができます。

洗濯機のコースを使いこなして効率アップ！

洗濯機にはさまざまなコースが設定されています。洗濯物の種類や汚れの程度に合わせて使い分けることで、汚れがしっかり落ちて気持ちのよい仕上がりになります。それぞれの洗濯物に適したコースを選びましょう。

標準

普段着やパジャマ、タオルなどの日用品の洗濯に使用するコース。洗い1回、すすぎ2回が一般的。機種によっては「おまかせコース」という名称の場合もあります。

お急ぎ・スピード

少し着ただけの物や、軽い汚れを短時間で洗濯したいときに使用するコース。洗い、すすぎ、脱水の時間が短く、機種によってはすすぎが1回だけのものもあります。

自分流・メモリー

洗いやすすぎ、脱水の時間、回数を自由に設定するコース。「すすぎ1回でOK」など、洗剤の洗浄力に合わせて使うと◎。メモリー機能を使えば、設定が保存できます。

ドライ・おしゃれ着

ニットやセーター、ワンピースなど型崩れしやすい衣類に適しています。弱い水流と軽い脱水で型崩れや縮みを防ぎます。おしゃれ着専用の中性洗剤を使用しましょう。

大物・厚物

毛布や布団などのかさばる物が洗えます。標準コースに比べて多くの水と長い時間をかけて洗うことで洗濯物の傷みを防ぎます。洗濯ネットに入れて洗うのがおすすめ。

洗濯機によって
コース名は違うよ

コインランドリーやクリーニングも活用する

大量の洗濯物が出たときはコインランドリーを使用するのも、ひとつの手です。100%ウールやカシミヤなどの上質な素材を使用した衣類は、専門のクリーニング店に出すと安心。

コインランドリー

- 24時間利用可能なところも
- 5kgを約500～600円で洗濯＆乾燥できる
- オンラインで状況が確認できるところも
- 乾燥機は家庭用に比べてハイパワーで、シワなくふっくら仕上がる

クリーニング

- デリケートな衣類が洗える
- 衣類の劣化や型崩れを防げる
- 汚れの種類に適した洗浄液を使用する
- ドライクリーニングの場合、油性の汚れが落ちる

クリーニング店によっては
シーズンオフの服を
預かってくれるサービスも！

いろいろな
利用方法が
あるんだね

13

整理整頓の基本

掃除・片づけの手間を減らす①

シンプルなルールで ふたりが片づけやすい環境に

定期的な掃除は気持ちよく暮らすために欠かせないもの。しかし、物が多く散らかった状態では、掃除のハードルが上がるうえに、物が邪魔して、うまく汚れが落としきれないことも。まずは**ふたりで片づけを習慣化させて、いつでも掃除がしやすい空間をつくりましょう**。

目指したいのは、**人を招待できる空間づくり。すべての物に「指定席」となる置き場所を決め、使用したら必ずそこに戻すようにします**。また、不要品はいさぎよく捨て、物を増やさない努力を。限られたスペースでも収納を工夫することで、片づけやすく、すっきりとした空間にしましょう。

片づけルールを決めて習慣化させる

いつでも人を呼べるような散らからない部屋にするには、日ごろから片づける習慣を身につけることが一番の近道です。

● 片づけルールの例

- 物の指定席をつくる＆守る
- 床に物を置かない
- 部屋の余白を確保する
- 使う頻度から収納場所を考える
- 不要品は手放す

↓

定期的に見直して部屋をすっきりキープ！

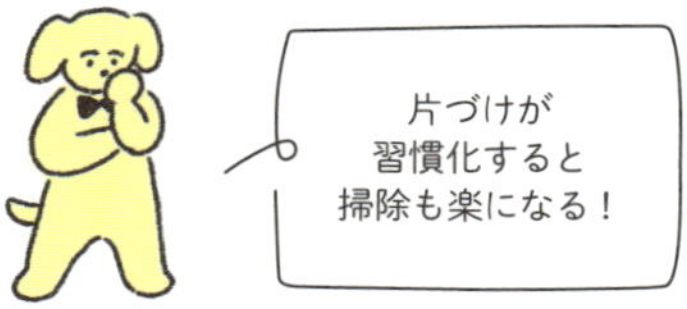

物の指定席をつくることが出しっぱなしを防ぐ

収納スペースがあっても、物が出しっぱなしになっていては片づくものも片づきません。どこに何をしまうのか、物の指定席を決め、使ったらその場所に戻すことで出しっぱなしを防ぎます。

リビング

テレビやエアコンのリモコンはよく使う場所にひとまとめにするのがおすすめです。帰宅後に床の上に置きがちなバッグは、壁やクローゼットにフックなどを設置して、かける場所を用意すると◎。

リモコンは
テーブルの上！

バッグは
壁のフックに！

クローゼット

収納のコツは上段、中段、下段にゾーン分けすることです。物が取りやすい中段にはよく使う物、下段にはたたんで収納する物や重たい物、上段は普段あまり使わない物を収納するとすっきりします。

洗面台

歯ブラシ、歯磨き粉、デンタルフロスは同じ場所に収納するなど、一緒に使う物は1カ所にまとめるとごちゃごちゃするのを防ぐことができます。各自で使う物は、それぞれの指定席を設けてもいいでしょう。

キッチン

物が多いキッチンでは、よく使うアイテムは手の届くところに指定席をつくって、ほかの物は使うシーンごとに収納を。調味料のストックや、買いだめしている食材も同じ場所にまとめると管理しやすくなります。

玄関

たたきに置く靴はひとり1足ずつを基本ルールにしておくと、いつでもすっきりした玄関を保てます。家のカギや玄関で使う印鑑、ボールペンなどは玄関にある棚や壁、ドアの裏側を利用して、ひとまとめにしましょう。

収納は7～8割に抑える

いくらスペースがあったとしても、物を詰め込みすぎるのはNG。物の管理が行き届かなくなり、二重買いの原因になります。収納は7～8割までを目指しましょう。

POINT

物が取り出しにくく感じたときは適量をオーバーしているサイン！

14 掃除・片づけの手間を減らす②

生活に取り入れたい収納のコツ

上手に収納することは家全体を整えること

部屋を心地よい空間に維持するためには、収納も大切。**動線を考えた収納をすることで片づけの手間と時間が省けます。**プラスチックケースやファイルボックス、デッドスペースを生かす便利収納などを活用して賢く収納しましょう。

また、部屋が散らかる原因のひとつに、物が増えすぎていることが挙げられます。今家にある物は、本当に必要かどうか今一度確認を。**買い物をするときも一時的な気持ちで買わずによく考えてから買いましょう。**家全体の持ち物をチェックする時間を年に一度設け、いらない物は処分すると、物が増えすぎず快適に暮らせます。

部屋のデッドスペースを見つける

部屋のなかには意外と使われていないデッドスペースが存在します。棚と家電のすき間など、空間をうまく使って生活のなかのムダな動きをなくしましょう。

① 壁や家具・家電の側面

壁はウォールラックなどを設置して小物を置いたり、フックを使った吊り下げ収納が可能。キッチン回りは壁や換気扇のフードなどの側面を活用すると調理道具の収納がスムーズに。洗濯機の側面も利用できます。

② 扉の裏側

扉の裏側にフックをつければ、吊るす収納が実現。玄関ドアの裏にマグネット収納を取りつけて印鑑などを置けば、宅配の受け取りがスムーズに。キッチンの収納扉の裏側はぶら下げるラックを置いてラップ類置き場に。

③ 物の上や下の空間

洗濯機の上の空間には、突っ張り棚を設置してタオルなどを置くスペースに。突っ張り棒を使えばスプレー洗剤の引っかけ収納ができて便利です。ベッドやソファの下にはキャスターつきのケースを置いても。

おすすめの収納便利グッズ6選

インテリアショップや100円ショップで手軽に手に入る収納用の便利グッズを紹介します。部屋と空間のサイズを把握したうえで上手に利用すれば、部屋全体をすっきり整えることができます。色や素材を揃えて統一感を出すなど、工夫しながら取り入れてみましょう。

□ 透明なプラスチックケース

服や雑貨をまとめて収納できます。ふたつきのものならサイズを揃えて重ねて使ったり、ソファの下に置いても◎。

□ ファイルボックス

書類だけでなく、スリッパやフライパンなど、アイデア次第でさまざまな場所で使えます。背を手前にして並べると見た目がすっきり。

□ はがせるフック

壁に貼ってはがせるフックはつり下げ収納に便利です。シールタイプのほかに吸盤やマグネットタイプなどさまざまなものがあります。

□ ブックエンド

キッチンの引き出しの中のお皿や鍋を立てたり、冷蔵庫の仕切りとしても活躍します。使いやすいシンプルなL字型のものを。

□ キャスターつきワゴン

引き出して使えるので壁と棚のすき間や押し入れの奥のデッドスペースを有効的に活用できます。ふたつきのものは調理中の作業台としても。

□ 突っ張り棒＆S字フック

洗濯機上の空間にランドリー小物をぶら下げたり、クローゼットの壁側を利用して小物をかけるなど、さまざまな場所で活躍します。

いつまでも部屋が片づかない理由って？

いくら収納を増やしても部屋が片づかないのは、物が多すぎることが原因かもしれません。一度エリアごとにすべての物を出してみて、本当に今の暮らしに必要な物なのか見直してみましょう。時には捨てる勇気をもつことも必要です。

● 処分の流れ

エリアごとに所持品を見直す

キッチンなら引き出しを1段ずつ、ストック品の箱、電子レンジ回りなど、エリアごとに外に出して並べます。1日1エリアと決めると戻すのがおっくうになりません。

➡

使用頻度で分別する

並べた物を「日常的に使っている物」、「月1回程度使う物」、「ほとんど使っていない物」の3つに分別して、それぞれ使用頻度を確認します。「いつか使うかも」と残すのは避けて。

➡

古い物や使わない物を処分する

数年使っていない物は思い切って処分を。使う頻度が高い物でも、古くて買い替え時なら捨てましょう。衣類は洗濯物をたたむときや、しまうときにチェックしても◎。

15

掃除・片づけの手間を減らす③

室内の汚れは広がりを防ぐことが大事

プチ掃除とひと手間でがんこ汚れを予防する

部屋の汚れは放置すると、こびりついたり、固まるなどして落としにくくなります。**ほとんどの汚れは、ついたばかりのときにきれいにするのが圧倒的に楽なのです**。共働きの場合、日ごろからしっかり掃除をするのは難しいと思いますが、プチ掃除ならば汚れが落ちやすく楽なうえに、がんこな汚れを予防できます。

毎日少しずつ行う掃除はリスト化し、頻度の目安についてふたりで共有しておきましょう。大まかに分担しておくことで、お互い相手任せにせずにすみます。

また、暮らし始めのタイミングにひと手間かけて予防しておくだけでも、掃除の手間がグッと減ります。

掃除の効率をアップする３つのルール

掃除は、ひと手間や工夫次第で楽にこなすことができます。自分に合ったルールを見つけて習慣化すれば、効率だけでなくモチベーションアップにも繋がるはず。

ルール1

プチ掃除で部屋のきれいを保つ

プチ掃除とは、物を使ったあとや何かのついでに、短い時間で少しだけ掃除をすること。日ごろのプチ掃除が習慣化すれば、しっかり掃除をする日の負担と時間も減らすことができます。

ルール2

暮らし始めのひと手間で汚れ予防

新生活を始める前に部屋が汚れない工夫をしておけば、掃除の手間が格段に減ります。換気扇にフィルターをつける、靴箱にシートを敷くなど、面倒になる前に予防しましょう（→P.120）。

ルール3

掃除道具はシンプルに

掃除道具の増やしすぎは掃除を始めるまでの手間が増えるだけでなく、置き場所にも苦労します。使いやすい道具や使い捨てできるグッズを厳選しましょう。洗剤の増やしすぎにも注意が必要です。

掃除は面倒だからこそ
短い時間＆少しの道具で
楽にこなすべし！

暮らしのなかでできるプチ掃除をリスト化する

エリアごとに頻度と内容をリストアップして表にしておくと、いつ何をすればいいのかが一目瞭然。慣れるまではこの頻度を目安に続け、ルーティン化してきたらふたりがやりやすい頻度と項目を考えてみましょう。

	リビング	キッチン	浴室	トイレ
いつも	● 落ちた髪の毛を粘着クリーナーで取る ● 床の物を片づける	● コンロの汚れを拭く ● シンクの水滴を拭く	● 排水口の髪の毛を取って出る ● タオルで鏡を拭く	● 1日の終わりにウェットシートで便座を拭く
週2～3回	● ハンディモップでホコリを取る	● レンジフードを拭く ● シンクの汚れをこすって落とす	● シャンプーボトルなどのヌメリをスポンジで落とす	
週1回	● 細かな場所のホコリを取る ● フローリングワイパーで床拭き	● コンロ回りの汚れを取る	● イスや風呂のふたを洗う ● 蛇口をスポンジで磨く	● 便器の内側をブラシでこする
しっかり掃除なら	● 中性洗剤を使ってべたつき、汚れをオフ	● 五徳を洗う ● 排水口のふたや受け皿を漂白	● 風呂釜を掃除する ● 換気扇についたホコリを取る	● 壁や床をウェットシートで拭く

基本の掃除道具

- □ アルコール除菌スプレー
- □ マイクロファイバータオル
- □ 粘着クリーナー
- □ ウェットシート
- □ 床用ドライシート
- □ メラミンスポンジ
- □ 酸素系漂白剤
- □ 食器用中性洗剤
- □ アルカリ性洗剤

POINT

洗剤は中性・酸性・アルカリ性の3つがある

日常的な汚れには中性洗剤を。がんこな油汚れにはアルカリ性、水あかや尿石には酸性が向いています。汚れに適した洗剤を使いましょう。

16

掃除・片づけの手間を減らす④

しっかり掃除の基本の手順

掃除は頑張りすぎず短時間で済ませる

掃除の方法を知らずに漫然と汚れを落とそうとしても、逆に汚れが広がり、時間をムダにしてしまう可能性があります。**時間をかけずに効率よく部屋の中をきれいにするために、まずは正しい掃除の手順を覚えましょう。**

掃除は頑張りすぎると長続きしません。1日にすべての場所の掃除を詰め込むのではなく、**曜日ごとにエリアを決めて取り組むことで、習慣化**します。平日あまり時間がとれない場合でも、**しっかり掃除とプチ掃除を組み合わせることで、日ごろからきれいな家をキープ**できます。

ふたりで協力して住み心地のよい清潔な家を目指しましょう。

プランを立てて効率アップ

しっかり掃除をしようと思っても、毎日が忙しいと後まわしになりがち。1週間ごと、1日ごとにすることを明確にしておくとスムーズです。

● 1週間の掃除スケジュール例

月	火	水	木	金	土	日
プチ掃除のみ	キッチン	プチ掃除のみ	浴室	プチ掃除のみ	リビング	トイレ&玄関

● 平日でもできる！ しっかり掃除&プチ掃除タイム例

0時	7時	8時	9時	18時	19時	21時	23時
睡眠	朝食	通勤	仕事	通勤	夕食	①	睡眠

① 入浴後、浴室のしっかり掃除（風呂釜の掃除）

0時	7時	8時	9時	10時	19時	20時	21時	23時
睡眠	朝食	①	通勤	仕事	通勤	夕食	②	睡眠

① 朝食後、キッチンのプチ掃除（コンロの汚れを拭く）
② 就寝前にトイレのプチ掃除（ウェットシートで便座を拭く）

しっかり掃除の基本の3ステップ

どんな場所の掃除でも、物を片づけてから汚れを落とし、除菌するという基本の流れは一緒です。基本を守って行うことで、効率がアップし、短時間で掃除を終わらせることができます。

STEP 1 物を片づける

- 床にある物をなくしてから掃除を始める
- テーブルの上は物がない状態にする

STEP 2 上から下、奥から手前に一定方向に拭き掃除

- 照明や棚のホコリをハンディモップなどで床に落とす
- 床掃除は往復せずに一定方向に拭く
- 窓拭きは上のほうから、横向きにコの字状に拭く

STEP 3 アルコール除菌スプレーで仕上げる

- 清潔に保ちたい場所はアルコール除菌※スプレーで仕上げる
- 最後に細かな汚れがないかチェックする

※コーティングされたもの、木製品、一部のプラスチックやアクリルには使用できません。

Q&A

Q シミ汚れやヌメリを見つけたら？

A 丸洗いが難しいカーペットなどにシミ汚れを発見したら、中性洗剤とお湯でシミ抜きを。浴室にある洗面器やイスなどのヌメリは、酸素系漂白剤を入れたお湯を浴槽に張り、一晩つけてからすすぐときれいになります。

みんなの結婚

共同生活 編

夫の意外なこだわり

季節のイベントが好きな夫と、あまり興味がない私、とか、家具が壊れたら自分で直したい夫と、新品を買いたい私、といった意外な新発見がありました。そういったこだわりから家事分担ができると、責任感が出るし、お任せする側は口出ししないようになるので楽ですよ。（40代・女性）

けんかはこじれる前に休戦

共同生活をするなかで一番参ってしまうのが、けんかをしたとき。新婚のうちは許せていても、後々嫌に感じてけんかに発展……というケースは結構あるある。「けんかは○時まで」などのルールを決めておくと、けんか疲れが軽減されるはずです！

（40代・女性）

トイレの長時間占領に腹が立つ！

パートナーに腹が立つことは、トイレにスマホを持ち込んで長時間占領すること！　ずっと我慢していたのですが今は話し合って、やめてもらいました。小さい不満もチリツモなので、ちゃんと解決したほうがいいと思います！

（20代・女性）

完璧を求めないのがコツです

心がけているのは、無理をしないことです。仕事で疲れている日に家事を頑張ると、「私はこんなにやっているのに！」のモードに入ってしまうので、やりたくない日は、とことん何もしません。完璧を求めず「まぁいいか」精神でいることが大切！（30代・女性）

円満の秘訣は一緒に過ごす時間のバランス

ふたりとも自分の時間を大切にしたいタイプなので、干渉しないようにしています。たとえば、基本的にお互いの個室には入らない、趣味に没頭している時間は話しかけないなど。でも休日は一緒に出かけるようにして、バランスを保っています。

（40代・男性）

家事は休日にまとめてやっつける！

家事分担は「気づいたほうが」「余力があるほうが」は、絶対にダメ。結局どちらかに負担がかかります。わが家はふたりとも仕事が忙しいので、家事は休日にまとめてやるようにしていて、かつ、やるときはふたりで一斉に動き出すというルールにしています。

（20代・女性）

Chapter

6

これからのふたりの人生

子どもの計画やお互いの健康の維持など、
家族となったふたりが描く未来は、
どんなものでしょうか？

【監修】岡村奈奈（ウエディングプランナー）、河野真希（家事アドバイザー）

01

妊娠と出産①

家族プランを考える

子どもをもつ？　もたない？ 早めに意思確認を

ふたりのライフプランを考えるうえで、重要な選択となるのが子どもについて。現代では結婚しても子どもをつくらないという人も増えています。**結婚前に具体的に話すのは難しいかもしれませんが、できれば早めに、お互いの考えをすり合わせておきましょう。**

そもそも子どもが欲しいのか、欲しい場合にはいつまでに何人欲しいか、子どもができたらどう育てたいのかを、できる限り具体的に話し合うことが大切です。時間とともに考えが変わった場合も都度共有を。

子どもが欲しくてもできなかった場合は、養子や里親制度を利用する選択肢もあります。

約7割の新婚世帯が子どもをもつ意向あり

調査によると新婚３年以内の男女のうち、全体の約７割が子どもをもつ意向があるとのこと。子どもをもつ意向がない人は１割強となりました。

理由

- 生活が豊かになりそう
- 子どもが好きだから
- 好きな人の子どもが欲しいから
- 母親・父親になりたいから

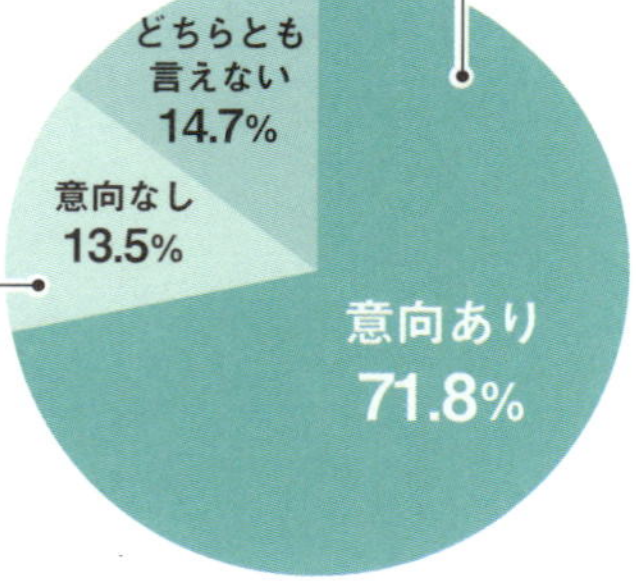

理由

- ふたりの時間を大切にしたいから
- 自分の時間を大切にしたいから
- 子育てや教育にお金がかかるから
- 自分またはパートナーが育児の心理的、肉体的負担に耐えられないから

＊出典：新婚生活実態調査2023（リクルートブライダル総研）

パートナーと話し合いたいこと

これから人生を共にするうえで、家族計画についての話し合いは必須。意見や気持ちを相手にきちんと伝えて話し合い、ふたりが納得のいく答えを出しましょう。

ふたりとも子どもを望む場合

● いつまでに何人欲しいか

「2～3年はふたりで過ごして30歳になったら子どもが欲しい」など、何歳までに何人欲しいかを話し合うと、出産・子育てに向けた計画を立てやすくなります。

● 産休や育休について

共働きの場合、どのタイミングで産休・育休をとるか、パートナーは育休をとれるのかなどを確認。育児・介護休業法もチェックしておきましょう。

● 妊活の方法や期間

日本産科婦人科学会によると、女性は30歳を超えると徐々に妊娠の確率が低下するとのことです。妊活をどんな方法でどのくらい続けるのかを話し合いましょう。

● もし障がいが見つかったら

妊娠中に胎児に先天的な障がいが見つかることもあります。妊娠を継続するかや、困難をどう乗り越えていくのかなど、あらかじめ考えておくことが重要です。

● 不妊治療の考え方

「妊活を1年以上続けても妊娠しない場合」が、不妊治療に移行するひとつのタイミングです。治療には出費や身体的な負担が伴うため、ふたりの気持ちを一致させておくことが大切です。

ふたりとも子どもを望まない場合

話し合いの末、子どもをもたない選択をした場合はふたりのライフプランのすり合わせを。時間の経過とともに気持ちが変わったらまた話し合いましょう。

意見が分かれた場合

どちらかが子どもを望まない場合は、納得のいくまで話し合いを。意見が平行線の場合には別れを選ぶケースも。お互いの人生で何が大切なのかをしっかりと見極めましょう。

養子や里親という選択も

子どもが欲しいけれど難しい場合、養子縁組や里親という方法もあります。養子縁組と里親では、子どもの年齢や親の年齢の制限などが異なります。それぞれの仕組みを理解したうえでパートナーと話し合って決めましょう。

	養子縁組制度		里親制度
	特別養子縁組	普通養子縁組	
戸籍の表記	長男・長女	養子・養女	——
子どもの年齢	原則として15歳未満	制限なし（ただし、育ての親より年下であること）	原則として18歳まで（必要な場合は20歳まで）
迎え入れる親の年齢	原則として25歳以上の夫婦（ただし、一方が25歳以上なら、一方は20歳以上であればよい）	20歳以上	制限なし
関係の解消（離縁）	原則として認められない	認められる	自立するか生みの親元に戻る
事実婚カップル	利用不可	利用可能	利用可能
同性カップル	利用不可	利用可能	利用可能

02

妊娠と出産②

子どもが欲しいと思ったら

将来の選択肢を広げるためにふたりでブライダルチェックを

今は子どもを望んでいなくても将来妊娠を考える可能性があるなら、ブライダルチェックでお互いの妊娠する力や健康状態を確認しておきましょう。**ブライダルチェックは、検査結果をもとに適切な対策を立てやすいよう、不妊治療が可能なクリニックで受けるのがおすすめです。**

WHOの調査では、不妊の原因は男女それぞれにあることがわかっており、**男性も検査を受けることが重要**。また、女性の検査結果によっては、妊娠のタイミングを早める必要がある場合もあります。キャリアプランを考えるうえでも有効な検査のため、早めに受けて将来の選択肢を広げましょう。

ブライダルチェックの検査項目や費用

ブライダルチェックでは妊娠する力を調べるほか、不妊の原因となる性感染症などを検査します。検査費の助成をする地域が増えているので事前に調べてみましょう。検査結果に応じて再検査があります。

女性側

費用：1万5千円～3万円程度（オプションによる）

- AMH検査（卵巣内に卵子がどれくらい残っているかの検査）
- ホルモン検査
- 超音波検査
- 性感染症検査
- 子宮頸がん検査
- 風疹抗体検査
- 甲状腺機能検査 など

男性側

費用：1万5千円～3万円程度（オプションによる）

- ホルモン検査
- 精液検査
- 精巣超音波検査
- 精子断片化（DFI）率検査（損傷がある精子の割合を調べる検査）
- 性感染症検査
- 風疹抗体検査 など

Q&A

Q もし結果がよくなかったら？

A 検査を受けた医療機関に相談しましょう。ふたりがいつごろ子どもを望むかによって、アドバイスが異なります。必要に応じて、サプリメントの活用や生活習慣の改善、治療などのサポートを受けることが可能です。早めに対策を取ることで、将来の妊娠の可能性を広げることに繋がります。

男性に原因がある場合は
泌尿器科で追加検査を
行うことがあるよ

妊活を始めてから妊娠するまでの期間

ロート製薬の『妊活白書2023』によると、妊活を始めてから子どもを授かるまでにかかった期間の平均は13.6カ月。出産時の年齢別では、年齢が上がるにつれて期間がのびる傾向が見られました。

[妊活を始めてから子どもを授かるまでにかかった期間（女性）]

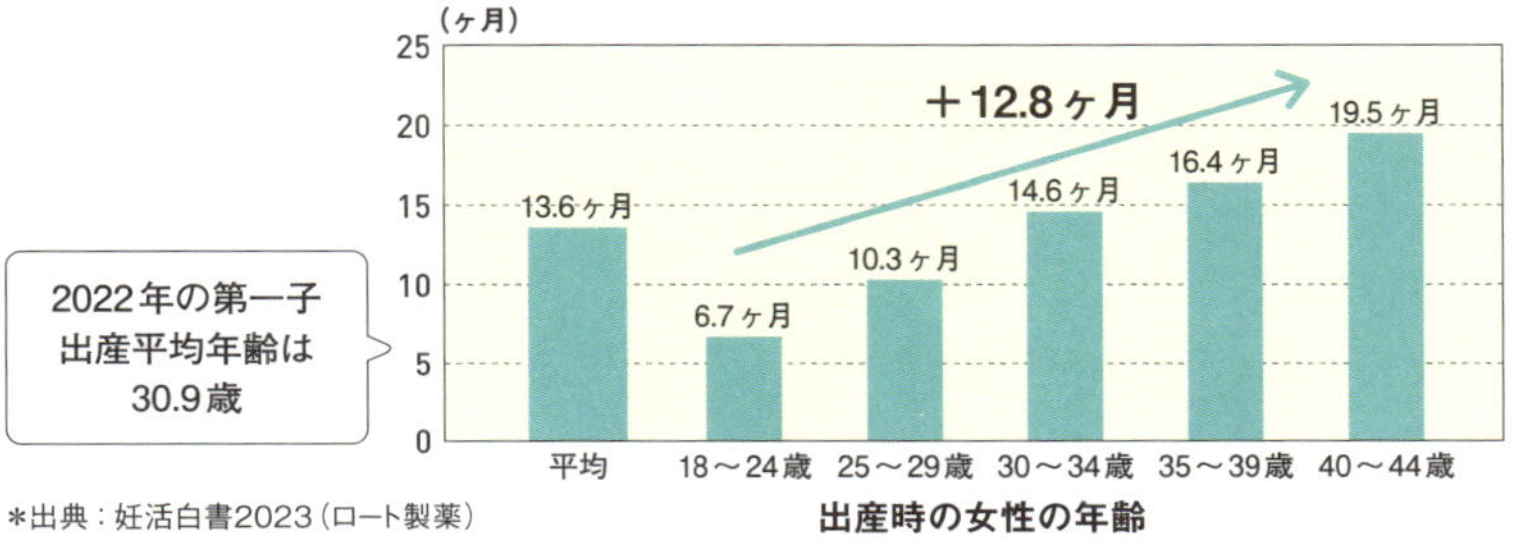

＊出典：妊活白書2023（ロート製薬）

不妊の原因は男女どちらにもある

世界保健機構（WHO）の発表によると不妊症の原因が女性側のみというケースは41%、男性のみは24%、男女双方は24%ということがわかっています。男女ともにさまざまな原因が考えられます。

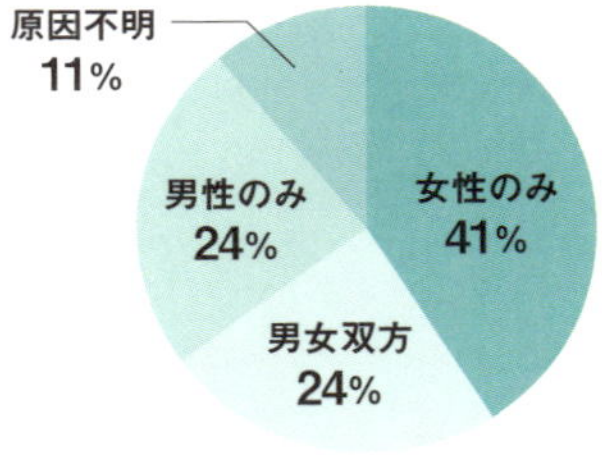

女性側

- 排卵因子（卵子が正常に発育しなかったり排卵されなかったりする）
- 卵管因子（卵管に異常がある）
- 子宮因子（子宮内に異常があり、受精卵が着床しにくい）　など

男性側

- 造精機能障害（精子をつくる機能が低下）
- 性機能障害（勃起や射精ができない）
- 精路通過障害（精子の通り道に障害がある）　など

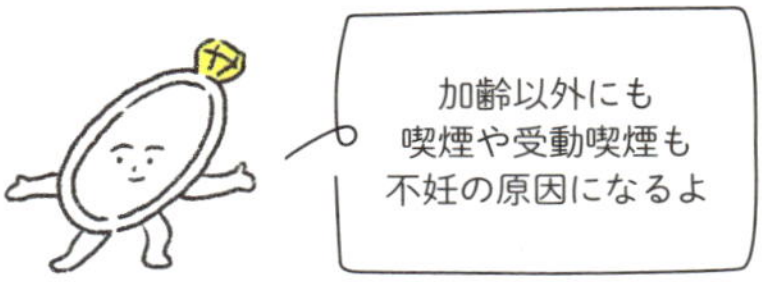

[妊娠に至るにかかった期間（男性）]

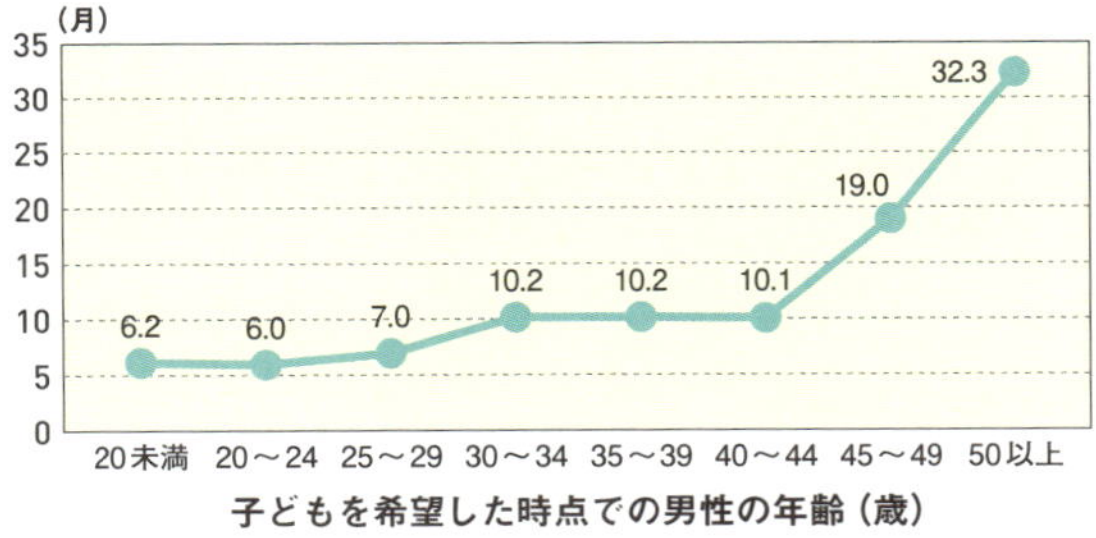

年齢による妊娠率の低下は男女ともに生じます。女性の場合は30歳を超えると自然に妊娠する確率が低下していくとされていますが、男性の場合も、加齢とともに相手の女性の年齢に関係なく妊娠するまでの期間が長くなります。

＊出典：Hum Reprod Update, 16:65-79, 2010

不妊治療の流れ

不妊治療の保険適用範囲の拡大により、多くの治療が保険診療となりました。不妊治療のステップと治療費について事前に確認しておきましょう。

不妊検査

男性側は精子の数や運動率、精液の量を検査します。女性側の検査は治療内容に応じて異なります。AMH検査、ホルモン検査、超音波検査は基本的な検査です。

一般不妊治療

タイミング法

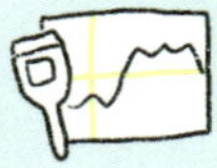

超音波検査を用いて排卵日を特定し、妊娠しやすい性交のタイミングをアドバイスする治療方法です。排卵が確認され、精液検査に問題がないカップルに適用されます。

費用　2000～3000円（保険診療）

人工授精

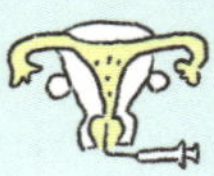

排卵日に合わせて、洗浄濃縮した精子を直接子宮内に注入する方法です。精液検査で運動精子数が少ない場合に適用されます。精液は人工授精当日に採取するか、事前に凍結保存したものを使用します。

費用　6000～9000円（保険診療）

生殖補助医療

体外受精

卵子を体外に取り出し、シャーレ（ガラス製の皿）の中で精子と自然に受精させた受精卵を、子宮に移植する方法。妊娠率が高いですが、注射などの投薬、採卵手術による負担、通院のための仕事の調整が必要になります。

費用　採卵～1回目の胚移植まで8～22万円（保険診療）※

顕微授精

体外受精と同様に卵子を体外に取り出したあと、胚培養士が精液の中から良好な精子を選び、卵子に注入して授精させる方法。男性不妊の場合に適用されます。

費用　9～24万円（保険診療）※個数により異なる

※体外受精の保険適用は、治療開始時点で43歳未満の人が対象。回数の制限もあり、40歳未満は6回まで、40歳以上43歳未満は3回までとなっています。

不妊治療と仕事の両立

決められた日程の通院や精神、体力面での負担などによって仕事との両立が難しくなるケースもあります。サポートを受けるためにも、職場の上司に相談するのもひとつの手です。

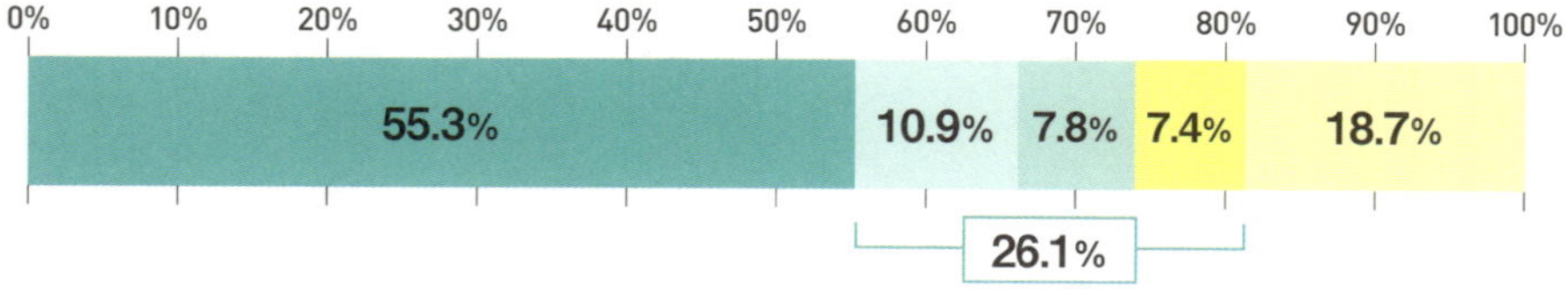

■両立している（していた）　■両立できず仕事を辞めた　■両立できず不妊治療をやめた
■両立できず雇用形態を変えた　■治療当時は働いていなかった

＊出典：令和5年度 不妊治療と仕事の両立に係る諸問題についての総合的調査（厚生労働省）

03

妊娠と出産③

妊娠から出産まで

妊娠期間は40週が目安 周囲への報告は慎重に

規則正しく月経がきている人の場合、月経が1週間以上遅れ「妊娠かも?」と感じたら、まずは妊娠検査薬で検査をしてみましょう。**陽性反応が出たら、その1週間後が受診のタイミング。産婦人科で胎児の心拍数が確認でき、妊娠と診断されたら自治体に妊娠届出書を提出します。**

妊娠期間は、妊娠前の最終月経が始まった日を0日として、40週が目安です。妊娠中は体の中で変化が起こり、気をつけることが増えます。**パートナーは出産までの体の負担をきちんと理解し、サポートしましょう。**両家の親や職場への報告はパートナーと話し合ったうえでベストなタイミングを判断して。

妊娠のサイン

早い人は妊娠5週ごろから下記の初期症状があらわれます。妊娠16週に入るまでに落ち着くことが多いです。

妊娠初期のおもな症状 ※人によって異なります。

- □ 生理より少量の出血（着床出血）
- □ だるさ、頭痛
- □ 腹痛や腹部の張り
- □ 頻尿
- □ 熱っぽい
- □ 情緒不安定
- □ 水っぽいおりものが増加
- □ 頭痛
- □ 肌荒れや口内炎
- □ めまい、ふらつき
- □ 吐き気、嘔吐　など

初期症状を感じたら？

妊娠検査薬で確認してみる

まずは市販の妊娠検査薬でチェックしてみましょう。目安は生理開始予定日から1週間が経過したころです。陽性判定が出たら必ず産婦人科を受診しましょう。

産婦人科を受診する

最終の月経開始日や現在の症状を医師に伝えます。尿検査や超音波検査によって妊娠しているか、正常妊娠か、子宮筋腫といったトラブルがないかなどを確認できます。

妊娠届出書は
妊娠11週までに提出を！
提出後、母子健康手帳が
交付されるよ

妊娠中の変化と必要なサポート

妊娠中の体にどんな変化があらわれるのかを知っておくと、体調を管理しやすくなります。パートナーは時期ごとにどんなサポートが必要か知っておきましょう。

	妊娠初期			
月（週）	1カ月（0～3週）	2カ月（4～7週）	3カ月（8～11週）	4カ月（12～15週）
胎児の様子	2週目に受精卵ができ、3週目に着床する。	脳、内臓、血管などの器官、手足の形成が始まる。	心拍を確認できる。内臓がほぼ完成し、顔や胴体などが少しずつ見分けられるように。	胎盤ができ、手足の骨や筋肉などが発達する。超音波検査で口の開閉や手足の動きが見られる。
母体への影響	外見上の変化はなく、無症状。	生理がなくなり、つわりが始まる。	人によってはお腹がふくらんでくる。	胎盤が完成し、つわりの症状が落ち着き始める人が多い。子宮は幼児の頭部くらいの大きさに。
日常生活への影響とパートナーができるフォロー	妊活中や妊娠の可能性があるときは服薬や飲酒に注意。	妊娠に気づく時期。出血しやすいため無理な運動や体の酷使は避ける。重い荷物はパートナーが持つ。	つわりの症状がピークになりやすいため、パートナーによる家事全般の協力が必要。パートナーが喫煙者の場合は禁煙を。	体調や体力に合わせて軽い運動をして体力づくりを。パートナーも妊婦検診の情報を確認。

	妊娠中期		
月（週）	5カ月（16～19週）	6カ月（20～23週）	7カ月（24～27週）
胎児の様子	髪の毛や爪が生え、胃、筋肉、神経が発達。動きが活発になり胎動がわかるように。	髪の毛やまつ毛が生え、聴覚が発達し始める。性別がわかる場合も。	脳や視覚、聴覚、味覚が発達する時期。
母体への影響	お腹やバストのふくらみが目立ち始める。	お腹が前にせり出す。体重が増加し、乳腺が発達する。	子宮がさらに大きくなり、お腹もさらに出る。妊娠線が目立ってくる場合も。
日常生活への影響とパートナーができるフォロー	トイレが近くなったり、前かがみの姿勢が苦しくなったりしてくる。お風呂掃除や掃除機かけなどの力仕事系の家事はパートナーが担当する。	安定期に入り、胎動を感じやすくなる。パートナーは一緒に胎動を感じたり、ふたりで両親学級を受講したりしても。	人によってはお腹が張りやすくなるため、かかりつけ医に相談を。パートナーは身の回りのサポートのほか、出産に関わるお金の制度や手続きのリサーチも。

	妊娠後期		臨月
月（週）	8カ月（28～31週）	9カ月（32～35週）	10カ月（36～40週）
胎児の様子	筋肉、骨格、臓器がほぼ完成する。音を聞き分けられるように。	ほとんど新生児と変わらない体に。週に200g体重が増える。	髪の毛の量が増える。少しずつ骨盤内に下がり、胎動が減る。
母体への影響	お腹や乳房に妊娠線が出始め、乳輪が黒ずむ。息切れしやすくなる。	お腹が張る回数が増える。おりものが増え、頻尿になることも。	予定日が近づくにつれ、血の混じったおりものが出る。
日常生活への影響とパートナーができるフォロー	お腹の張り、頻尿、尿漏れ、腰痛、股関節痛、手足のむくみの悪化に注意。パートナーは家事はもちろん、足の爪を切るなどのサポートも。	胃もたれや胸やけが起こり、つわりのような症状が出る人も。万が一の早産に備え、パートナーと出産時のシミュレーションや情報の共有を。	陣痛時のタクシーの手配、パートナーは仕事をどうするか、親をいつ呼ぶかなど、入院・出産時の準備や動きを確認する。

親や会社への妊娠の報告のタイミング

妊娠報告のベストなタイミングは報告相手によって異なります。パートナーと話し合いながら、的確な時期を見極めましょう。

パートナーへ

まずはこれから一緒に赤ちゃんを育てていくパートナーに報告を。
周囲への報告の時期や、これからの生活についてもきちんと相談します。

話し合いたいこと

- □ 親への報告のタイミング
- □ 産休や育休について
- □ 出産する場所について
- □ 妊娠・出産にかかるお金について

親へ

報告のタイミングや方法をパートナーとしっかり共有しましょう。
産前産後に親に協力してほしいことについて意見交換をしておくと◎。

妊娠がわかってすぐ

妊娠が判明してすぐに知らせることで、同じタイミングで喜びを分かち合えるとともに、早い段階で親のサポートを得られます。妊娠の心配事も相談しやすくなります。

母子手帳をもらったら

妊娠が確定し、母子手帳をもらったタイミングで報告するのも◎。妊婦健診がスタートする時期でもあるので、今後の準備など、具体的な話ができるでしょう。

安定期に入ったら

母子ともに安定した状態になる16週目あたりの安定期には初期流産のリスクが減るとされています。つわりも落ち着き、心に負担なく伝えられるタイミングです。

職場へ

職場への報告は一般的に安定期に入ってからとされていますが、
日々の業務内容や職場環境によって変わります。

アンケートによると、7割以上の人が妊娠2～3カ月のタイミングで職場や上司に報告。つわりで通勤や業務に支障が出る前に伝える人が多いようです。また、立ち仕事や力仕事、化学物質やX線にさらされるおそれのある仕事の場合は、妊娠後すぐに報告を。報告は口頭で行うのがマナーです。

［ 職場へはいつ報告した？ ］

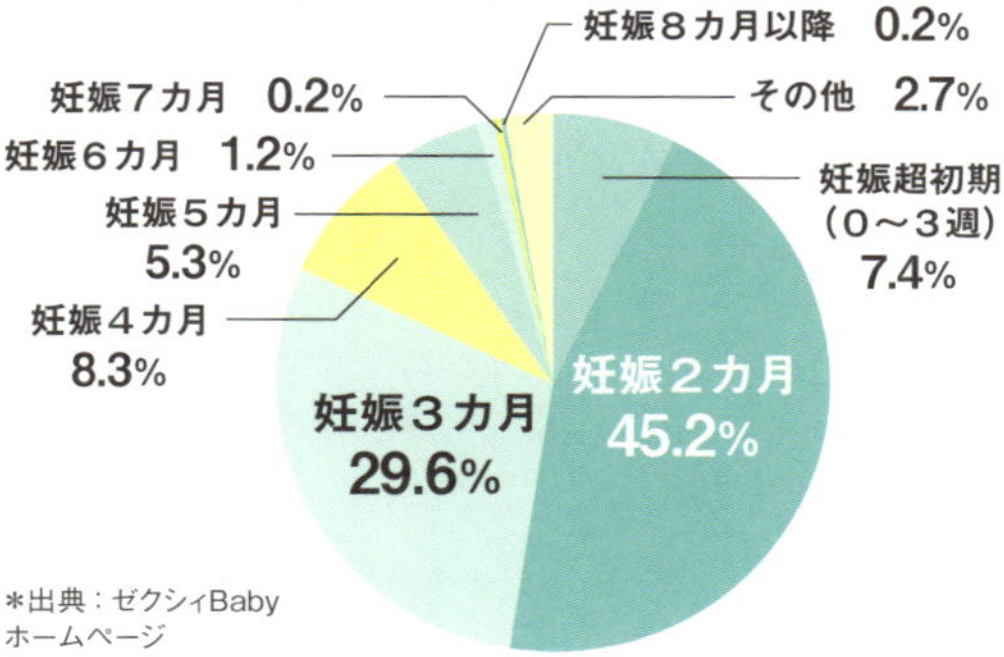

＊出典：ゼクシィBaby ホームページ

例文

先日病院で検査をしたところ、妊娠していることがわかりました。現在妊娠〇カ月で、出産予定日は〇月〇日です。なるべく仕事に支障が出ないようにしますが、ご迷惑をおかけしてしまうことがあるかもしれません。そのため、安定期ではないのですが、早めにご報告させていただきました。つきましては、必要な対応について、相談のお時間をいただけますでしょうか？

伝えたいこと

- 現在の自身の体調
- 出産予定日
- 現在の仕事の状況
- 復帰予定時期
- これからの仕事内容
- 産休、退社、育休について

04

子どもが生まれたら①

子育てはチームワーク

育児と家事はチームで取り組む

子どもが生まれると、ふたりの共同生活はガラリと変わります。通常の家事に育児に関するあれこれが加わり、これまでのような分担では家庭は回らなくなります。

そこで大切なのはふたりがタッグを組んで家事、育児に取り組むこと。特に産後は、体力が戻らないまま赤ちゃんの世話をする妻に大きな負担がかかりがちです。パートナーは妻に配慮しながら、育児にも家事にも積極的に参加しましょう。さらに、出産直後はホルモンバランスの乱れから妻の精神が不安定な時期。**夫のサポートが足りないと離婚に繋がるケースもあります。お互い思いやりのある行動を心がけましょう。**

共働き夫婦は3パターンの傾向に

現代の共働き夫婦の家庭運営のパターンは、二人三脚夫婦、アイドルとマネージャー夫婦、ワンオペ夫婦に分けられることが多いです。

二人三脚夫婦

家事・育児はどちらか一方ではなくふたりの役割とし、お互いが頼れるパートナーという意識のもとフォローし合います。同じ熱量で家事・育児に取り組むため、お互いの自分時間も尊重でき、幸福度が高いのが特徴です。

アイドルとマネージャー夫婦

家庭運営の中心はどちらか一方でありながら、裏側でもう一方が家事・育児の一部をマネージャーのようにサポートします。どちらかが家事や育児の方法に強いこだわりをもつ場合などに向いています。

ワンオペ夫婦

家事も育児もどちらか一方が担当し、もう一方は稼ぐことに専念。お互いに納得のうえなら問題ありませんが、相手を頼れるパートナーとして見られず不満を抱えるケースもあるため、話し合う時間をもつことが大切です。

子育て・家事に対する男女の考え方の違いも

以下の調査によると、妻と夫で子育てと家事に対する考え方に違いがあることがわかりました。妻は育児の手間はなるべく省きたい効率派が多いのに対し、夫は子どものためなら手間は惜しまないなど、じっくり派が多いようです。それぞれの違いを認め、円満な家庭運営を目指しましょう。

● 夫はじっくり派、妻は効率派が多い結果に

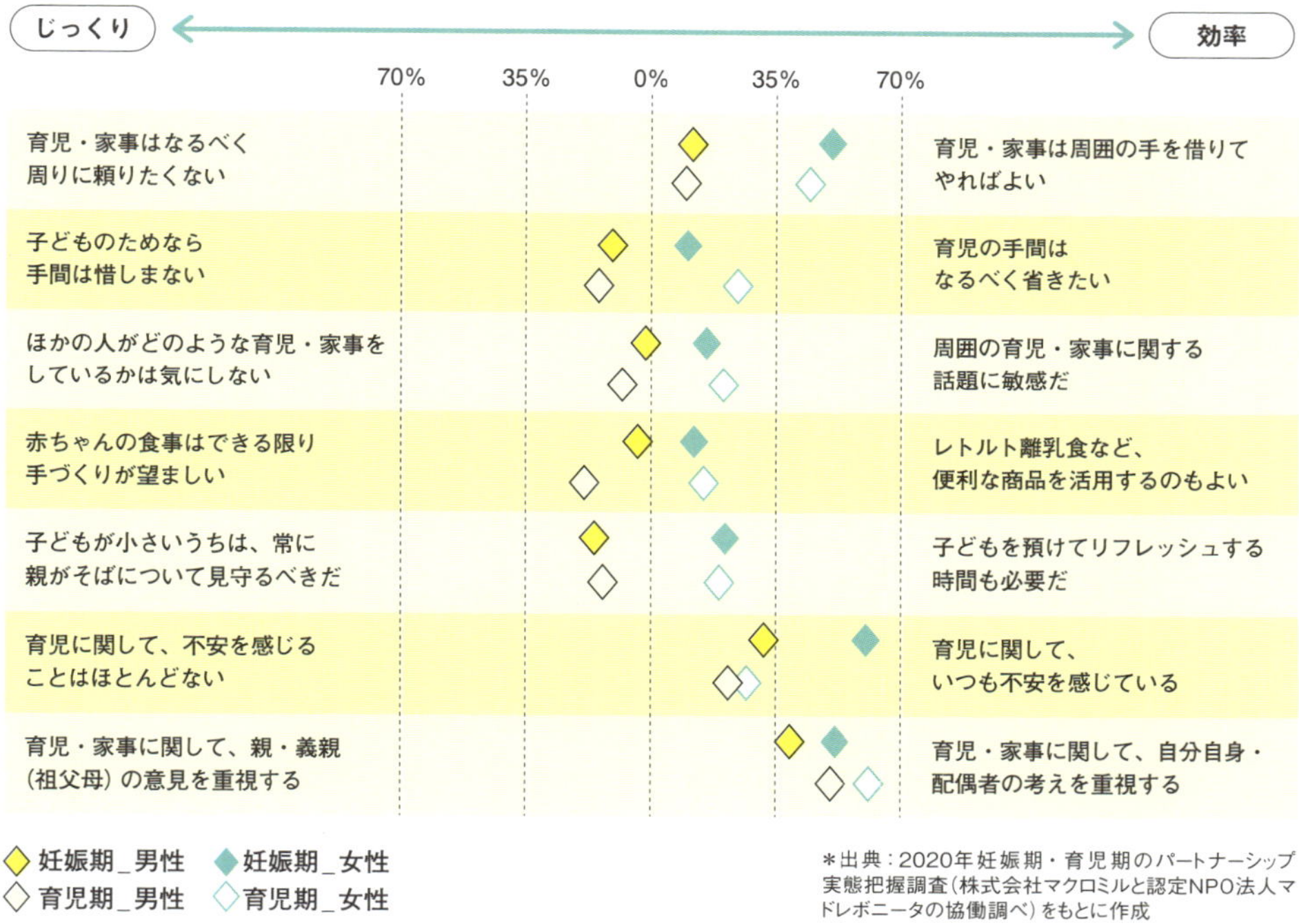

＊出典：2020年妊娠期・育児期のパートナーシップ実態把握調査（株式会社マクロミルと認定NPO法人マドレボニータの協働調べ）をもとに作成

出産後は離婚率が高くなる？

女性は産後、ホルモンバランスが崩れるため体調が激変し、気持ちが不安定になります。この状態のときに、夫が家事や育児に消極的だと夫婦の関係性が悪化し、離婚に発展することもあります。

● 産後クライシスとは

産後数年の間に愛情が冷め、夫婦仲が悪化する現象。体調や生活面の変化による不満をお互いにため込むことで生じます。妻は夫との触れ合いが苦痛になったり、夫は妻が子どもを優先することに不満を感じたりします。

原因

- ホルモンバランスの乱れ
- 子育てへの不安
- 生活リズムの乱れ
- パートナーへのいらだち
- コミュニケーション不足

対策

- 完璧を求めない
- 家事・育児の分担を見直す
- 感謝の気持ちをもつ
- 不満があるときは話し合う
- お互いに理解するための努力をする
- パートナーや親に子を任せ、ひとりの時間をつくる

05

子どもが生まれたら②
育児や家事のサポートも活用して

どちらかの負担が大きくならないように

2022年に厚生労働省が実施した「全国家庭動向調査」によると、**平日の妻の平均家事時間は4時間7分、夫は47分。育児時間は妻が8時間44分、夫は1時間57分でした。**昔に比べれば家事や育児に協力的な男性が多くなり、全国で育休取得率も上がってきてはいますが、それでも女性の負担が大きい傾向は変わっていません。

育児はひとりではできないものです。特に初めての育児では、育児ノイローゼに陥ってしまう人も。そうならないためには、育児や家事の分担や進め方をふたりできちんと話し合い、ときには周囲のサポートに頼ることも大切です。

家事にプラスされる名もなき育児

家事と同じく、育児にも「名もなき育児」がたくさんあります。名もなき家事に、名もなき育児がプラスされるのですから、ふたりで協力していくことは不可欠です。

● おもな名もなき育児

- 寝かしつける
- 起こす
- オムツを変える、トイレの世話
- 着替えの手伝い
- 食事やおやつの準備、世話
- 食べ散らかしたあとの掃除
- 歯磨き
- 検温、連絡帳記入
- 登園、登校準備
- 送り迎え
- 離乳食の献立を考える
- お風呂に入れる
- パジャマを用意する、着せる
- 髪の毛を乾かす
- お風呂上がりの保湿
- 耳掃除
- 爪を切る
- 髪の毛を整える
- 子どもの遊び相手になる
- おもちゃの片づけ
- 服や靴の買い替え
- 育児グッズのリサーチ、購入
- おむつ、おしりふき、ミルクなどの補充
- 子ども関連のスケジュールの把握
- 予防接種や定期健診
- 子どもの栄養や病気を調べる
- 習い事、進学の手続き

など

育休をとっている人はどれくらい？

2023年に育休をとった女性の割合は84.1%、男性は30.1%でした。男女で大きく差があるものの、男性の取得率は年々上昇し、2014年に比べると10倍以上になっています。

［ 育児休業取得率の推移 ］ ＊出典：令和5年度雇用均等基本調査（厚生労働省）

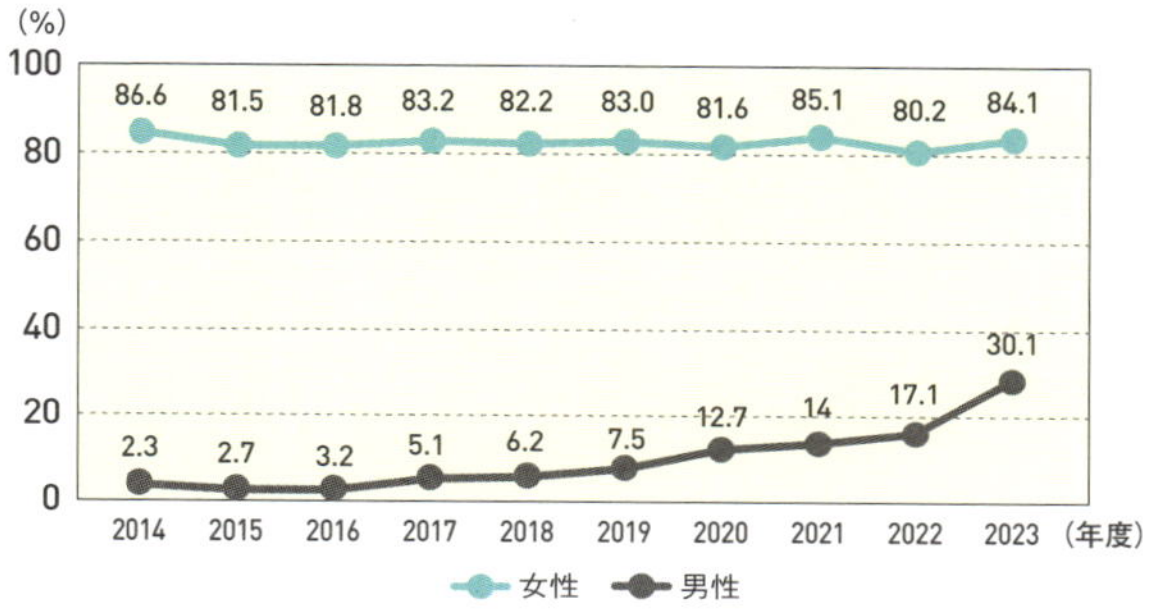

［ 育休の取得期間 ］

女性は12～18カ月未満がトップ

（単位：%）

	5日未満	5日～2週間未満	2週間～1カ月未満	1カ月～3カ月未満	3カ月～6カ月未満	6カ月～8カ月未満	8カ月～10カ月未満	10カ月～12カ月未満	12カ月～18カ月未満	18カ月～24カ月未満	24カ月～36カ月未満	36カ月以上
女性	0.4	0.2	0.6	1.8	4.4	4.6	11.4	30.9	32.7	9.3	3.0	0.6
男性	15.7	22.0	20.4	28.0	7.5	2.9	0.8	1.1	1.4	0.2	0.0	—

男性は1～3カ月未満がトップ

周りのサポートを受け入れて

共働き夫婦が増えた現代は、子育てをサポートしてもらうために実家の近くに住居をかまえる夫婦が増えています。親に頼れない場合は、自治体で行っている子育て支援事業を積極的に活用して。

親のサポート

小さな子どもを育てる共働き家庭のうち、約6～7割は親の支援を受けているといわれています。親の助けを借りられない理由は、遠居や親の高齢化、親との関係性など多岐にわたりますが、その場合は、自治体の支援なども積極的に活用しましょう。

子育て援助活動支援事業

育児の援助を受けたい人と、援助したい人を結ぶ会員制のシステム。地域の支え合いにより、仕事と育児の両立を支援しています。子どもの送迎や一時預かりなどが可能で、自治体ごとに異なりますが、謝礼は1時間1000円前後。

ベビーシッター利用支援

東京都は、保護者がベビーシッターを利用する際の費用の一部を補助する「ベビーシッター利用支援事業」を実施。ベビーシッターは自治体が定めた事業所から派遣され、時間数の上限はあるものの、実質無料です。

㊎ 東京都中野区

対象：中野区在住で、未就学児の子どもがいる保護者

助成額：1時間あたり2500円、夜間（22時～翌7時）は1時間あたり3500円

利用限度：年度内144時間（多胎児の場合、児童1人につき年度内288時間）

06

いざというときに備えたい

家族の災害対策

最低限の対策で身の安全を守る

災害は突然やってきます。家や職場ではなく、思わぬ場所にいるときかもしれません。ふたりが別々の場所にいた場合のことを考えて、**日ごろから行き先を共有するなど、コミュニケーションをとっておくことが大切です。**外出時に災害が起きた場合の行動についても話し合っておきましょう。

自宅には最低でも1週間分の備蓄を。**ストックしながら古い物から使い、買い足していく「ローリングストック」をしておくと安心です。**

また、災害が起きたときのことを考え、最寄りの避難所の把握や避難時の過ごし方を確認し、緊急連絡先リストもつくっておきましょう。

すぐできる最低限の災害対策

共同生活のスタートとともにしておきたい災害対策。以下の項目だけでもふたりで共有して対策をしておくと、いざというときに困りません。

① ハザードマップ・避難所の確認

被害が想定される区域や最寄りの避難所を、ハザードマップで確認しましょう。各自治体のサイトや国土交通省のポータルサイトからもチェックできます。

② 家具や家電の固定

激しい揺れによって家具や家電が凶器になることも。引越しや大掃除のタイミングでL字型金具やベルト式器具を使用して、家具や家電をしっかり固定しておきましょう。

③ 窓にガラス飛散防止フィルムを貼る

ガラス飛散防止フィルムを貼ることでガラス破片の飛散によるケガを防止できます。万が一を考え、寝室には家族の人数分の厚底スリッパを置いておくと安心です。

④ 備蓄品と防災リュックの用意

ライフラインが止まった場合を想定した備蓄品の準備を。避難先に行くときに持ち出す防災リュックは、玄関やリビングなど持ち出しやすい場所に置いておきましょう。

⑤ 消火器の位置・避難経路の確認

集合住宅の場合、消火器は共用部分に置かれていることが多いです。位置と使い方を確認しましょう。避難する際の経路は、実際に一度歩き、危険物がないかチェックを。

⑥ 災害時の連絡手段の共有

通信の混雑を避けるためにも、災害用伝言サービスなど、最低でも2つ以上の連絡手段を共有しておくと安心です。携帯各社のWEB伝言板なども便利です。

備蓄品と防災リュックの用意

備蓄は普段から消費している物を買い置きし、なくなる前に補充するローリングストックがおすすめ。防災リュックは重くて大きいと動きづらいので本当に必要な物だけを入れましょう。

● ローリングストックの流れ

補充する
蓄える
消費する

食品や
日用品に
使えるよ！

自宅に備蓄する物

- □ 水（1人当たりおよそ20L）
- □ 食品（アルファ米などのご飯、レトルト食品、栄養補助食品、即席麺、缶詰など最低7日分）
- □ 救急用品（ばんそうこう、包帯、消毒液など）
- □ マスク
- □ 常備薬・処方薬
- □ ウェットシート
- □ タオル
- □ 消毒用アルコール
- □ 歯ブラシ
- □ ゴミ袋、ポリ袋
- □ 軍手
- □ トイレットペーパー
- □ ティッシュペーパー

消毒

- □ ラップ・アルミホイル
- □ 割り箸・紙皿・紙コップ
- □ マッチ・ろうそく・点火棒
- □ カセットコンロ
- □ 燃料（カセットボンベ、ランタンなど）
- □ 予備電池・充電器
- □ 懐中電灯・ヘッドライト
- □ 携帯ラジオ
- □ ブランケット・防寒シート
- □ 下着
- □ 携帯トイレ

女性の備え

- □ 生理用品
- □ 不透明のポリ袋

貴重品はまとめて

- □ マイナンバーカード
- □ 運転免許証
- □ 健康保険証
- □ 本人確認書類
- □ 貯金通帳・印鑑
- □ お薬手帳
- □ 現金

それぞれの
好きな飲み物
などを入れて
幸せ備蓄を
つくっても！

防災リュックに入れる物

- □ 水（1人当たり500ml×2本）
- □ 食品（レトルト食品、ゼリー飲料、栄養補助食品など最低3日分）
- □ 救急用品（ばんそうこう、包帯、消毒液など）
- □ マスク
- □ メガネ、コンタクト
- □ 防災用ヘルメット
- □ レインウェア
- □ つま先が頑丈な安全靴
- □ タオル
- □ 軍手
- □ 防災用ホイッスル
- □ 懐中電灯・ヘッドライト
- □ ブランケット・防寒シート
- □ 携帯トイレ
- □ 歯ブラシ
- □ 使い捨てカイロ
- □ 予備電池・充電器
- □ 消毒用アルコール
- □ 筆記用具

女性の備え

- □ 生理用品
- □ 不透明のゴミ袋

厳選したアイテムを
入れる防災ポーチを
つくるのもおすすめ

避難先を決めておく

家族が別々の場所で被災した場合、万が一連絡がとれなかった際の避難場所やそこまでの経路、集合場所を具体的に決めておきます。また、自宅でふたり一緒にいるときに被災した場合には、自治体からの情報や自分たちで調べた情報をもとに、避難先をふたりで話し合って決めましょう。

● 災害が起きたときは

STEP1　身の安全を確保する

物が落ちてきたりしない場所へ速やかに移動します。揺れがおさまったら散乱したガラスに注意して次の行動へ。調理中であれば火の始末をします。

↓

STEP2　被害状況や二次災害のリスクから危険度を見極める

落ち着いて被害状況の確認を。津波など、二次災害の心配がないか公共の情報をチェックします。SNSにおける不確かな情報に振り回されないように注意。

↓

STEP3　自分たちで生活できるか判断する

自宅の損傷が少なく、浸水などのリスクがないことを確認したうえで、不安なく生活できるなら在宅避難、自宅での生活が不安な場合は避難所へ。

- □ ライフラインは正常か
- □ 備蓄品は用意してあるか

不安あり ↓

地域の避難所へ移動

避難所での生活は避難してきた人たちとの共同生活です。ルールとマナーを守り、助け合いながら生活することが大切です。感染症にも気をつける必要があります。避難前に自宅の防災や防犯対策をしっかり行いましょう。

不安なし ↓

在宅避難で過ごす

住み慣れた家で避難生活が送れるためストレスが少なく、感染症のリスクや犯罪被害に遭うリスクが小さいというメリットがあります。避難所のように日用品などがすぐに手に入るとは限らないため、備えが必要です。

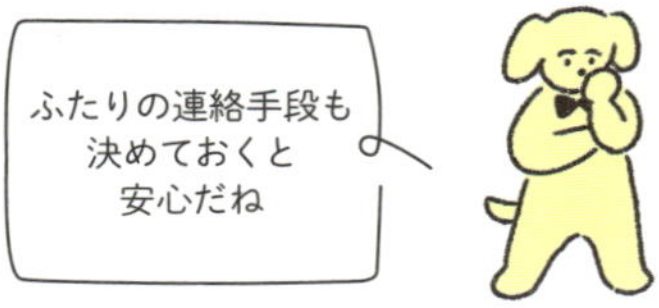
ふたりの連絡手段も
決めておくと
安心だね

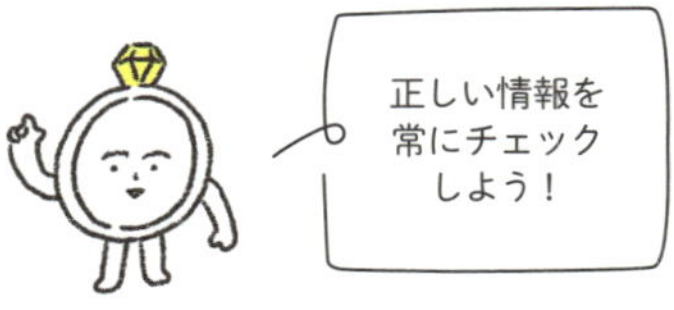
正しい情報を
常にチェック
しよう！

緊急連絡先リストを作成する

災害時には何が起こるかわからないため、緊急時に把握しておく必要のある情報をまとめたリストがあるとスムーズに対応できます。リストは、ふたりそれぞれが持ち運びやすい大きさに印刷して、財布やバッグなどに入れておき、いつ災害が起きても確認できるようにしておきましょう。

氏名

生年月日　／　／

血液型

持病・アレルギー

実家TEL

職場TEL

氏名

生年月日　／　／

血液型

持病・アレルギー

実家TEL

職場TEL

災害時伝言ダイヤル

避難所・避難場所

管理会社・大家

ガス会社

電力会社

水道会社

保険会社

携帯会社

居住地の役所

病院

クレジットカード会社

MEMO

07

何より大切な心身の健康①

健康状態を把握する

慌てず焦らず 大切な人を守るために

家族の体調不良やケガは、いつ起こるかわかりません。夫婦生活では日ごろから自分の健康を管理しながら、パートナーの体調や健康状態を意識的に把握しておくことが大切です。事前に「貧血ぎみ」や「お腹をこわしやすい」など、**自分の体質についてもお互いに申告し、理解しておくといいでしょう。**

また、本人が倒れたときなど、いざというときに代わりにパートナーが対応できるよう、**既往歴やかかりつけの病院の共有も忘れずに。自宅周辺の病院を把握しておくことも大切です。**結婚前にお互いの健康状態がわかるブライダルチェックをしておくのもおすすめです。

持病や体質などをきちんと伝え合う

持病は必ずパートナーに申告し、対処法も伝えておきましょう。事前に伝えておくことでお互いの不調に気づきやすくなります。

持病

慢性的な病気や症状である持病は、高血圧や腰痛などさまざま。パートナーには治療の有無、症状との向き合い方、悪化した場合の対応などをこと細かに共有し、理解し合う努力を。

アレルギー

食べものや花粉、薬などに対する過剰な反応であるアレルギーは、一歩間違えれば命に関わります。発作が起こるとどうなるのか、対処法や薬の場所、かかりつけ医の共有を。

月経痛・PMS

月経の際に下腹部や腰に痛みが生じたり、月経前に気分の浮き沈みがあったり、めまいがしたり。個人差があり、男性には理解が難しい症状だからこそ、しっかり情報をシェアしておきましょう。

精神疾患

うつ病など、気分や思考に影響が出る心の病気は言いづらいものですが、相手を信頼して打ち明けて。これまでの経緯や体験を話し、症状が出た場合の対処法を伝えておくと安心です。

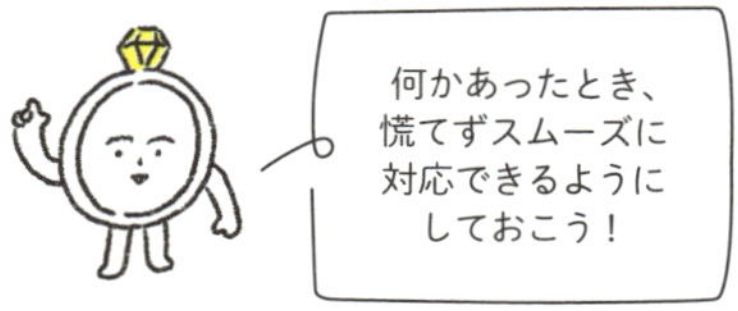

何かあったとき、
慌てずスムーズに
対応できるように
しておこう！

POINT

もしものための病院リストづくりを

いつでも駆け込める病院のリストをつくっておくと、いざというときに困りません。かかりつけの病院や夜間対応の病院のほかに、近所の病院をリストアップしましょう。緊急のときに利用する救急カードは、パートナーがわかる場所に用意を。

救急カードの記入

- ☐ かかりつけ病院（かかりつけ医）
- ☐ アレルギー
- ☐ 常用薬
- ☐ 既往歴・持病、手術歴

揃えておきたい基本の常備薬

家族がケガをしたり、急に発熱したりしたときのために、家に常備薬や衛生用品を揃えた救急箱があると安心です。それぞれの持病や体質に合わせて、薬の効能を確認して揃えておきましょう。

医薬品

- □ かぜ薬
- □ 解熱鎮痛剤
- □ せき止め
- □ のど清涼剤
- □ うがい薬
- □ 胃腸薬
- □ 整腸薬
- □ 下痢止め
- □ シップ薬
- □ 目薬
- □ かゆみ止めの薬

自分たちに
必要な物を揃えよう

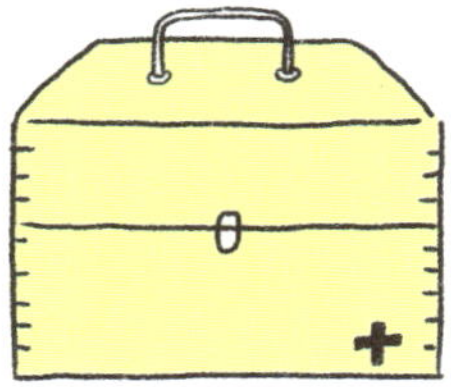

衛生用品

- □ ばんそうこう
- □ 包帯
- □ ガーゼ
- □ 殺菌消毒薬
- □ 体温計
- □ ピンセット

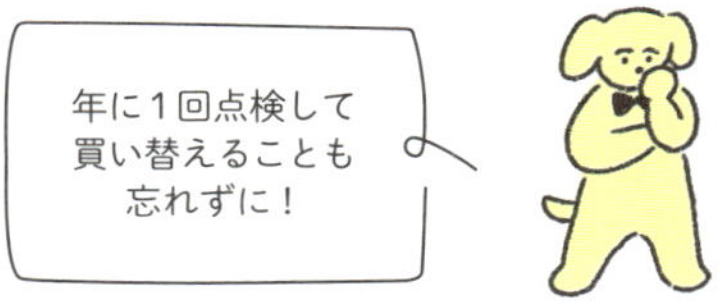

もしものときの応急処置

家の中で思いがけないケガをした際、あとで病院に行く場合でも素早い処置が大切です。慌てることなく処置ができるよう事前に応急処置の方法を知っておきましょう。

やけど

やけどをしたら、すぐに冷やすことが大事。3～5分程度、流水で冷やし続けましょう。服の上からやけどした場合はそのまま冷やします。流水がかけられない顔などのやけどは、保冷剤や氷を当てて対処します。水泡ができたり、皮膚がむけた場合は病院へ。

ねんざ

安静にしたまま、10～15分程度冷水などで冷やします。包帯などを巻いて固定して心臓より高い位置に上げて様子を見ましょう。ひと晩たっても痛みやはれがひかず、症状が長引く場合には、骨折の可能性があります。病院で診てもらいましょう。

転倒

体を打った場合、動かせるようならねんざのときと同様に、患部を冷やして様子を見ましょう。頭や顔を強く打った場合は脳が損傷を受けている可能性があります。数時間・数日後に症状が出ることが多いため必ずすぐに病院へ。腹部の打撲で食欲がなくなった場合も急いで病院へ。

切り傷

患部をよく洗い流して、清潔なガーゼなどを傷口に当てます。手足の場合は傷口を心臓よりも高く上げ、上から手で押さえて最低3分間圧迫を。いつまでも傷口が痛む場合や周囲が赤くなってきた場合は細菌が入っている可能性があります。病院を受診しましょう。

傷口は心臓より
高い位置に！

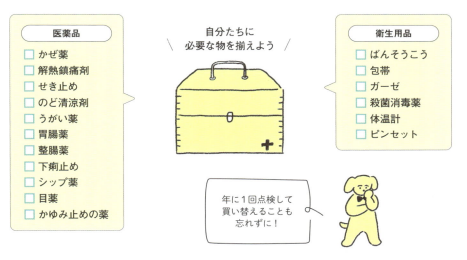

08

何より大切な心身の健康②

生活習慣病を予防するには

夫婦は同じ生活習慣病になりやすい

一緒に住み、同じ食事をして同じような生活サイクルや習慣で過ごす夫婦は、同じ生活習慣病になりやすいとされています。

生活習慣病にはストレスや睡眠不足、食生活の乱れ、運動不足など日常の過ごし方が大きく関わっています。**生活習慣病を予防するためには、ふたりで協力しながら今の生活を改めて見直して、改善する努力が必要**です。

「今日のお昼は何を食べた？」「ぐっすり眠れた？」など、日ごろからお互いの健康を思いやった声がけをし合うなど、家族ならではの支え合いを。定期的に夫婦で一緒に健康診断を受診してもいいでしょう。

生活習慣病とは

食習慣や運動習慣、喫煙、飲酒など生活習慣が発症の要因となる疾患を生活習慣病といいます。日本人の死亡者数の約６割を占める病気です。

● 生活習慣と関連する病気

運動習慣	心疾患、脳血管疾患、糖尿病（成人型）、肥満、高脂血症、高血圧　など
食習慣	心疾患、脳血管疾患、糖尿病（成人型）、肥満、高脂血症、高尿酸血症、循環器病、大腸がん、歯周病　など
喫煙	心疾患、脳血管疾患、肺扁平上皮がん、慢性気管支炎、肺気腫、循環器病、歯周病　など
飲酒	心疾患、脳血管疾患、アルコール性肝疾患　など

● 七大疾病はいずれも生活習慣病

死亡率TOP３を占めるがん、心疾患、脳血管疾患の三大疾病に加え、高血圧性疾患、糖尿病、慢性腎不全、肝硬変を含めた病気を七大疾病と呼びます。入院患者の３人にひとりが該当します。

［ 死亡率TOP3 ］

がん
24.3%
（38万2504人）

心疾患
14.7%
（23万1148人）

脳血管疾患
6.6%
（10万4533人）

＊出典：令和5年（2023）人口動態統計（確定数）の概況（厚生労働省）

生活習慣病の予防法

生活習慣病は日ごろの食事や運動、睡眠などの習慣を整えることで予防することができます。ふたりで協力しながら今の生活を見直しできることから取り組んでみましょう。

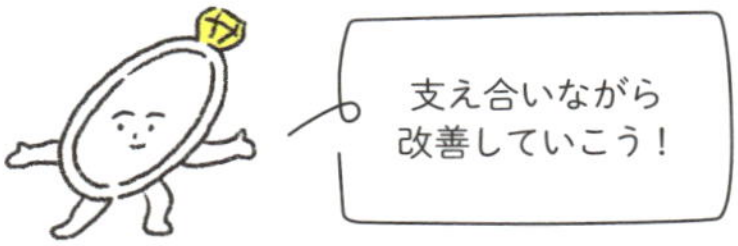

バランスのとれた食事を

食生活

バランスのとれた食事を適切な量で規則正しくとることが大切。献立を考える際は、主食・主菜・副菜を組み合わせて栄養がかたよらないように気をつけましょう。市販食品や外食メニューも活用しながら、無理のない取り組みを。

すぐできる

- 塩分は控えめに
- 野菜や果物をとる
- 栄養成分表示を見る

睡眠の質を上げよう

休養

慢性的に睡眠不足の人は糖尿病などの生活習慣病にかかりやすいことが明らかです。まずは日中眠くならない程度の睡眠時間を確保。質のよい睡眠のために、朝は太陽の光で体内時計を整え、規則正しい生活を心がけましょう。

すぐできる

- カフェイン接種は就寝の6～8時間前まで
- 寝酒をしない
- 寝る前にスマホを見ない

缶ビールは1日1本まで！

飲酒

「酒は百薬の長」といいますが、飲みすぎはNG。厚生労働省によると、純アルコールにして1日20g（ビールの場合500mℓ）が望ましいそうです。食事をしながら、ふたりで楽しく飲める程度にとどめておくのが◎。

すぐできる

- 休肝日を設ける
- ゆっくり飲む
- 家にお酒の買い置きをしない

＋10（プラス・テン）から始めて！

運動習慣

今より10分多く体を動かすだけで、死亡や生活習慣病のリスクは3～4％減るそうです。運動習慣がない場合でも、まずは＋10から始めて徐々に増やしていき、最終的には1日60分の運動を目指しましょう。

すぐできる

- ストレッチで体をほぐす
- 階段を利用する
- ひと駅分歩く

たばこをやめる努力を！

喫煙

たばこの害はがんをはじめ、糖尿病など全身に及びます。できれば自分と家族のために禁煙する努力を。禁煙治療には健康保険が適用される場合もあります。禁煙外来のある医療機関を受診する前に確認してみましょう。

すぐできる

- 吸う本数を減らす
- 禁煙補助薬の利用
- たばこをガムやあめに置き換える

POINT

たばこの煙は家族の健康にも影響！

たばこの煙には、多くの有害物質が含まれています。それらは喫煙者が吸い込む煙よりもたばこから出る煙に多く含まれるため、受動喫煙による家族のがんリスクが高まる危険性があります。

09

何より大切な心身の健康③

更年期障害など、加齢に伴う変化を知る

共に年を重ねていくふたり変化も受け入れて

加齢とともに女性も男性もホルモンバランスの乱れなどで心身に変化があらわれます。**なかでも大きな変化は40代以降の女性の更年期障害です。女性ホルモンの分泌量が急激に減ることが原因となり、多くの女性に不快な症状があらわれます。**

おもな症状は、疲れやすい、イライラする、汗をかきやすいなどさまざまで、個人差が大きいのが特徴です。**精神面に影響が出て、夫婦関係が悪化して離婚に発展する夫婦もいます。**加齢に伴う心身の変化を今から理解しておくことで、更年期離婚の回避に繋がるかもしれません。いくつになっても、つらいときこそお互いを支え合う気持ちが大切です。

更年期障害はホルモンの減少で起こる

女性の更年期の不調は、加齢によって卵巣機能が低下し、女性ホルモン（エストロゲン）が減少することで起こります。体質などが関係していることも。

エストロゲンとは

女性ホルモンのひとつで、女性らしい丸みをおびた体をつくります。8～9歳頃から卵巣で分泌が始まり、20代前半～30代後半までをピークに、加齢とともに減少していきます。

テストステロンとは

男性らしい肉体をつくるステロイドホルモンのひとつ。集中力やチャレンジ精神など、メンタル面に影響を与えます。男性の場合、20代をピークに年齢とともに徐々に減少します。

↓

ホルモンが減ることで更年期障害に

［男性・女性ホルモンの推移］

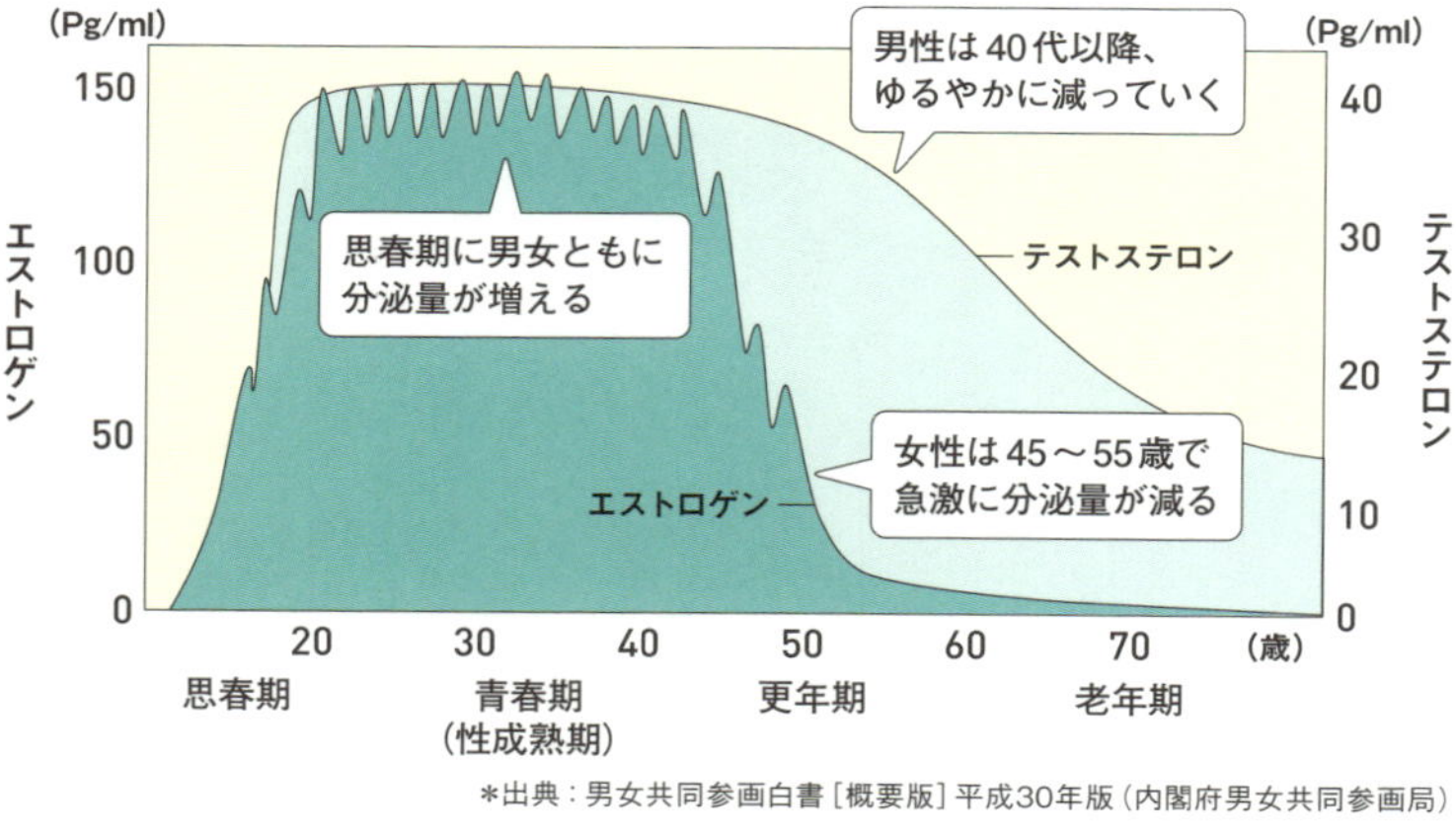

＊出典：男女共同参画白書［概要版］平成30年版（内閣府男女共同参画局）

更年期は男性にもある

女性に起こるものと思われがちな更年期障害は、男性にも起こります。男性の場合は発症時期に決まりがなく、終わりがはっきりしていないのが特徴です。

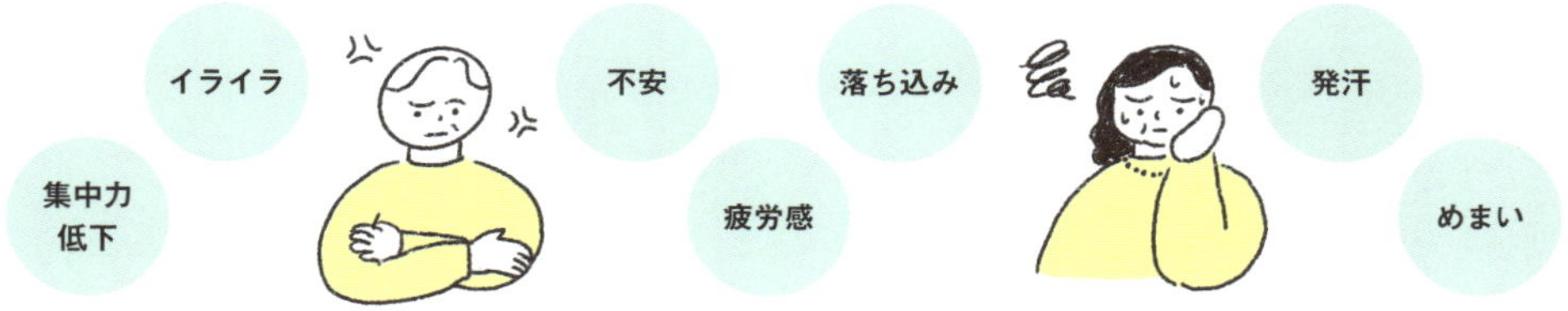

	男性	女性
原因	テストステロンの減少	エストロゲンの減少
発症時期と特徴	40代以降にじわじわと症状が出始め、長期にわたる。60～70代でも発症。環境に影響されやすく、程度には個人差がある。	急に症状があらわれ始める。閉経前後のおよそ10年間で、それを過ぎるとおさまる。程度には個人差がある。
おもな精神症状	● 抑うつ感 ● 記憶力や集中力の低下 ● 不安感 ● 落ち込み ● イライラ ● 情緒不安定	
おもな身体症状	● しびれ ● 発汗、ほてり、のぼせ（ホットフラッシュ） ● 手足の冷え ● 動悸 ● 頭痛 ● 肩こり、腰痛 ● めまい ● 疲労感	
おもな性機能関連症状	● 性欲の低下 ● ED（勃起不全）	性交痛など

加齢に伴う変化はほかにも

ホルモンバランスによる影響のほかにも、代謝や筋力の低下などによって体にはさまざまな変化が。仕方のない部分もありますが、結婚後のパートナーの体型の変化に幻滅する人も少なくありません。若いときから食生活や運動などに気を配りましょう。

加齢臭

活性酸素増加などの影響で発生する加齢臭は50代以降に知覚されやすくなります。頭や首、わきの下などから発生しやすく、自分では気がつきにくいのが特徴です。

頻尿

加齢による腎機能や骨盤底筋などの筋肉、膀胱や尿道の機能の低下などによって頻尿になる可能性が。男性の場合は、加齢による前立腺肥大が原因になることもあります。

メタボリックシンドローム、肥満

代謝が低下し、肥満になりやすくなります。お腹の内面や内臓の周囲に脂肪が蓄積する内臓肥満になり、高血圧や高血糖、脂質代謝異常が組み合わさるメタボリックシンドロームになることも。

POINT

女性の体型変化のポイントは3回

女性の体型変化のターニングポイントは人生に3度。最初は16～18歳で成長が止まり、大人の体つきに変化。2度目の24～26歳では女性としての体が完成し、サイズ変化の転換期に。3度目の37～39歳で急激な体重増加により体型が変化します。

＊出典：WACOALホームページ
「スパイラルエイジング（2000年発表）」
（ワコール人間科学研究開発センター）

10

何より大切な心身の健康④

もしモラハラやDVを受けたら

深刻なダメージが残る前に相手から離れて

相手を侮辱して精神的に追い詰めるモラハラやパートナーからの暴力であるDV（ドメスティック・バイオレンス）は、家族であっても決して許されるものではありません。家庭内であるからこそ、外からはわかりづらく、知り合いに相談しても「あの人がまさか」、「そんな人には見えない」と言われることも。**それに対して「自分が間違っているのかも」、「自分さえ我慢すれば」と泣き寝入りしてしまう人が多い**のが実情です。

しかし、モラハラもDVも我慢すればするほど、恐怖によって体調が悪化したり、精神が不安定になっていきます。**まずは、自分の心と体を守ることを一番に考えましょう。**

夫婦げんかとモラハラの違い

夫婦げんかでも冷静になれずに、相手を攻撃したり、無視したりしてしまうことがありますが、けんかとモラハラには大きな違いがあります。

ふたりの関係が対等でない

モラハラは相手が圧倒的に支配者であるかのようにふるまうのが特徴です。自分の思い通りにコントロールするために、相手に特定の行動を求めたり、禁止したります。

怒りや嫌がらせが度を越している

多くの人が怒らないことに対して、こちらが恐怖に感じるほど激しく怒ります。怒鳴ったり、心ない言葉をあびせたりなど、嫌がらせが度を越しています。

身体的暴力だけがDVじゃない

暴力というと、実際に殴る・蹴るなどのイメージがありますが、心理的な攻撃もDVのひとつ。経済的な圧迫や性的な行為の強要などもDVです。

心理的暴力

- ののしる
- スマホをチェックする
- 交友関係を制限する
- 行動や服装に指示を出す
- 人格を否定するような暴言を吐く
- 長時間無視し続ける
- 延々と説教を続ける
- 他人の前で小馬鹿にする
- 物にあたる　など

経済的暴力

- 生活費を最低限しか渡さない
- お金を借りて返さない
- 無理やり物を買わせる　など

性的暴力

- 性的行為の強要
- 避妊に協力しない
- 中絶を強要する　など

モラハラをする人の特徴

モラハラは男性からだけではなく、女性から行われる場合もあります。家庭内で起こる場合は表面化しにくいものです。モラハラする人に共通する特徴を知っておくといいでしょう。

- □ 相手を認めない
- □ 平気で嘘をつく
- □ 共感しない
- □ 大声で怒鳴る
- □ 無視する
- □ 侮辱する
- □ 何を言っても否定する
- □ 会話のキャッチボールができない
- □ マウントをとる
- □ 嫉妬や依存、束縛が激しい
- □ プライドが高い

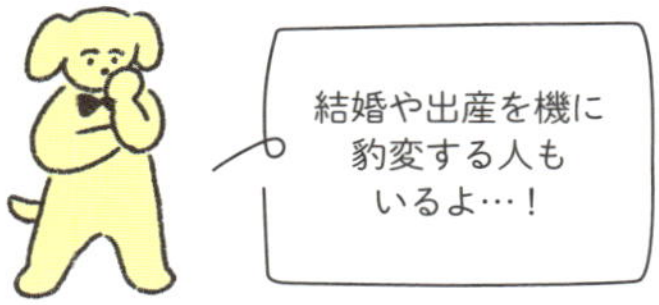

モラハラやDVの被害を受けたら

「もしかしてこれってモラハラかも？」と思ったり、パートナーからDVを受けたりしたときには、我慢や泣き寝入りは禁物。専門機関などの第三者の力を借りながら、毅然と対応しましょう。

自覚させる

加害者、被害者ともに自覚のないケースもあります。「もしかしたら」と思ったら、夫婦でモラハラやDVのチェックリストを確認してみるなど、自覚を促してみましょう。それでも自覚が見られない場合には次の段階の対応を。

第三者に相談

モラハラやDVによる恐怖から判断能力が低下している可能性も。モラハラからどう逃げ出したらいいのかわからなくなったら、カウンセラーやNPO法人、自治体の相談窓口へ相談を。離婚問題を扱う弁護士も相談に応じています。

別居する

今すぐ離婚に踏み切れない場合には、別居をして物理的に距離をとりましょう。別居の場合、収入が少ない側が収入の多い側に支払いを求めることができます。距離をおいたことで判断能力や自分の意思を取り戻せることも。

離婚する

最終的には離婚という決断を。モラハラやDVの加害者には理屈が通じにくいため、こじれる可能性があります。離婚問題を取り扱う弁護士に相談し、直接顔を合わせずに交渉を進められるといいでしょう。

POINT

支援の窓口に相談も

【DV相談ナビ「＃8008」（はれれば）】　TEL：＃8008

全国共通の電話番号（＃8008）に電話すると近くの都道府県配偶者暴力相談支援センターにつながります。電話相談のほか、面談や同行支援、保護などのサポートも。

【DV相談＋（プラス）】　TEL：0120-279-889

365日、24時間、電話やメールで相談ができ、一部時間はチャットでの相談も可能。相談員が必要と判断した場合は面接や同行などの直接支援や安全な場所の提供も。

Q&A

Q なぜモラハラやDVをするの？

A モラハラやDVを行う人の背景にはさまざまな原因があります。幼少期の親からの虐待や、過保護・過干渉によってうまく人格が形成されなかったことをはじめ、日々のストレスやもともとの性格など、複数の要因が絡まり合った心の病気のあらわれなのです。

11

婚姻関係が破綻することも…

もし離婚したくなったら

まずは冷静になって気持ちを整理して

結婚したものの、性格の不一致やパートナーの過失など、さまざまな理由から夫婦関係を解消せざるを得なくなることもあります。そんなとき、**相手にいきなり離婚を切り出すのは得策ではありません。焦って決断した結果、自分が不利な条件で離婚することになったり、その後の生活が不自由になったりすることも。**一度冷静になり、自分の考えと状況を整理しましょう。

意思が固まったら相手に離婚を申し出ます。結婚がふたりの同意のもとで行われるように、離婚もお互いの同意が必要です。夫婦の話し合いで進めるか、裁判所を通すのか、状況に合わせて判断します。

離婚の理由No. 1は「性格の不一致」

離婚の理由として最も多かったのは、お互いの価値観の相違。異性関係のトラブルやDVなど、精神的・肉体的に追い詰められた結果、離婚調停を申し立てるケースも少なくありません。

	男性	女性
1位	性格が合わない	性格が合わない
2位	異性関係	暴力をふるう
3位	浪費する	異性関係
4位	性的不調和	浪費する
5位	暴力をふるう	性的不調和

*出典：令和5年司法統計年報 3家事編 第19表「婚姻関係事件数─申立ての動機別」（最高裁判所事務総局）

● 離婚を決めたら準備しておきたいこと

生活の目処を立てる

今後の住居、子どもの環境など、生活が一変することを前提に、貯金額や就業状況を踏まえて生計を立てる準備をしましょう。

証拠の収集

不倫やDVが原因なら、不倫相手に送ったメッセージのスクリーンショット、DVの診断書、暴言の録音データなどの証拠を揃えましょう。

離婚条件の確立

離婚を申し立てても、配偶者の合意がなければ裁判で争うことに。法定離婚事由と呼ばれる民法で定められた離婚条件を確認しておきましょう。

精神的な自立

精神的負担が大きい離婚は、自分の意思を強くもつことが何よりも重要になります。家族や行政など、相談先を増やすことも考えましょう。

離婚の方法はおもに2つ

夫婦の状況や離婚条件により適した離婚の方法を決めます。夫婦間での話し合いが可能なら「協議離婚」になりますが、折り合いがつかない場合は裁判所を通す「調停離婚」などを行います。弁護士費用は弁護士事務所や条件によって異なります。

● 夫婦間で直接話し合う

協議離婚

裁判所を利用せずに、当人同士の話し合いによって成立する離婚。日本における離婚成立の約9割は協議離婚によるものです。

費用 夫婦間の話し合いで済む場合は0円。弁護士を立てた場合、30～50万円。

*公正証書の費用は数万円。

● 裁判所を通して成立する

調停離婚 → **裁判離婚**

調停離婚

家庭裁判所で、調停委員を交えた手続きで成立する離婚。夫婦間の話し合いが難しい場合や、協議離婚が成立しなかった場合に申し立てます。

費用 弁護士なしの場合、申し立て費用約3000円。弁護士を立てた場合、30～50万円。

裁判離婚

離婚方法の最終手段として、調停離婚（または審判離婚）が成立しなかった場合に裁判所が判断を下して成立する離婚。法定離婚事由が必要になります。

費用 弁護士なしの場合、裁判費用～3万円。弁護士を立てた場合、40～60万円。

協議離婚の進め方

離婚の切り出しから離婚届を提出するまでの一般的な流れです。離婚したいことを口頭で相手に伝える場合は、感情的にならないよう気をつけましょう。

① 離婚を切り出す

↓

合意

↓

② 離婚条件を話し合う

- 慰謝料の請求額
- 預貯金や家などの財産分与
- 年金分割
- 子どもの親権と養育費
- 子どもとの面会交流

→

③ 離婚協議書の作成

離婚条件は離婚協議書として記録に残しましょう。書式は法律事務所のウェブサイトにあるサンプルを使うと安心です。

↓

④ 離婚協議書を公正証書に

公証役場に離婚協議書を持ち込み、公正証書として保存するのがおすすめです。あとあとのトラブルを防ぐのに役立ちます。

↓

⑤ 離婚届を提出する

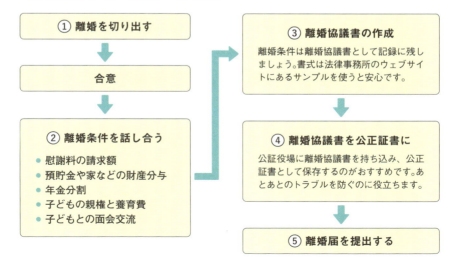

12

ふたりにとって特別な日

結婚記念日をお祝いしよう

結婚記念日には日ごろの感謝を伝えて

結婚記念日は、パートナーはもちろん、親や親戚にも感謝の気持ちを伝えるよい機会です。**日付は通常、入籍日か挙式日のどちらかにし**、そこから何年経過したかで結婚年数を考えます。まずはふたりで、夫婦の結婚記念日を決めましょう。

結婚記念日の過ごし方や贈り物は自由ですが、毎年のルールを決めてみても◎。**1周年の「紙婚式」や、25周年の「銀婚式」、50周年の「金婚式」など、節目となる年には、親族を呼び盛大に祝うのが理想とされてきました。**これから先、ふたりでどんな結婚記念日を過ごしていきたいか計画を立ててみましょう。

結婚記念日の意味と贈り物

イギリス発祥とされ、明治天皇の銀婚式パーティーで日本に広まった結婚記念日。年数ごとに異なる名称には込められた意味があり、呼び名にちなむ贈り物もあります。もちろん、名称や意味にこだわらず、好きな贈り物を用意しても。

年数	呼び名	意味	おすすめプレゼント
1周年	紙婚式《かみこんしき》	白紙の状態から、夫婦の輝かしい将来を願う年	手帳やアルバムなどの紙製品
2周年	綿婚式《めんこんしき》・藁婚式《わらこんしき》	綿や藁のように弱い関係なので支え合う年	綿のネクタイ、パジャマ
3周年	革婚式《かわこんしき》	革のように柔軟で丈夫な関係を築く年	革の財布、ベルト
4周年	花婚式《はなこんしき》	花が実になるように家族の幸せが実る年	花束、花柄の雑貨
5周年	木婚式《もっこんしき》	大地に根を張るように安定した夫婦生活を送る年	植物、木製のキーリング
6周年	鉄婚式《てつこんしき》	鉄のようにかたくて強い絆が生まれる年	鉄製の鍋、フライパン
7周年	銅婚式《どうこんしき》	銅のような安定した結婚生活を送れるよう願う年	銅製の食器、タンブラー
8周年	ゴム婚式・青銅婚式《せいどうこんしき》	揺らがない絆をもち、より美しい関係になる年	ラバーバングル、青銅の置物
9周年	陶器婚式《とうきこんしき》	お互いを陶器のように大切に扱おうという年	陶器製の茶碗やマグカップ
10周年	錫婚式《すずこんしき》・アルミ婚式	美しさをもち、夫婦の問題も柔軟に乗り越える年	錫製の鍋、食器

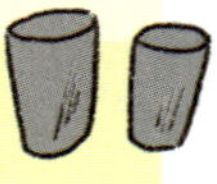

年数	呼び名	意味	おすすめプレゼント
15周年	**水晶婚式《すいしょうこんしき》**	嘘や偽りがなく水晶のように透明な関係性を築く年	水晶のピアス、キーホルダー
20周年	**磁器婚式《じきこんしき》**	丈夫で割れにくく、月日がたつほど値打ちが増す年	磁器の食器、置物
25周年	**銀婚式《ぎんこんしき》**	夫婦の形を磨けば磨くほど輝く年	銀製のカトラリー
30周年	**真珠婚式《しんじゅこんしき》**	富と健康をあらわす真珠にあやかり、長寿を願う年	パールのアクセサリー
35周年	**珊瑚婚式《さんごこんしき》**	長い年月をかけて成長したふたりを祝う年	珊瑚の置物
40周年	**ルビー婚式**	この先も深い愛情で結ばれることを祈る年	赤いバラの花束、ボトルワイン
45周年	**サファイア婚式**	誠実に、色あせることない夫婦の絆を築く年	青色の服飾品
50周年	**金婚式《きんこんしき》**	ふたりで金色のような輝きを得たことを祝う年	金があしらわれた酒器
55周年	**エメラルド婚式**	今後も夫婦に幸福が訪れることを祈る年	深緑色のグラス、ペンダント
60周年	**ダイヤモンド婚式**	長寿と家族の繁栄を祝う年	ダイヤモンドのジュエリー
65周年	**ブルースターサファイア婚式**	長い歳月を夫婦で乗り越えてきたことを称える年	瑠璃色の花瓶
70周年	**プラチナ婚式**	奇跡のようなふたりの幸福を祝う年	プラチナが入った食器セット

POINT

ふたりの歴史を刻む結婚記念日写真

毎年もしくは５年に一度など、結婚記念日に記念写真を撮るのもおすすめ。毎年同じ写真館やレストランで撮影をする夫婦も多く、ふたりの歴史や変化を感じられるよい機会になります。

みんなの結婚

結婚記念日 編

手紙とプレゼントを贈り合っています

毎年お互いに手紙を書いて、ちょっとしたプレゼントを贈り合うのが恒例。豪華な外食はせず、家でごちそうをつくってお祝いしています。この間は結婚10周年だったので少し奮発して、高級ブランドの眼鏡をふたりで新調しました。（30代・女性）

記念日貯金で国内旅行！

結婚記念日に近い週末に、1泊2日の国内旅行に行くのが決まりです。年ごとにお互いが行きたい場所を選ぶようにして、観光やグルメを楽しんでいます。遠出が難しい年は、近場の少しいいホテルや温泉に行くこともあります。（40代・男性）

結婚記念日は特別！年に一度の贅沢ディナー

普段は絶対行かないような高級店を予約して、贅沢ディナーを満喫しています。おいしい料理はもちろん、何より非日常感を味わえるのが楽しい！　来年の記念日は、ディナークルーズに行ってみる予定です！（20代・女性）

新婚時代を思い出すために……

いつからか、毎年必ず自分たちの結婚式ムービーを観るのが恒例行事に。子どもが生まれてからは、ご飯を食べながら、家族一緒に見るようになりました。案外、私も夫も初心を思い出すいい機会になっているように感じます。（30代・女性）

毎年増えていくふたりで育てる観葉植物

結婚記念日には毎年、ふたりで選んだ観葉植物をわが家にお迎えしています。お店で選んでいる時間も楽しいですし、生花と違って寿命も長いので、丁寧に時間をかけて育てていけるのがいいところ。部屋にグリーンが増えると癒しにもなるのでおすすめです。（20代・女性）

子ども主催の記念日パーティー

子どもたちが小さかったころは、子どもが結婚記念日にはお祝い会を開いてくれていました。飾りや出し物などをサプライズで用意してくれて、子どもの成長も感じられる特別な時間でした。子どもが大きくなってからは、ふたりで外食してお互いに感謝を伝え合っています。（50代・男性）

巻末特典

結婚式準備
完全マニュアル

人生の一大イベント、結婚式。
予算やスケジュールも考慮して
自分たちらしいウエディングイベントを。

【監修】岡村奈奈（ウエディングプランナー）

01

挙式・披露宴の計画①

結婚式までのスケジュールを把握しよう

まずはイメージの共有と情報収集を

結婚式のスタイルや種類はさまざま。そのため、ふたりの間で初めから結婚式のイメージがぴったり一致するとは限りません。**まずは、お互いが理想とする結婚式についてじっくり話し合いましょう。**

はっきりとしたイメージが浮かばない場合は、これまで列席した結婚式や、ドラマなどで観た結婚式の印象など好みを伝え合うことから始めてもＯＫ。並行して情報収集を行いながら、具体的な内容を調べていくとスムーズです。ＳＮＳや結婚情報誌、書籍などを活用しましょう。**情報はかたよりのないよう広く集め、余裕をもって合うものを選ぶことが大切です。**

お互いの結婚式のイメージを話し合う

具体的な準備を始める前に、重要なのがふたりのイメージのすり合わせ。無理をせず遠慮しないで、お互いの意見を出し合いましょう。

私は
チャペルで挙式
したいんだけど、
どうかな？
うん、
いいと思う！
ゲストは
どれくらい呼ぶ？

Q&A

Q 話し合いで大切なことは？

A どちらかが主導権を握って進めてもよいですが、「好きにして」という態度で一方的に任せてしまうのはNG。ふたりが当事者意識をしっかりもって、家族の意向も取り入れることが成功への近道です。

結婚式の情報の集め方

SNSをはじめ、結婚に関する情報はインターネット上に溢れています。情報に振り回されないよう、ふたりのイメージを固めたうえで活用しましょう。

SNS

インスタグラムやXには、結婚式を挙げたばかりの花嫁や、今まさに準備中のカップルたちの生の声や写真など、多くの最新情報が発信されています。必要な情報を上手に取り入れて。

結婚情報誌・書籍

結婚情報誌には式場の詳細やブライダルフェアの情報などが豊富。書籍には結婚式前後の段取りやマナーなど、結婚するふたりならおさえておきたい情報が載っていることも多いです。

友人や知人から

実際に結婚式を挙げた友人や知人からのリアルな体験談は、一番の情報源。準備で大変だったこと、やってよかったことなど、細かいところまでアドバイスをもらっておきましょう。

準備スタートの平均は8カ月前から！

準備期間は、1年以上かけてじっくり進める人から、3カ月の短期集中型の人までさまざま。まずは、全体の流れを把握してふたりに合った進め方を考えます。

8カ月前

- □ お互いの親に挨拶、結婚の了承を得る
- □ 挙式、披露宴の情報を集め、検討する
- □ 日取り、招待客数、予算を検討する
- □ ブライダルフェアや会場見学に行く　など

↓

6カ月前

- □ 会場を決定し予約する
- □ ドレスや衣装の情報を集め、計画を立てる →試着へ
- □ 結納・両家顔合わせ食事会
- □ 招待客のリストを作成する　など

↓

3カ月前

- □ 披露宴の内容を検討する
- □ 司会者、スピーチなどを依頼する
- □ 招待状を発送する
- □ 二次会の検討、手配を始める
- □ ブライダルエステに通う
- □ 結婚指輪を購入する
- □ 会場装花、ブーケの手配　など

↓

2カ月前

- □ 引き出物、引き菓子を発注する
- □ ペーパーアイテムを手配する
- □ ヘアメイクや着付けの打ち合わせ　など

↓

1カ月前

- □ 招待客の出欠の確認、席次作成
- □ 披露宴のプログラムを決定する　など

↓

2週間前〜前日

- □ 最終確認
- □ 挨拶の原稿や心づけなどの用意

↓

ハッピーウエディング♡

CHECK!

予約金など、式の費用の確認を

会場の予約金は契約時に支払うのが原則。金額や支払うタイミング、支払い方法なども含めて確認を。

お急ぎ婚なら3カ月前から準備スタート！

CHECK!

招待状の発送は2カ月前までに

親族や職場、友人など招待客が決まったら、3〜2カ月前には発送を。ここからは準備の忙しさも本番！

CHECK!

衣装や美容の打ち合わせは念入りに

スタッフにイメージをわかりやすく伝えるには写真が必須。SNSなどをチェックして理想通りに。

CHECK!

手づくり派は制作期間に余裕をもって

ペーパーアイテムなどを手づくりする場合、直前に慌てないようゆとりのあるスケジュールを立てて。

02

挙式・披露宴の計画②

結婚式にかかる費用は？

ふたりの予算とこだわりをすり合わせて

婚約や結納から挙式・披露宴、新婚旅行、新生活まで、総額約４００～５００万円といわれる結婚費用。**なかでも挙式・披露宴にかかる費用は平均３５０万円前後と大きな割合を占めます**。まずはふたりの予算をもとに、どんなところにお金をかけたいか、節約できる項目はどれかなどを話し合いましょう。その際、支払い方法やタイミングについて確認しておくことも忘れずに。

また、費用の相場はあくまでも目安。**最初の見積りは、最小限のものがほとんどです**。オプションなどを検討するうちに、多くの先輩カップルが当初よりも支払い額がアップしています。

みんなは結婚式にいくらぐらいかけている？

会場の規模やゲストの人数、こだわりたいポイントなどで費用は大きく変わります。予算を立てるところから、ふたりでしっかりと話し合うことが大切！

[挙式、披露宴・ウエディングパーティー総額の平均]

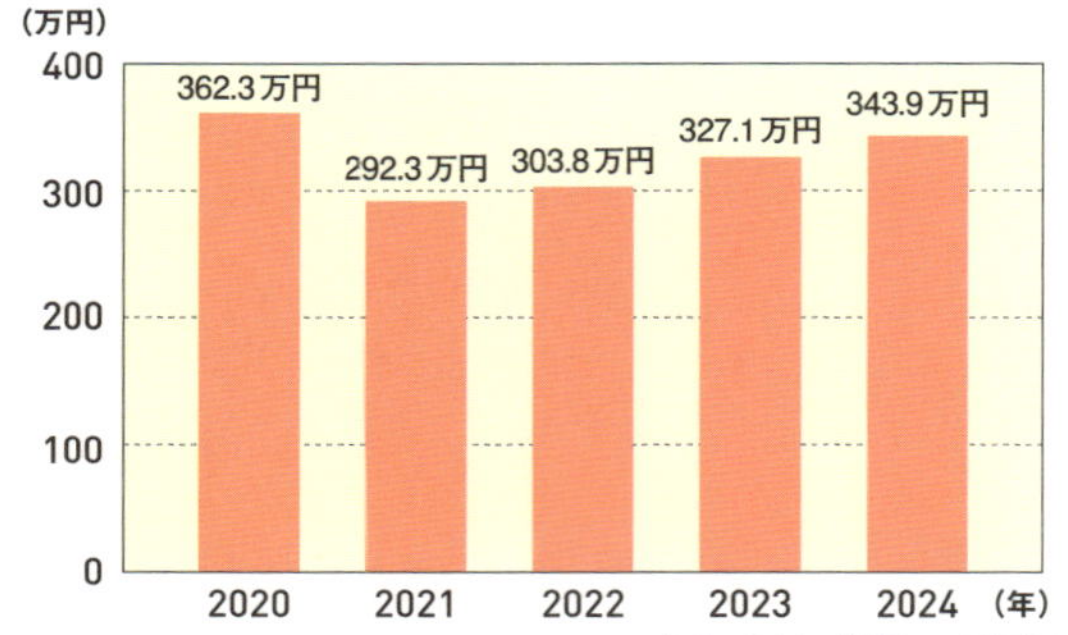

コロナ禍の影響により、近年の結婚式費用に変動はあるものの、大きな出費となることは間違いありません。

＊出典：ゼクシィ結婚トレンド調査2024（リクルートブライダル総研）

[結納・婚約から新婚旅行までの費用内訳]

（万円）

		全国	首都圏	東海	関西	九州
結納・婚約～新婚旅行までにかかった費用　総額（推計）		454.3	492.1	471.4	453.0	455.5
婚約	結納式の費用	43.9	84.8	10.3	41.1	34.2
	両家の顔合わせの費用	8.3	10.2	7.6	8.1	6.8
	婚約指輪	39.0	43.2	37.0	39.8	32.6
挙式・披露宴	結婚指輪（2人分）	29.7	31.6	30.6	29.6	27.3
	挙式・披露宴費用	343.9	374.8	348.0	336.7	363.6
新婚旅行	新婚旅行費用	61.6	64.6	73.2	65.6	49.6
	新婚旅行土産	8.1	6.9	11.2	8.6	6.8

＊出典：ゼクシィ結婚トレンド調査2024（リクルートブライダル総研）

ゲストの人数を考える

結婚式の費用に大きく影響を与えるのが、ゲストの人数。ゲストが増えればその分、料理や飲み物、引き出物などの費用もアップするためです。ゲストの平均人数は50～60人となっていますが、予算や自分たちの結婚式のスタイルなども考慮して、検討していきましょう。

招待客の平均人数
52.0人

- 親族　20.6人
- 友人　22.6人
- 上司、同僚　8.4人
- 親の友人、知人　1.2人
- その他　1.5人

1人当たりの料理＋飲み物の費用
2.1万円

1人当たりのご祝儀の平均金額
3～4万円

- 友人　3.0万円
- 上司　4.2万円
- 親族　7.6万円
- 恩師　4.0万円

＊出典：ゼクシィ結婚トレンド調査2024（リクルートブライダル総研）

ふたりで負担する金額は？

お金がかかる結婚式ですが、費用のすべてを自分たちで負担するわけではありません。ご祝儀や、親・親族からの援助などを引いた、残りの金額が自己負担額になります。

結婚式費用　－　ご祝儀や親族からの援助　＝　自己負担額

［自己負担額の平均］

ゲスト人数	結婚式費用	ご祝儀	自己負担額
10～19人	164.1万円	42万円	122.1万円
30～39人	282.3万円	105万円	177.3万円
50～59人	376.1万円	162万円	214.1万円
60～69人	412.1万円	192万円	220.1万円

＊出典：ウエディングパークホームページ「結婚式の費用ガイド」

● 費用の分担の考え方

折半する

招待客の人数にかかわらず、ふたりで全額を折半する方法。ただし、どちらか一方の親族が遠方から来る場合の交通費など、両家の親も交えてよく話し合いを。

項目ごとに支払う

新郎新婦でかかる費用を項目ごとに支払う方法。衣装やヘアメイクの費用などを各自で負担することで、気兼ねなくこだわりを実現させることができます。

招待客の人数比で

費用の全額をお互いの招待客の人数で割って、両家で負担する方法。分担についての決まりはないため、招待客のバランスをとりながら、話し合いましょう。

見積りを取る

予算計画や見積りの確認は初動が肝心。疑問点があれば後回しにせず、その場で確認を。同じ条件で比較検討すると会場ごとの特徴もつかみやすくなります。ここでは項目ごとの内容や参考価格を紹介します。

挙式料
5～30万円

挙式スタイルや挙式場によって金額や呼び方が異なるため確認を。

会場費
20～30万円

音響照明などの設備や控室の使用料などが含まれる場合も。時期や時間帯でも料金が変動。

料理・飲み物
1人当たり 1.5～3万円

1人当たりの単価×招待人数で計算。ランクや種類を詳細に選択できます。

装花
一式 15万円程度～

会場全体の雰囲気を印象づけるので、情報収集して工夫を。こだわりすぎると高額に。

衣装
セットで 30～50万円

洋装か和装か、お色直しをするか、ブランドによっても異なるため比較検討を。

美容・着付け
一式 5万円程度～

新郎新婦の着付けやヘアメイク、事前リハーサルなどの細かい項目の加算式。

［ 見積りの例 ］

チャペル挙式＋披露宴／ゲスト60名（10卓）／演出・コーディネート重視の場合

項目	単価	個数	小計
挙式料（教会式）	¥209,000	1	¥209,000
会場費	¥275,000	1	¥275,000
料理	¥15,950	60	¥957,000
ケーキ・デザート	¥1,100	60	¥66,000
飲み物	¥3,960	60	¥237,600
装花（メイン）	¥55,000	1	¥55,000
装花（ゲスト）	¥5,500	10	¥55,000
装花（その他）	¥13,200	1	¥13,200
ブーケ	¥33,000	1	¥33,000
新婦衣装（ウエディングドレス）	¥220,000	1	¥220,000
新婦衣装（カラードレス）	¥220,000	1	¥220,000
新郎衣装	¥110,000	1	¥110,000
衣装小物	¥16,500	1	¥16,500
美容・着付け（2回）	¥88,000	1	¥88,000
記念写真（集合写真）	¥27,500	1	¥27,500
スナップ写真	¥118,800	1	¥118,800
プロフィールムービー	¥55,000	1	¥55,000
音響・映像・照明	¥66,000	1	¥66,000
テーブルコーディネート・ナフキン	¥1,100	60	¥66,000
招待状	¥385	48	¥18,480
引き出物	¥3,300	48	¥158,400
引き菓子	¥1,100	48	¥52,800
手提げ袋	¥358	48	¥17,184
親御様贈呈用花束	¥11,000	2	¥22,000
介添料	¥11,000	1	¥11,000
お見積り小計（税込）			¥3,168,464
サービス料（税込）			¥177,100
お見積り合計（税込）			¥3,345,564

＊出典：ウエディングパークホームページ「結婚式費用・料金・相場が分かる!公式見積り」をもとに作成

写真・映像
セットで 30～50万円

写真や動画の撮影など。カメラを複数台にしたり、納品方法を選べたりします。

演出
3～10万円

バルーン、キャンドル、ウエイトベアなど、演出効果やアイテムにより価格はさまざま。

ペーパーアイテム
1人当たり 300～2千円

招待状、席札、席次表、メニューなど。デジタルアイテムや手づくりと併用して。

引き出物
1人当たり 5千～1万円

ご祝儀の10分の1程度の記念品プラスお菓子など。ゲストに応じて変えても◎。

サービス料
料飲の 10～15%

スタッフの人件費のことで、料飲や会場費の10～15%程度が相場。計算方法や金額を確認。

ほかにも考えておいたほうがよい費用

よく考えて予算を立てたつもりでも、「気づいたらオーバーしていた」という先輩カップルも多数。ひとつずつは少額でも、意外とかさむ費用も出てくるので、余裕をもたせた予算立てを。

お礼やお車代

お世話になるスタッフや友人へのお礼、遠方から列席してくれた人へのお車代は必須。感謝の言葉とともに渡しましょう。

1人当たり1～1.5万円

ブライダルエステ

ドレス姿をより輝かせたい花嫁は予算に入れておくべき項目。肌の調子や体形が整うほか「気分が上がる！」という声も。

1回：1～3万円

料理や装花など、
グレードアップしそうな項目の
金額も考えておこう！

結婚式の予算を計算してみよう

結婚費用の総額や各項目にかかる金額の目安がわかったら、ふたりの予算を具体的に出してみましょう。親からの援助やご祝儀をあてにしすぎず、現実的な予算を考えて。

ACTION!

①ふたりの貯蓄額 ______ 万円（平均325万8000円）

②ご祝儀 ______ 万円（平均205万6000円）

- 親族 ____ 名× ____ 万円（平均7万6000円／人）
- 上司・恩師 ____ 名× ____ 万円（平均4万1000円／人）
- 友人・同僚 ____ 名× ____ 万円（平均3万円／人）

③親からの援助 ______ 万円（平均168万6000円）

④挙式・披露宴以外にかかるお金
（婚約・結納／新婚旅行／新生活） ______ 万円

①＋②＋③－④＝結婚式費用

思ったよりも
多かった？
少なかった？

＊出典：ゼクシィ結婚トレンド調査2024（リクルートブライダル総研）

03

自分たちらしい結婚式①

挙式スタイルを決めよう

理想のイメージに近い挙式スタイルは？

挙式とは、ふたりが結婚を誓い合う神聖なセレモニーのこと。**おもに「教会式」「神前式」「人前式」の３つのスタイルがあります。**ドレスやバージンロードへの憧れから教会式が人気ですが、和装への根強い支持がある神前式、自由度の高い演出が叶う人前式も増加傾向にあります。

挙式スタイルを決めるにあたっては、お互いの理想を叶えるために話し合うことはもちろん、**両家の親や親族に信仰する宗教がある場合は、意向も聞いておくことが大切です。**結婚は家同士が結びつくという意味合いもあるため、ふたりにとっても、両家にとっても納得のいく形で実現させましょう。

ふたりの挙式イメージを固めよう

決まった挙式スタイルのなかでも、挙式場や演出などでふたりらしさを表現できることも。挙式の意味やマナーを守りながら、理想に近づけましょう。

［ 実施した挙式形式 ］

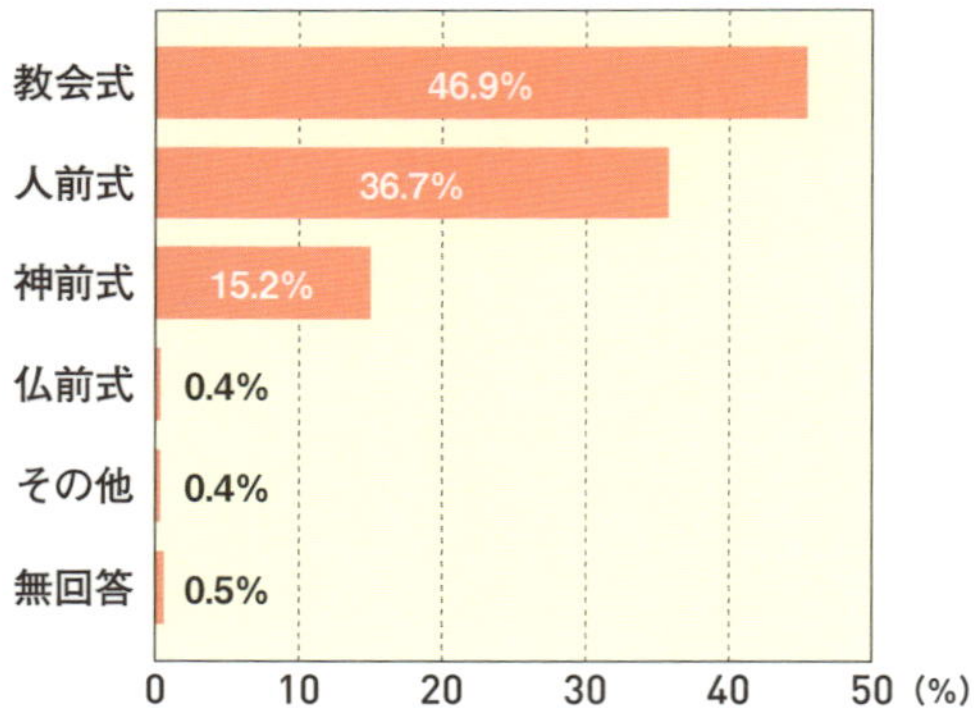

＊出典：ゼクシィ結婚トレンド調査2024
（リクルートブライダル総研）

● ふたりで確認しておきたいこと

- □ どのように結婚の誓いを立てたいか
- □ 信仰する宗教について
- □ お互いの親の意向
- □ 誰に祝ってもらいたいか
- □ 挙式と披露宴どちらを重視したいか

Q&A

Q 希望スタイルがないときはどうする？

A 各会場で実施されるブライダルフェアに参加して、模擬挙式やパーティーを実際に見てみましょう。具体的なイメージが一気にわいてきます。

自分の理想の結婚式スタイル診断

理想とする結婚式のイメージがなかなかわかないときや、具体的に何を考えたらいいか迷ったときは、下記の診断チェック表を試してみましょう。方向性が見えてくるかもしれません。

A

- □ 堅苦しい雰囲気は苦手
- □ 肩ひじ張らないカジュアルなパーティーがしたい
- □ 遠方に住む友人や親族が多い
- □ 新しいものやいいものは積極的に取り入れたい
- □ 費用を抑える新しいアイデアを考えたい
- □ 楽しくワイワイする雰囲気が好き
- □ しきたりはそんなに気にならない

B

- □ 結婚式への憧れが強い
- □ 結婚式でオリジナル感を出したい
- □ 賑やかな雰囲気や幹事が得意
- □ 友だちはたくさん呼びたい
- □ キャンプやフェスなどアクティブなことが好き
- □ やりたいことを叶えるためならできるだけお金はかけたい
- □ ドレスや小物にこだわりたい

C

- □ 伝統や昔からのしきたりに興味がある
- □ 結婚式は誓いの儀式だと思う
- □ 家族だけ、など小規模で行いたい
- □ 華やかな結婚式にはさほど興味がない
- □ 結婚式にかかる費用はなるべく抑えたい
- □ 準備にあまり時間をかけたくない
- □ 写真や衣装にはこだわりたい

D

- □ 結婚式を通じて、大切な人たちとの絆を深めたい
- □ 家族とゆっくり過ごしたい
- □ ゲスト同士や両家の交流を深めたい
- □ 海外ウエディングに憧れがある
- □ 海や山など、自然が好き
- □ 大人数は苦手
- □ 新婚旅行には絶対に行きたい

A が多かったあなたは…

楽しさと合理性を両立！
パーティータイプ

- カジュアルなお披露目会
- 格安婚
- オンライン中継
- 二次会パーティー　など

B が多かったあなたは…

みんなで楽しむことが大好き！
アクティブタイプ

- オリジナルウエディング
- 1.5次会ウエディング
（披露宴と二次会の中間のようなスタイル）
- こだわり披露宴　など

C が多かったあなたは…

記念日とけじめを大事にしたい！
アニバーサリータイプ

- 神社での挙式
- フォトウエディング
- 格安婚　など

D が多かったあなたは…

結婚式前後の時間も大切！
リラックスタイプ

- 新婚旅行＋海外ウエディング
- 滞在型ウエディング
- 国内リゾートウエディング
- 少人数ウエディング　など

➡P.206の挙式スタイルも参考にしてね

人前式

ふたりらしい空間で
大切なゲストに誓う

定型の式次第がないので、誓いの言葉や演出などに個性が出せる挙式スタイル。自由度があるため、比較的費用が抑えられるのも特徴です。列席者に結婚式（儀式）の実感や意図が伝わるような工夫が必要になります。

おもな会場のタイプ

- ホテル
- 専門式場
- ゲストハウス
- レストラン

平均

35万8000円

➡A、Bタイプにおすすめ！

教会式

憧れの純白のドレスで
バージンロードを歩く

バージンロードや長いトレーンを引くウエディングドレスなど、教会式ならではの雰囲気への憧れから、最も多くのカップルに選ばれている挙式スタイル。厳かさと温かさの両方が叶うのも魅力です。

おもな会場のタイプ

- ホテル
- 専門式場
- ゲストハウス
- レストラン

平均

38万3000円

➡B、Cタイプにおすすめ！

神前式

日本ならではの
伝統的で厳かな挙式

神社や専門式場内の神殿で行う、崇高さを感じられる伝統的な挙式スタイル。家と家を結ぶという日本らしい考え方に基づき、三々九度や親族杯の儀などの所作も美しく人気です。親族のみの列席となる場合があるので事前に確認を。

おもな会場のタイプ

- 神社
- ホテル
- 専門式場

平均

33万7000円

➡C、Dタイプにおすすめ！

＊出典：ゼクシィ結婚トレンド調査2023（リクルートブライダル総研）

国内リゾートウエディング

国内の美しい自然を満喫

家族や親しいゲストとの旅行を兼ねた挙式が実現できます。北海道や軽井沢、沖縄など、美しいロケーションを生かした写真撮影や演出ができるのも魅力。国内なので、言葉が通じないなど滞在中の心配もありません。

➡A、Dタイプにおすすめ！

海外ウエディング

ハネムーンも兼ねた一生の思い出づくり

ハワイなどのビーチリゾートをはじめ、国内では味わえない特別感が味わえます。事前手続きも重要なので、現地挙式の手配に慣れているプロデュース会社や旅行会社のプランが安心です。ゲストを呼ぶ場合は費用や手配も含めて検討を。

➡C、Dタイプにおすすめ！

04

自分たちらしい結婚式②

披露宴・パーティー会場選び

ふたりらしさにプラスして ゲスト目線も大切に

家族・親族や親しい友人たちに向けて、結婚の報告と、日ごろの感謝の気持ちを込めて行う披露宴、披露パーティー。**内容や演出に、ふたりの個性やこだわりを加えることももちろん大事ですが、大切なゲストをおもてなしする心を優先して**考えましょう。

披露宴はコース料理かビュッフェ形式か、招待制か会費制かなどで雰囲気が大きく変わります。招待したいゲストの顔ぶれを思い浮かべながら、検討していきましょう。また、**会場を選ぶ場合は、事前に必ず足を運ぶことが重要**。下記のチェックポイントを参考にしながら、下見をしたうえで会場を決めましょう。

まずは会場下見へ

会場候補をある程度絞ったら、予約を取って下見に行きましょう。チェックポイントは、メモをとることを忘れずに。

● 下見のチェックポイント

スタッフの対応

プランナーや会場担当者を重視するカップルが多数。結婚式当日はもちろん、準備期間中もふたりに寄り添ってくれる大きな存在となります。

料理＆飲み物

種類や品数のほか、必要に応じてアレルギー対応や子ども向けの料理についてどんな内容が可能か確認を。試食の可否や金額についても事前に聞いておきましょう。

会場の設備

音響や照明、プロジェクターの有無など、ふたりの希望する演出が可能か設備面も確認を。また、会場以外の控え室やクロークなどもチェックポイントです。

交通アクセス

ゲストが利用する交通機関や会場までのアクセス、場所のわかりやすさなどを確認します。最寄り駅からの距離や周辺環境もチェックして。

雰囲気

会場の収容人数や広さ、テーブルの配置など、全体の雰囲気をしっかりとチェックします。エントランスやロビー、テラスなどの印象も重要です。

費用、日程

ふたりの予算を提示し、相談しながら、見積りを出してもらいます。希望の時期や曜日によって金額が変わるため、空き状況を確認し、空いていたら仮予約へ。

会場のタイプと特徴

挙＝挙式が可能　宴＝披露宴が可能

挙式と披露宴を同じ会場で行うか、移動を伴うかは、ゲストの人数や顔ぶれによっても重要なポイントに。重視したいイメージを軸に、しっかり比較検討しましょう。

挙 宴

ホテル

洗練されたサービスと格式の高さでおもてなし

一流のサービスはもちろん、ゲストの反応や宿泊の面からも人気の高いホテルでの結婚式。挙式場を備えていることが多く、移動なしで披露宴を行えるのも魅力です。一方で宿泊客やほかの結婚式の列席者などで館内が混み合う心配も。

POINT

- ロビーやラウンジなどの設備が充実
- ゲストの宿泊割引などがある場合も

POINT

- 料金設定がやや高め。持ち込み料の確認を
- アットホームな雰囲気は望めないかも

挙 宴

専門式場・ゲストハウス

結婚式専門会場だからこそ設備やスタッフも安心

結婚式を主目的とした施設なので、安心感が抜群。さまざまな結婚式を支えてきた経験と知識に裏打ちされたサービスを提供してくれます。撮影スポットや由緒ある建物など美しいロケーションもゲストから好評です。

POINT

- 規模にかかわらず、いろいろなニーズに対応
- 結婚式にふさわしい華やかさや設備を完備

POINT

- 経験豊富なだけに演出がパターン化しがち
- 庭園やロビーなどの共有空間が混み合う場合も

(挙) 宴

レストラン

アットホームな雰囲気とおいしい料理が◎

ゲストとの距離も近く、アットホームな雰囲気でおいしい料理が楽しめます。メニューやケーキもシェフと相談して決めるなど、こだわりたいふたりにぴったり。貸し切り利用も多いため、食事や会話がメインの和やかな宴が実現します。

POINT

- スペシャルな料理でおもてなしできる
- ふたりらしいアットホームな雰囲気に

POINT

- 挙式場が併設されていない会場が多い
- 控室やトイレなど設備が不十分な場合も

挙 宴

神社

伝統的な和装婚で 日本ならではの婚礼を

式場を併設している神社は支度場所や待合室などの施設が完備されていて安心。一方、普段結婚式を受け付けていない神社を希望する場合は収容人数や時期などを詳しく相談してみましょう。特にバリアフリーや空調の確認は忘れずに。

POINT

- 結婚式場が併設されている神社もある
- 和装で日本ならではの神前式が行える
- 居合わせた参拝客から祝われることも

POINT

- 挙式を受け付けていない神社もある
- 列席が親族のみに限られる場合も
- 支度場所などの設備がない神社も多い

挙 (宴)

教会

厳かな雰囲気のなか 特別な空間で挙式を

聖堂や礼拝堂、結婚式専門のチャペルなど、収容人数や付帯設備がそれぞれ大きく異なります。また、教会ごとに挙式できる条件やルール、マナーがあるため、希望する場合はまず問い合わせてみましょう。

POINT

- ステンドグラスや装飾など厳粛な雰囲気
- 親族や友人も列席できる
- 天候に影響されない

POINT

- 挙式を受け付けていない教会もある
- 併設していない場合に支度場所や披露宴会場を探す必要がある

挙 宴

カフェやパーティースペース

カジュアルな雰囲気で ゲストと楽しむスタイル

開放感のある空間で、ふたりらしい挙式やパーティーが行えます。好きなコンセプトの内装やフリースペースの活用など、自由度の高さを求めるカップルに◎。会場によっては音響や映像などの機材を持ち込む必要があるので、事前に確認を。

POINT

- 海外やリゾート地での挙式後の1.5次会に選ばれることが多い
- ゲストとの距離が近く和やかな雰囲気に

POINT

- 料理の提供スタイルが希望に合うかどうか確認を
- 貸切時間が短い場合があるので注意

挙 宴

テーマパークや船上

非日常感いっぱいの スペシャルな結婚式

お気に入りのテーマパークや特別感たっぷりの船上の結婚式は記憶に残るひとときに。大好きなキャラクターたちに囲まれての写真撮影や、とっておきの撮影スポットでの撮影も可能。ゲストと一緒に楽しめるのもポイントです。

POINT

- 大好きな空間で結婚式ができる（テーマパーク）
- ゲストとともに非日常が味わえる（船上）

POINT

- 受付時間が限定される（テーマパーク）
- 乗船時間や船酔いへの配慮が必要（船上）
- 天候に影響される

05

自分たちらしい結婚式③

席次やプログラムを検討する

ふたりの希望を具体的な形にしよう

会場が決まり、招待状を発送したら、いよいよ本格的な結婚式準備が始まります。出欠の返事を見ながら、席次を決めていきましょう。フォーマルな場であることから**上席（おもに主賓や目上の人）や末席（おもに親族）など、失礼のないように並び順を決めていくことは原則**ですが、披露宴の時間を楽しく過ごせるように配慮することも大切です。

プログラムの決定もふたりの腕の見せどころ。プランナーと相談しながら、叶えたい演出を盛り込みましょう。ただし、披露宴にはさまざまな層のゲストが集まるため、おもてなしの心を忘れずに、無理なくメリハリのある内容を心がけて。

席次例

会場のレイアウトと席次は、下図を参考にしてください。ときにはルールに縛られすぎず、ゲストとの関係性を見ながら柔軟に考えましょう。番号が若いほうが上座です。

丸テーブル

どの席からでも新郎新婦が見やすいスタンダードな形。同じテーブルの人と会話がしやすく、人数の増減へ対応しやすい点もポイントに。

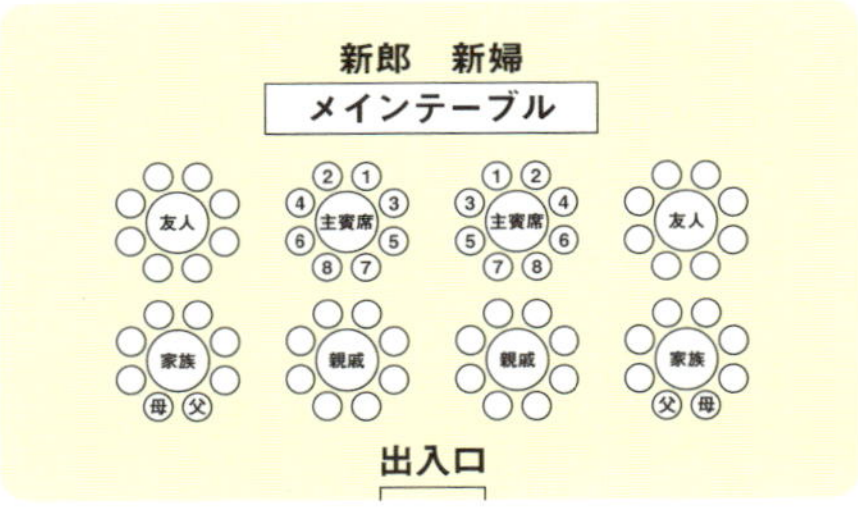

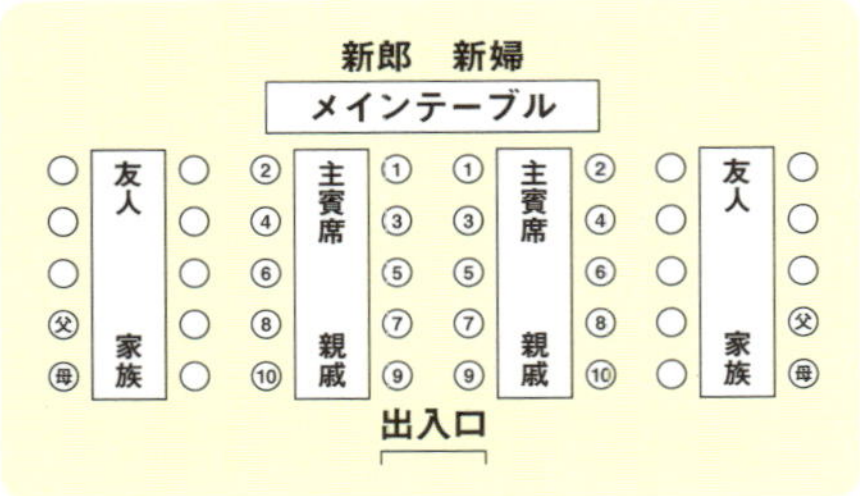

長テーブル

大人数にも対応しやすく、全員が新郎新婦のほうを向きやすい配置。フォーマルな印象ですが、人数の増減にはやや対応しにくいマイナス面も。

POINT

座り順はゲストの体調なども配慮して

妊娠中や小さな子ども連れ、体の不自由なゲストなどがいる場合は、上座・下座にこだわらず、出入口やお手洗いに近い場所に席を設けるなど、臨機応変に対応しましょう。

誰もがリラックスできるゲスト配置を心がける

席に複数のグループが混ざる場合は社交的なゲストを境目に配置したり、知り合いのいないゲストがいる場合は年齢や立場の近い人を隣にしたりするなどの心配りも大切です。

プログラム例

ゲストにも楽しんでもらおうと演出を盛り込みすぎるのはNG。逆に、落ち着いた歓談のみのプログラムもシンプルすぎて考えものです。演出に緩急をつけながら、余裕のあるプログラムを立てましょう。

12:00	● 新郎新婦入場 ● ウエルカムスピーチ ● 主賓祝辞（新郎側） ● 主賓祝辞（新婦側）
12:30	● 乾杯 ● 歓談
12:45	● ウエディングケーキ入刀 ● 新郎新婦中座 ＊プロフィールムービー上映
13:15	● お色直し入場 ● テーブルラウンド
13:45	● 歓談（スピーチ・余興）
14:10	● 手紙朗読と記念品贈呈 ● 新郎（または新郎or新婦の親）謝辞
14:30	● 新郎新婦退場 ＊エンドロール上映 ● お見送り ● 招待客退場とお見送り

ゲストやプロへの協力依頼

プロのスタッフをはじめ、友人や親族など、たくさんの人の協力があってこそ成り立つ披露宴。気持ちよく動いてもらえるように、感謝の気持ちはしっかりと伝えましょう。

ゲスト

● 受付係

新郎側新婦側から各１～２名に依頼。会場入口でゲストを迎え、芳名帳へ記入してもらい、ご祝儀を預かり管理します。明るく礼儀正しい人が適任。

● ご祝儀預かり

信頼のおける兄弟姉妹や親族に依頼するのが一般的。受付係が兼務することも。会場の金庫に保管するまでを行うため、責任感のある人に頼みましょう。

● スピーチ

恩師や上司に依頼することが多い主賓の祝辞や、新郎新婦のことをよく知る友人や同僚が行うスピーチなど、どちらも早い時期に礼儀をつくして依頼します。

プロ

● アテンド

新郎新婦の身の回りのサポートを行います。会場のことや結婚式の流れ、ふたりの動きを熟知したスタッフに依頼できると安心して当日を迎えらえます。

● カメラ・ビデオ

一生残る記録は、プロに任せましょう。撮影スポットをよく知るカメラマンなら、ほしいカットを収めてくれます。ゆったり「別撮り」もおすすめ。

● 司会者

会場やプロデュース会社の専属、または提携するプロに任せるのが安心。性別や年齢によって披露宴の雰囲気が変わるため、イメージに合った人を。

06

結婚式の演出や衣装①

ふたりらしい披露宴にするために

感謝の気持ちを込めた ゲストへのおもてなし

披露宴のテーマや全体のプログラムの流れに沿って、いよいよ具体的な内容、アイテムを決めていきます。**「料理・飲み物にこだわる」「演出に力を入れる」など、どこをポイントにするかは、ふたり次第**。決めることがありすぎて悩んだり迷ったりしたときは、結婚準備のスタート時にふたりで話し合った原点に立ち返るとよいでしょう。

ただし、**自分たちらしさにこだわるあまり、ふたりだけの自己満足にならないように注意を**。結婚を祝福してくれる家族やゲストたちの顔ぶれを思い浮かべながら、感謝を伝えるおもてなしの心を随所に散りばめていくようにしましょう。

アイテムの準備

アイテム選びもメリハリが大切。料理・飲み物に力を入れるなら、ペーパーアイテムは手づくりにして節約するなど、予算面の考慮も忘れずに。

料理、飲み物

料理はゲストの期待が高いアイテム。定番はフランス料理ですが、年配が多い場合などゲストの顔ぶれに合わせて検討を。飲み物はウエルカムドリンク、フリードリンクなど、種類が豊富だと喜ばれます。

ケーキ

生クリームやフルーツで美しく飾られた生ケーキが定番。演出に取り入れたり、実際にデザートとしてゲストにふるまったりすることもできます。ゲストが自由に選べるデザートビュッフェも好評です。

ペーパーアイテム

最も手づくりしやすいアイテム。席札や席次表、メニュー表やゲストに感謝の一言を記したカードなど、披露宴の雰囲気やテーマに合ったものを選ぶと◎。既存のテンプレートを活用するのがおすすめ。

引き出物、プチギフト

引き出物は、各ゲストの年齢や立場に合わせて数パターン用意することも。希望の品がある場合は持ち込み料も確認しましょう。引き出物とは別にプチギフトを自分たちで用意する場合は、余裕をもって計画を。

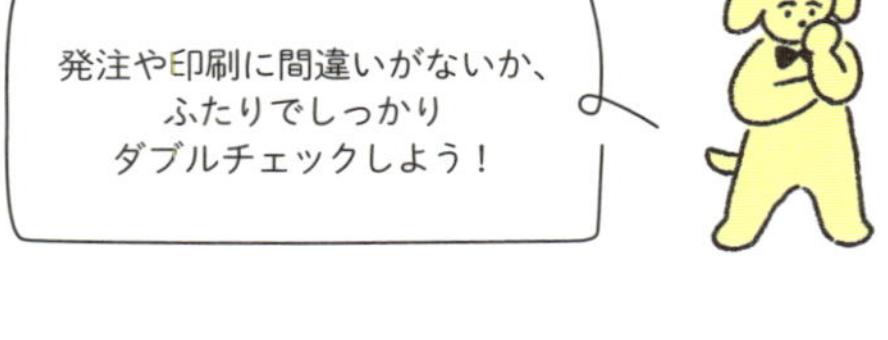
発注や印刷に間違いがないか、
ふたりでしっかり
ダブルチェックしよう！

演出のアイデア

披露宴の演出は、全体のバランスを見ながら取り入れましょう。要所にウエディングらしい演出を加えることでゲストも盛り上がり、披露宴自体が華やいだものになります。

● 会場の装飾

装飾や装花も大切な演出のひとつ。花やバルーン、手づくりアイテムなど、会場全体が華やかな印象になります。入口付近に置かれたウエルカムボードは待ち時間の楽しみになるほか、ゲスト同士の会話が生まれることも。

例
- ウエルカムスペース
- メイン＆ゲストテーブル
- フォトブース　など

● BGM

入退場や乾杯など、披露宴を印象づける重要な効果をもつのが音楽。ふたりや家族の好きな曲、学生時代に流行した曲のほか、並びや組み合わせを工夫して心地よい空間づくりを。演出の決定前に選曲を始めておくと時間の余裕もでき、選択肢が広がります。

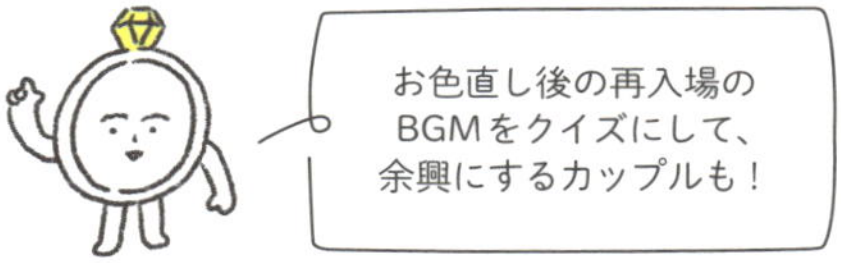
お色直し後の再入場のBGMをクイズにして、余興にするカップルも！

● 定番、人気の演出

いわゆる定番のウエディングらしい演出は、実際に披露宴で行うとやはり盛り上がるもの。「恥ずかしい……」と避けるのではなく、ポイントとしてできる範囲で取り入れてみましょう。

ウエルカムスピーチ

新郎だけでなくふたりで行うカップルも増加。ゲストへの感謝の気持ちを伝えると、会場が一気に和みます。

ウエディングケーキ入刀

ふたりを取り囲むようにゲストが集まり、撮影タイムに。新郎新婦がケーキを食べさせ合うファーストバイトやケーキサーブなども人気。

手紙朗読と記念品

結婚式らしい感動的なシーン。新婦からの手紙以外に、ふたりから親に感謝を伝えるムービーを流すことも。

● ムービー演出

定番になりつつあるムービーは、オープニング、プロフィール、エンディングのほかに、ゲストからのサプライズ系も人気。一緒に楽しめるだけでなく、ゲストの反応に感動も！

例
- プロフィール紹介
- メッセージ
- エンドロール

Q&A

Q 友人の余興は必要ですか？

A 特に決まりはなく、ほかに演出がある場合は無理に入れる必要はありません。ふたりの性格やゲストの顔ぶれを見て決めましょう。お願いする場合は、なるべく早く依頼します。

07

結婚式の演出や衣装②

ふたりの気分が上がる衣装選び

和装or洋装？ 大切な日に輝く一着を

結婚式のイメージはわかなくても、衣装なら想像できるという新郎新婦は多いもの。**ヘアメイクやブーケ、小物選びの時間が取れるよう、式の2カ月前までには決めましょう。**ポイントは、挙式スタイルや会場の雰囲気とのバランス。挙式↓披露宴のプランをもとに、洋装か和装、お色直しの回数などを決めたら、試着へと進めていきます。

衣装の入手方法は、レンタルか購入、オーダーメイド（オーダーレンタル）。レンタルなら人気が高いものはすぐに予約が埋まってしまうため、早めの予約が必須です。また、提携外の店から選ぶ場合は持ち込み料も確認しましょう。

ウエディングドレスの基本

着てみたいドレスが決まったら必ず試着を。座ったりお辞儀をしたり、動いたときに苦しくないかを確認しましょう。また、後ろ姿など全身の写真を撮り、鏡では見えない角度からもチェックを。

ヘッドドレス

髪飾りの総称。ティアラやクラウン、ボンネなどヘアスタイルに合わせて選んで。髪型と合わせて決めましょう。

ベール

教会式ではドレスの裾よりも長いものを。素材やデザインもさまざまなのでドレスや髪型との相性を見て。

アクセサリー

顔回りやドレス姿を引き立たせるアクセントになります。パールやダイヤなど、上品な印象のものがおすすめ。

グローブ

正式にはドレスの一部として必須のアイテム。長さや素材も豊富なので、袖丈に合わせて選びましょう。

ドレス

白といっても純白からオフホワイト、アイボリーまで色合いは豊富。ドレスに合う下着の用意も必要です。

靴

基本は白、ドレス丈に合わせてヒールの高さを選びます。中敷きやストラップを使って痛くならない対策を。

トレーン

後ろに引く長い裾のこと。バージンロードや会場の広さも考慮しましょう。取り外しできるタイプのものも。

肌の露出をNGとする教会も。袖の有無など事前に確認を。

ウエディングドレスにはラインがある

ドレスのデザインは花嫁の印象のカギとなります。特に上半身のデザインや素材によってイメージが変わるので、ラインにこだわりすぎず、好きなものや似合うコーディネートを楽しんで！

スレンダーライン

おすすめ骨格タイプ
・ストレート
・ナチュラル

体にフィットする、直線的でシンプルな形。大人っぽく装いたい花嫁にぴったり。

Aライン

おすすめ骨格タイプ
・ストレート
・ウェーブ

アルファベットの「A」のようなラインで、体型カバーに優れている。素材により印象が変化。

マーメイドライン

おすすめ骨格タイプ
・ストレート
・ナチュラル

上半身からひざまでは体に沿い、ひざ下からは裾が広がる。エレガントにも個性的にも。

エンパイアライン

おすすめ骨格タイプ
・ナチュラル

胸下の切り替えが特徴的。締めつけも少なく、マタニティの花嫁にもおすすめ。

プリンセスライン

おすすめ骨格タイプ
・ウェーブ

ふんわり広がるスカートがお姫様のドレスのようなボリューム感。写真映えもばっちり。

ウエディングドレスはレンタル？　購入？

ウエディングドレスのオーダー方法はレンタルが圧倒的。提携外のドレスショップで選ぶ場合は、持ち込み料の確認を忘れずに。

［ 入手先は？ ］

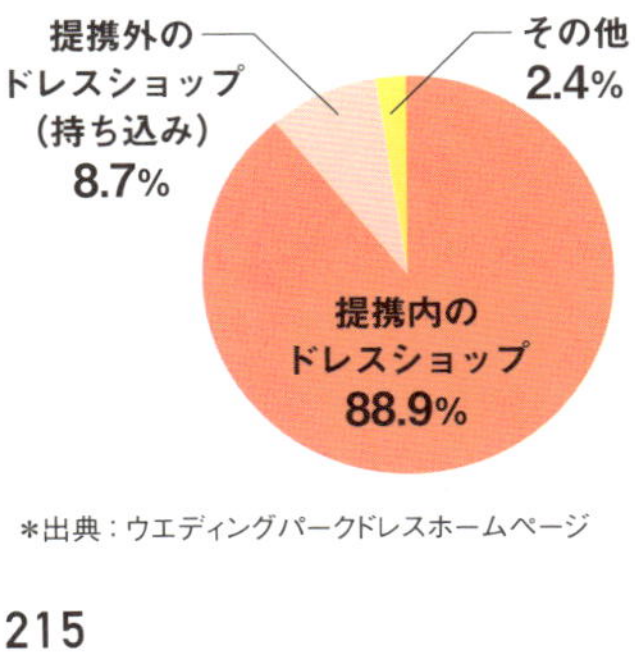

［ オーダー方法 ］

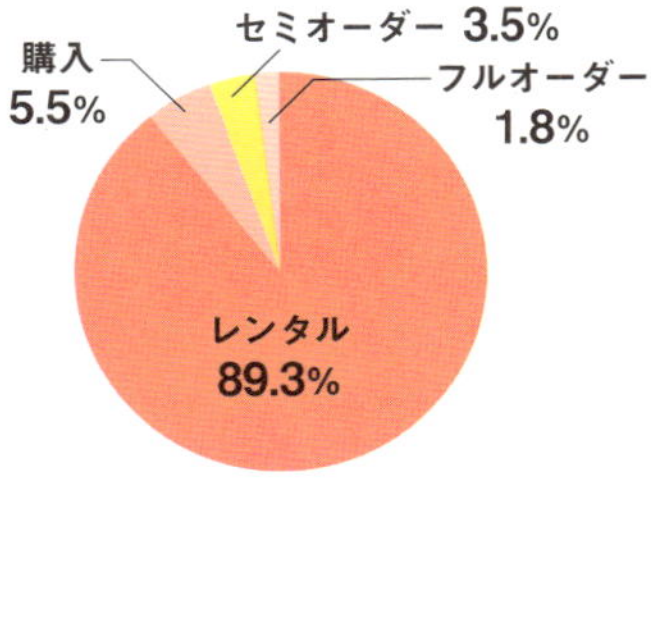

＊出典：ウエディングパークドレスホームページ

和装スタイルの基本

小物もすべて白一色で統一する白無垢をはじめ、色打掛や引き振袖など種類はさまざま。試着では顔映りなども確認しながら、日本ならではの厳かな装いを身にまとって。

白無垢《しろむく》

- **綿帽子《わたぼうし》**

白無垢のときのみ着用できる真綿を薄くのばしてつくられた帽子。

- **筥迫《はこせこ》**

化粧道具や懐紙を入れて使う化粧ポーチのようなもの。装飾品として胸元にさし入れる。

- **白無垢**

伝統のある格式高い婚礼衣装。白一色でもさまざまな織りや柄があるので、選ぶときは顔映りもチェックして。

- **かんざし、こうがい**

べっこうやさんご、真珠などの素材でできた、かつらや髪に挿す飾りのこと。

- **懐剣《かいけん》**

「いざというときは自分で自分の身を守る」という意味がこめられた護身用の剣。綿袋に包まれ、飾りひもは垂らします。

- **角隠し**

文金高島田《ぶんきんたかしまだ》を覆う帯状の白い布のこと。「角を隠して夫に尽くす」という意味があったとか。

文金高島田とは、花嫁が和装を着る際の日本髪スタイル。髷《まげ》を高い位置で結った、上品で優雅な髪型です。

- **末広《すえひろ》**

扇子のこと。「末広がりの幸せを」との願いがこめられた縁起物。右手で持ち、下から左手を軽く添えましょう。

- **和装ブーケ**

白無垢や色打掛にブーケを合わせてもOK。コロンとかわいらしいフォルムのボールブーケも人気。

和装の種類

色打掛《いろうちかけ》

金糸や銀糸を使い、鶴や鳳凰といったおめでたい吉祥文様を描いた豪華な打掛。赤や緑はより華やかな印象に。

引《ひ》き振袖《ふりそで》

江戸時代に武家の婚礼衣装として用いた昭和初期まで定番の衣装。色も豊富で、裾を引いて歩く姿がモダンな印象。

Q&A

Q 和装ってつらいの？

A 苦しい、重いというイメージが多い和装ですが、体に合わせて調整しやすいため、着付け次第でスムーズに動くことができます。マタニティでも着られます。

洋髪や現代風の
アレンジを合わせる
のも人気だよ！

新郎の装い

最近では新郎衣装の品揃えに力を入れる衣装店も増えています。挙式や会場、新婦とのバランスを合わせることはもちろんですが、しっかりと試着をしてとっておきの一着を見つけましょう。

和装

黒紋付《くろもんつき》羽織《はおり》袴《はかま》

5カ所に家紋がついた、五つ紋付羽織と長着に、縞柄《しまがら》の袴をはくのが男性の和装の正装。この機会に家紋を調べても。

Q&A

Q 新郎の衣装がアツイって本当？

A 和装、洋装ともに、新郎用の衣装のバリエーションが増加中。新婦の付き添いではなく、ふたりで試着を楽しむカップルも増えています。

Q&A

Q ドレスコードってなに？

A TPO（時間帯、場所、目的）に応じた服装のマナーのこと。結婚式では統一感を出すために、色や素材を指定して揃えるカップルもいます。

洋装

モーニングコート

昼の正礼装。グレーか黒の燕尾型《えんびがた》ジャケットに、ストライプのスラックス。縞柄のタイかシルバーグレーのネクタイを合わせて。

フロックコート

丈が長く、前後が同じ長さのジャケットのため、背の高い新郎におすすめ。デザイン性が高くファッショナブルな印象に。

テールコート

夜の正礼装。ジャケットの後ろが長く、燕《つばめ》の尾のような形をしている燕尾服。白い蝶ネクタイを着用する。

タキシード

夜の礼服。スタイリッシュなジャケットとスラックス。蝶ネクタイ＆カマーバンド（腹部に巻く飾り帯）でモダンな雰囲気に。

08

最新の結婚式情報①

令和の結婚式のトレンドは？

コロナ禍を経て変化した最新ウエディング事情

コロナ禍には人数制限などにより結婚式の小規模化やオンラインの導入といった新しい形が模索されましたが、それ以降も、結婚式のスタイルの多様化、進化は止まりません。

かつては「流行や定番の演出を取り入れてこそ」とされていましたが、**令和のカップルたちが重視するのは「ふたりらしさ」**。結婚式を通して自分たちらしさとは何かを考え表現し、家族や大切な人たちに感謝を伝えながら、楽しくかけがえのないひとときを過ごすスタイルが主流です。

また、情報収集はSNSが中心に。「#プレ花嫁」「#卒花嫁」などのハッシュタグで、結婚式準備や式後のレポートが発信されています。

便利なものは上手に取り入れて準備を時短

近年の結婚式準備で主流となってきているのが、さまざまなアイテムのデジタル化や、無料テンプレートを使ったペーパーアイテムの作成、SNSの活用などです。

準備編

カードタイプの
引き出物は味気ない
という意見もあるから、
ゲストの顔ぶれも
考慮しよう！

News 1 招待状や引き出物のデジタル化

招待状のペーパーレス化が進み、現在ではWEB招待状が主流に。引き出物のカタログギフトも冊子ではなく、QRコードがついたカードタイプをセレクトするなど、デジタル化が進んでいます。

▶**おすすめサイト**

「PIARY」 https://www.piary.jp/
「BRAPLA」 https://brapla.com/invitation

News 2 SNSを使った情報収集&イメージの伝達

SNSでは多くの先輩たちが結婚式にまつわる情報を発信しているので、それらをもとにイメージを膨らませ、資料にまとめておくと効率的。情報収集用のアカウントをつくるのがおすすめです。

News 3 ペーパーアイテムは便利なテンプレートで

ペーパーアイテムの手づくりや簡略化で費用を浮かせるカップルも多数。おしゃれなテンプレートが揃ったサイトも増えており、席次表やメニューをまとめて冊子（プロフィールブック）にするのも人気です。

▶**おすすめサイト**

「Canva」 https://www.canva.com/
「FARBE」 https://www.farbeco.jp/feature/diy_template/

昔からの風習よりもふたりらしさを重視

令和の結婚式では、昔ながらの風習や定番よりも、型にはまらず、遊び心を取り入れたスタイルがトレンドに。自分たちのやりたいことや、大切な人たちとの触れ合いが軸になっています。

当日編

News 1
ゲストは本当に呼びたい人だけ

少人数での結婚式はかねてから増加傾向にありましたが、コロナ禍でその人気はさらに上昇。社交辞令なしで本当に呼びたい人だけを招き、ゲストとゆっくり時間を過ごすスタイルが好まれています。

News 2
お願いする余興→ゲストを楽しませる演出に

ゲストが行うダンスや歌などの余興は減り、カラードレスの色当てや景品を用意したゲームなど、ふたり主体の余興が増加。「余興はゲストを楽しませるために行う」という考え方にシフトしています。

News 3
写真や映像など記録を重視

写真や映像といった「残るもの」に予算をかけるカップルが多数。オープニングムービーのロケーションなどにこだわるほか、当日の撮影でも、ポーズやアングルを細かくリクエストする人が増えています。

News 4
遠方からも参加できるオンライン結婚式

コロナ禍の影響でオンライン結婚式の需要が高まりましたが、そのスタイルはコロナ禍以降も定着。オンラインなら遠方や年配のゲストにも見てもらうことができます。オンライン上でのご祝儀の決済も可能。

News 5
プチギフトを自由に選べるマルシェスタイル

プチギフトは、ゲストのお見送りの際などにふたりから渡すささやかな贈り物。手渡しが主流でしたが、最近では数種類のプチギフトを用意して、ゲストに自分で選んでもらうマルシェスタイルも人気です。

News 6
ゲストと距離が近づくこだわりの高砂ソファ

ふたりが着席するメインテーブル（高砂）をソファにする、高砂ソファも人気。周りを花やふたりの好きなもので囲み、特別な空間を演出することができます。ゲストとの距離が近くなる点も魅力です。

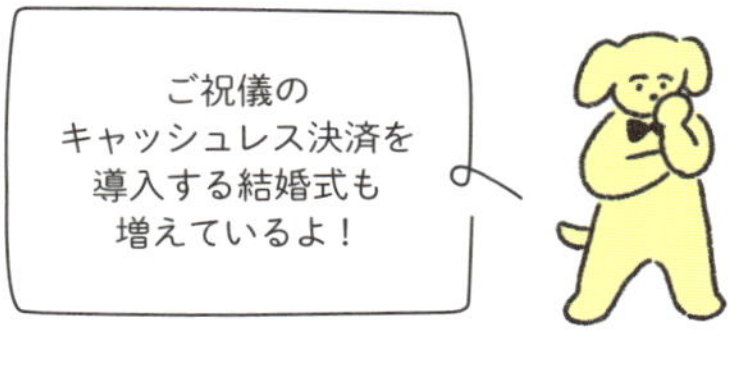
ご祝儀の
キャッシュレス決済を
導入する結婚式も
増えているよ！

09

最新の結婚式情報②

注目が集まるフォトウエディング

式を挙げなくても幸せな瞬間を残せる

近年人気の「フォトウエディング」とは、**挙式や披露宴を行わず、婚礼衣装などで写真撮影を行うウエディングスタイル**のこと。「写真だけの結婚式」とも呼ばれます。「結婚式はしなくていいけれど、何か形には残したい」「婚礼衣装は着てみたい」というカップルのほか、式を挙げる余裕がない、再婚のため盛大なお披露目は避けたいといった人たちからも選ばれています。

費用がリーズナブルなことに加え、準備の負担が少ない、リラックスしながら自由に撮影ができるなど、魅力は満載。プランによっては、家族と一緒に撮影することもできます。

なぜ、フォトウエディングが人気？

低予算かつ短時間で記念となる写真を残せるフォトウエディングは、結婚式はしないけれど、何か思い出は残したいというカップルにぴったりです。

低予算で叶う！

挙式・披露宴の費用は平均300～400万円かかるといわれますが、フォトウエディングは10～30万円。リーズナブルに結婚式気分を味わえます。

素敵な写真が一生残る！

好きなロケーションで撮影ができるほか、衣装やポーズなども基本的には自由。ふたりらしい、ひと味違った思い出の形を残すことが可能です。

準備の負担が減る！

準備の手間が圧倒的に少ないのも魅力。打ち合わせは事前に1回か、当日のみ。ヘアメイクなどを含めても半日程度で済むことがほとんどです。

Q&A

Q 前撮りとは違うの？

A「前撮り」は、結婚式を挙げるカップルが結婚式より前に写真撮影を行うこと。それに対してフォトウエディングは、結婚式を挙げないカップルが記念撮影をすることです。

フォトウエディングData

- 予算　平均20万円
- 衣装の数　約2.1着
- 撮影時間　1時間15分
- 写真の枚数　170枚

＊出典：ゼクシィ WEB MAGAZINE（リクルートブライダル総研）

フォトウエディングの流れ

フォトウエディングの撮影は、基本的に以下のような流れ。希望する撮影時期の３カ月前にはフォトグラファーやスタジオ選びを進めましょう。桜や紅葉のシーズンは予約が殺到するので、早めに検討を。

1 撮りたい写真のイメージを固める

フォトスタジオでの撮影のほか、屋外でのロケーション撮影も可能なので、まずはふたりの希望を出し合います。どのような納品形式を希望するかも検討を。

検索タグ #フォトウエディング

POINT

- 衣装は洋装か和装か、両方か
- スタジオ撮影かロケーション撮影か
- ロケーションの場合、どんな場所で？
- どんな形で手元に残す？
（１枚写真、データ納品、アルバム納品）

2 〜３カ月前 フォトウエディングの依頼先を検索、予約申し込み

ふたりのイメージがある程度固まったら、撮影を依頼する業者を探して問い合わせを。SNSで気に入ったフォトグラファーに、DMなどで直接依頼をする手もあります。

CHECK!

- スタジオ撮影の背景やセット
- 希望のロケーションで撮影できるか
- 選べる衣装の種類や点数
- データの納品数や形式

3 2〜３カ月前 プランの打ち合わせ

依頼先が決まったら、希望プランの内容詳細や撮影までの流れなどを確認。予算や撮影費についても相談し、問題なければ予約を確定させます。

CHECK!

- 希望するヘアメイクや衣装の内容
- 場所やシチュエーションの希望
- どんなポーズで撮りたいか
- 衣装や小物の持ち込み料金

4 1〜２カ月前 衣装の準備や最終確認

撮影時に着用する衣装の試着やヘアメイクのリハーサルを行います。その後、当日までに小物を用意したり、撮影ポーズを考えたりしておくとスムーズです。

CHECK!

- ロケ撮影の場合、雨天の対応は？
- 料金の支払いスケジュール
- 写真納品までの期間

撮影当日

ロケーションは
ビーチやチャペル、
日本庭園などが
人気だよ

韓国発！「セルフ写真館」にも注目

写真スタジオでありながら、自分たちでシャッターを押すセルフ写真館も人気。ウエディング専用の写真館も増えてきており、衣装の貸し出しや持ち込み、ヘアメイクつきなど、プランはさまざま。ふたりだけのリラックスした空間で、自由に撮影できます。

索引

● 監修

岡村奈奈

ウエディングプランナー。音大卒業後、専門式場などの婚礼施設勤務を経て、フリーに転向。ウエディングプロデュースのほか、専門学校講師、商品開発、メディア出演など多岐にわたる活動を行う。著書に『結婚する子どものために 親がすること、できること』（日本文芸社）など。

塚越菜々子

ファイナンシャルプランナー、公的保険アドバイザー。保険や金融商品を取り扱わない独立系FPとして、主に共働き世帯の女性を中心に年間200件の家計相談を行う。YouTube「FPナナコ」等でもわかりやすい情報を積極的に発信。著書に『書けば貯まる！共働きにピッタリな一生モノの家計管理』（翔泳社）など。

畑 福生 （P.58-59、190-193）

弁護士。早稲田大学法学部卒業後、2017年より川崎合同法律事務所に所属。離婚問題のほか、相続問題、刑事・少年事件など幅広い事件を担当する。

河野真希

家事アドバイザー、一人暮らしアドバイザー、料理家。料理や家事、インテリアなどを通じて、気持ちのいい暮らしを作る＆はじめるためのライフスタイルを提案している。「料理教室つづくらす食堂」主宰。監修に『きほんから新発想まで　家事ずかん750』（朝日新聞出版）など。

【医学監修】鴨下桂子 （P.168-175、184-189）

医学博士、産婦人科専門医、生殖医療専門医。はらメディカルクリニック副院長。妊娠や出産、女性特有の病気を通して、多くの女性の人生について一緒に考えたり、意思決定の場に携わったりしている。専門は不妊治療。著書に『誰も教えてくれなかった卵子の話』（集英社）など。

STAFF

イラスト／いそのけい
本文デザイン・DTP／
加藤美保子・有限会社エムアンドケイ
装丁／俵社（俵拓也・根本佳奈）
編集協力／株式会社スリーシーズン
執筆協力／高島直子・水本晶子
校正／木串かつ子・関根志野・本郷明子
編集／朝日新聞出版 生活・文化編集部
（永井優希・上原千穂）

主な参考文献

『ありがとうの気持ちを贈る ハッピーウエディングBOOK』（高橋書店）／『ふたりではじめる結婚生活』（日本文芸社）／『結婚１年目のトリセツ』（マイナビブックス）／『「扶養の壁」に悩む人が働き損にならないための38のヒント』（東京ニュース通信社）／『書けば貯まる！共働きにピッタリな一生モノの家計管理』（翔泳社）／『お金の不安をこの先ずーっとなくすために今できる46のこと』（扶桑社）／『知識ゼロでもわかる！お金のトリセツ』（永岡書店）／『本人・両親・結婚のしきたりとマナー新事典』『今さら聞けない 人体の超基本』『今さら聞けない お金の超基本』（いずれも朝日新聞出版）

専門《せん》門《もん》家《か》が教《おし》える
今《いま》さら聞《き》けない
結《けっ》婚《こん》の超《ちょう》基《き》本《ほん》

2025年4月30日　第１刷発行

編　著　朝日新聞出版
発行者　片桐圭子
発行所　朝日新聞出版
〒104-8011
東京都中央区築地5-3-2
（お問い合わせ）infojitsuyo@asahi.com
印刷所　株式会社シナノグラフィックス

ISBN　978-4-02-333434-2